농업 4.0시대의

지역브랜드 성공전략

김형남 · 한광식 지음

2013년도
대한민국학술원 선정
우수학술도서
이 도서는 교육부의 지원으로 대한민국학술원
에서 선정한 "2013년도 우수학술도서"임.

백산출판사

머리말

바야흐로 브랜드 전성시대다. 기업과 제품은 물론 국가, 도시, 개인에 이르기까지 온통 브랜드경영을 말하고 있다. 브랜드경영이 지향하는 바는 공통적으로 강한 브랜드strong brand, 브랜드경쟁력(力) 강화(强化)이다.

그런데 강한 힘에 대해서 말만 할 뿐 힘의 원리에 대해서는 잘 모르는 듯하다. 강력한 브랜드파워를 높이기 위해서는 힘의 작동원리를 이해하고 적용해야 한다. 그래서 이 책을 관통하는 하나의 핵심원리는 '힘의 법칙'이다.

삼투압 원리에 의하여 힘 있는 문명이 힘 없는 문명을 잠식하듯, 힘 있는 브랜드가 힘 없는 브랜드의 시장을 점유한다. 강제로 점유당하지 않기 위해서 브랜드파워가 필요한 것이다.

이제는 지역도 브랜드다. 지역브랜드가 활성화되어야 지역이 발전한다는 인식이 퍼져감에 따라 지자체는 브랜드경영 마인드를 가지고 지역 농특산물브랜드 및 지역특화 전략산업을 육성하는 데 힘을 쏟고 있다.

또한 지역의 가치를 높이기 위한 차별화 전략으로써 브랜드 마케팅에 관심을 갖고 지역브랜드 개발을 활발히 추진하고 있다. 이처럼 브랜드가 지역행정과 지역경제 활성화에 중요한 수단으로 인식되고 있지만, 이를 시장에서 적용하여 활용하는 데에는 많은 어려움이 따른다.

브랜드 개발과정에서 체계성과 통합성이 부족해 아쉽게도 성과가 미미한 경우가 대부분이다. 아울러 지역브랜드에 관한 연구는 거의 없는 실정이기도 하다. 더하여 그동안 많이 연구되어 온 기업브랜드 마케팅의 연장선상에서 접근하고 있다. 하지만 지역브랜드는 장소제약적이라는 측면과 비영리조직인 지방자치단체가 운영주체라는 측면에서 기업브랜드 마케팅과는 질적으로 상이하다.

지역브랜드가 경쟁력 있는 파워브랜드로 육성되기 위해서는 지역브랜드의 컨트롤타워 역할을 하는 지방행정조직 내부 프로세스 및 추진체계 그리고 중앙정부의 지원정책을 중심으로 지역브랜드 운영의 문제점과 개선방안을 도출해 나가야 한다.

지역이 엄청난 보조금 지원에도 불구하고 거듭된 침체의 늪에 빠져 허우적대는 것도 결국은 비전이 보이지 않기 때문이다. 꿈과 비전과 희망이 없는 곳에 많은 돈을 투자한들 밑 빠진 독에 물붓기다.

이제 농업의 희망은 농업4.0이라는 비전 속에서 찾아야 한다. 1차산업이던 농업이 바이오농업, 에너지농업 등 2차산업뿐만 아니라 경관농업, 휴양레저농업 등 3차산업으로의 확장을 통해 신농업으로 변신하고 있다.

한국 농업의 밝은 미래를 위해 이제, 철저한 자기비판의 시간이 필요하다. 제스프리, 선키스트, 프랭스 드 브르타뉴 등 세계적인 농산물 브랜드가 처음부터 잘 나간 것이 아니다. 오히려 절체절명의 생존위기에서 살아남기 위한 방편으로 생산농가를 조직화하고 브랜드를 개발하고 마케팅창구를 일원화하는 일련의 과정을 자생적으로 꾸려왔기 때문이다.

이제 개방화 시대를 맞이하여 한국 농업과 농촌이 살길을 새로운 관점에서 모색해 보고자 한다. 전통 없는 혁신은 실패하고, 혁신 없는 전통은 사라진다. 마케팅 없는 브랜드는 상품이 안 되고, 브랜드 없는 마케팅은 명품이 안 된다. 전통과 혁신, 마케팅과 브랜드의 창조적 통합을 통하여 지역브랜드가 성공 발전하기 바라는 마음으로 이 책을 집필하였다.

공저자 씀

차 례

제4장 지역브랜드 홍보 173

제5장 지역브랜드 활용 223

제1장

지역브랜드 이해

1. 농업4.0의 시대가 온다

세계 최강국 로마가 패망한 원인도 '비전의 부재' 때문이다. 농업이 이렇게 거듭된 침체의 늪에 빠져 허우적대는 것도 결국은 비전이 보이지 않기 때문이다. 꿈과 비전과 희망이 없는 곳에 아무리 많은 돈을 투자한들 밑 빠진 독에 물붓기다. 농업의 희망은 농업4.0이라는 비전 속에서 찾아야 한다.

구 분	명 칭	시 기	내 용
농업1.0	1차 농업혁명, 신석기혁명	기원전 8000년	인류가 수렵 · 채취경제에서 곡류(穀類)의 재배, 가축사육에 성공하여 정착생활
농업2.0	2차 농업혁명, 영국 농업혁명	18세기 후반	인클로저운동과 산업혁명으로 토지의 집중적인 개인사유화 진행
농업3.0	3차 농업혁명, 녹색혁명	20세기 중반	비료의 사용으로 세계 농업 생산량 급증
농업4.0	4차 농업혁명, 신농업혁명	21세기	농업+첨단과학기술로 인한 바이오농업, 감성에 호소하는 예술농업

역사는 돌고 돌아 다시 농업의 시대가 온다. 신농업혁명으로 인하여 2020년 정보화사회는 지고 신농업사회가 뜬다. 이것은 미래학자들이 공식석상에서 주장하는 말이다. 미국의 미주리대학교 농경제학과 존 이커드 교수가 미국의 신농업혁명이라는 기고문The New American Agricultural Revolution, John E. Ikerd, University of Missouri에서 '첨단기술발전으로 신농업혁명이 일어나고 있다'고 주장하였으며, 미국의 저명한 잡지 뉴사이언티스트는 2008년 3월 15일 편집인논설에 신농업혁명이라는 기사를 실었다. 또한 신농업혁명은 1985년 프랑스의 농업연구원 프란시스 차부수

소속 연구원이 쓴 책에 "건강한 곡물 : 신농업혁명"이란 제목이 쓰이면서 널리 알려지기 시작했다. 그는 '첨단과학기술발전으로 땅을 건강하게 하면 제초제를 쓸 필요가 없다'고 주장하였다.

다만 옛날의 농경사회와는 차원이 다른 신농업의 시대가 될 것이다. 신농업 = 농업+첨단과학기술. 농업이 단순히 땅에 뿌리는 농작물 생산에 그치지 않고 식품, 제약, 바이오연료 등을 얻을 수 있는 수단이 된다. 농업과 첨단과학기술이 만나는 접점인 바이오는 대부분 농수산물 연구를 통해 기술을 얻고 있다. 좁은 땅에도 불구하고 세계 제일의 농업국가인 네덜란드정부는 축산농가가 배양육재단을 운영하여 부와 일자리를 창출하는 모델을 제시하기도 했다. 또한 땅이 아닌 지구의 70% 이상인 바닷물로부터 농산물을 생산하는 해수농업 등 역발상적인 신농업혁명이 일어나고 있다.

그리고 바이오농업, 에너지농업 등 2차산업뿐만 아니라 경관농업, 휴양레저농업 등 3차산업 역시 신농업으로 변신하고 있다.

이와 같이 21세기 농업은 1, 2, 3차 산업이 결합된 고부가가치 농식품과 다양한 서비스를 창출하는 6차산업이며 미래의 꿈을 주는 생명산업이다.

이를 위해 연구, 생산, 가공, 유통 등이 한곳에서 이루어질 수 있도록 농과대학, 연구소 및 대규모 영농단지가 한데 모여 시너지 효과를 발휘할 수 있는 농업클러스터를 육성해야 한다. 그리고 농업의 모든 부문에 개방과 자율과 경쟁, 투명성과 책무성을 제고해야 하며, 농지의 소유와 이용에 관한 제도를 농업관련 규제와 모든 진입장벽을 철폐하여 누구나 자유롭게 농업에 진출할 수 있는 새로운 투자환경을 만들어야 한다.

이와 같은 신농업혁명의 시대에 필요한 것은 농업 지식재산의 확보이다. 즉 브랜드, 상표, 디자인, 특허기술 등을 전 세계에 등록하여 지식재산화하여 법적인 보호를 받는 것이다.

2. 계몽주의 시대는 지났다

21세기 농촌은 심훈의 상록수 시대가 아니다. 심훈의 책 상록수의 줄거리는 다음과 같다. 서로 사랑하는 사이인 영신과 동혁은 농촌 계몽운동에 헌신한다. 동혁은 농우회를 조직하고 회관 건립과 마을 개량사업을 추진하지만 강기천과 당국의 방해로 어려움을 겪는다. 영신도 예배당을 빌려 가난한 농촌 아이들에게 한글 강습을 실시하는 한편, 기부금을 모아 새 건물 지을 계획을 세우지만 일제의 방해로 괴로워한다. 갖은 어려움 끝에 영신은 모금된 100여 원으로 청석학원을 지으려 목도(木刀)질까지 스스로 하다가 과로와 맹장염으로 학원 낙성식 날 졸도하여 병원에 입원한다. 동혁이 영신에게 문병을 와 있는 동안 강기천은 농우회원을 매수하여 명칭을 진흥회로 바꾸고 회장이 된다. 이에 분노한 동혁의 동생이 회관에 불을 지르고 도망가자 동혁이 대신 수감된다. 출옥한 동혁이 청석골로 갔을 때 영신은 이미 죽었다. 동혁은 영신의 장례를 지내고 산을 내려오면서 상록수들을 보며 농촌을 위해 평생 몸 바칠 것을 다짐한다.

> 그동안 동혁은 꿈벅꿈벅하며 교단 맞은편 벽에 붉은 잉크로 영신이가 써 붙인 몇 조각의 슬로건을 쳐다보고 있었다.

'갱생의 광명은 농촌으로부터'
'아는 것이 힘, 배워야 산다'
'우리의 가장 큰 적은 무지다'
'일하기 싫은 사람은 먹지도 마라'
'우리를 살릴 사람은 결국 우리뿐이다'

이러한 강령 비슷한 것이 조금도 신기한 것은 아니건만 그 장로와 비교해 볼 때, 동혁은 '이것도 조선의 현실을 그려 놓은 그림의 한 폭인가' 하고 속으로 씁쓸히 웃었다.

영신이가 농민을 계몽하기 위하여 써 붙인 몇 조각의 슬로건처럼 어둡고 어리석을 몽(蒙)은 당연히 계발(啓發)하고 격파(擊破)해야 한다. 그래서 생긴 것이 계몽주의(啓蒙主義)이고 격몽요결(擊蒙要訣)이다. 하지만 현대의 농민들은 아는 것 없이 어리석다는 무지몽매(無知蒙昧)한 사람들이 아니다.

이 세상 모든 것은 변화한다. 우리는 21세기 접어들어 2002년 한일 월드컵을 치르면서 한국사회의 구조와 가치가 크게 변하고 있다는 것을 실감하였다. 특히 월드컵은 유사 이래 코리아를 진정으로 일치단결시킨 거의 유일한 사례로 꼽힌다. 그때, 우리를 움직인 것은 이념이 아니라 즐거움이고 정서였다.

세계인들이 꼽는 한국인의 대표적 장점은 '근면 성실하다'가 가장 많았을 정도로 우리는 근면 성실한 사람들이다. 근면, 성실은 좋은 가치임에 분명하다. 하지만 그것만으로는 지역이 발전하는 데 한계가 많다는 것을 수십 년 동안의 경험에서 확인할 수 있다.

과거 농경사회 혹은 산업사회는 육체에 기초한 사회라고 볼 수 있다. 이러한 사회에서는 양이 중요하였다. 그래서 남보다 1개 더 만들어내는 능력이 숭상되었고 따라서 근면, 성실이라는 가치가 최고가 되었던 것이다. 이러한 경제사회적 기초하에서 남존여비사상이 더욱 기승을 부렸던 것이다. 여자나 어린아이보다는 남자나 황소가 생산량 증진에 더 도움이 되었기 때문이다.

그러나 시대가 완전히 바뀌었다. 정보화사회, 혹은 창조의 시대에는 육체가 아닌 두뇌가 사회의 기초가 된다. 이러한 시대 변화에 따라 가치관도 변화해야 한다. 근면과 성실, 절약 마인드 일변도에서 벗어나 창의와 혁신, 투자 마인드를 심어주어야 한다.

과거 농경사회	농업4.0시대
경직된 엄숙주의	유연한 자유주의
경직성, 무거움	유연성, 가벼움
이데올로기, 이념	탈이데올로기, 쾌락
정부주도, 의무감	자발성, 민간주도
집체주의, 동원문화	참여문화
근면, 성실, 절약	창의, 혁신, 투자
폐쇄적 민족주의(국수주의)	개방된 민족주의(애국심)
이성, 논리, 불감각	감성, 열정, 감동, 공감각
모노 미디어(흑백)	멀티미디어(오감)
획일화, 형식주의	개성의 어울림(조화)
숨 막히는 질서	무질서 속의 질서
수직적 문화	수평적 문화
부정, 방어, 수동, 열등감	긍정, 공격, 능동, 진취, 자신감
막힌 공간, 밀실	열린 공간, 광장

3. 농부(농사꾼) vs 기업가(장사꾼)

아버지 세대의 농사꾼들은 열심히 일만 했지, 돈을 벌지는 못했다. 왜냐하면 철저히 농부의 마음만 있었기 때문이다. 반면에 젊은 사람들은 자신들을 농사꾼이라기보다는 CEO 내지는 기업가라고 생각하는 사람들이 많다. 누가 옳을까? 둘 다 옳기도 하고 그르기도 하다. 왜냐하면 21세기 농부(농사꾼)는 농업기업가CEO여야 하기 때문이다. 즉 농부의 마인드와 기업가의 마인드가 50 : 50으로 균형을 이루어야 한다.

	농 부	기 업 가
정 신	자연의 마음	기업가정신
에 센 스	정직(콩심은데 콩)	창조적 파괴(하나를 심고 열을 기대)
추구가치	근면, 성실, 저축	창의, 혁신, 투자
상승효과	지게	지렛대(레버리지)
계절인식	계절의 존중	계절의 파괴
잘못하면	농부 ⇒ 바보	사업가 ⇒ 사기꾼

농업4.0시대의 농업은 더 이상 땅을 일구는 산업이 아니다. 농사꾼은 이제 땅꾼이 되면 안 된다. 지게꾼이 되어서도 안 된다. 네덜란드는 일조량이 매우 적고 전라도와 비슷한 면적의 작은 국토지만 세계에서 농업소득이 가장 높은 나라로 평가받고 있다. 이는 전체 농특산물 중 60%를 가공수출해 부가가치를 높이기 때문이다. 땅이 좁은 이스라엘도 농업생산성은 땅 넓은 나라들을 훨씬 능가한다. 이들 국가는 농업이 더 이상 땅을 일구는 산업이 아니라는 것을 입증하고 있다.

이제는 자연의 마음을 지니면서도 지렛대의 원리를 이해할 줄 알아야 한다. 농업은 생산된 농특산물을 지렛대 삼아 제품화과정을 거치고 식품 개발이라는 부가가치를 더해 유통시키는 3차산업이다. "땅(농장)보다 중요한 게 생산물을 가공할 수 있는 식품공장이며 그것보다 중요한 게 그것을 소비할 수 있는 좋은 시장을 곁에 두는 일이다"라는 하림 김홍국 회장의 말을 새겨들을 필요가 있다.

구 분	내 용	장 소	개 념
1차산업	수렵, 어로, 채취, 재배, 사육	농장(farm)	농작물(農作物)
2차산업	가공, 대량생산	공장(factory)	농산품(農産品)
3차산업	맞춤 서비스	시장(market)	농상품(農商品)

바다보다 낮은 땅, 그나마도 아주 작은 땅덩어리, 지금도 물을 퍼내지 않으면 안 되는 척박한 자연환경을 갖고 있는 네덜란드가 현재 농식품 수출 세계 2위의 세계적인 농업대국이 될 수 있었던 원인은 무엇일까?

네덜란드 농업관련 전문가들은 이에 대해 농업을 철저한 비즈니스로 접근하는 농민들의 마인드를 첫 번째 이유로 꼽는다. 17세기 세계 최초의 주식회사인 연합 동인도회사VOC를 설립하여 세계 제일의 무역국으로 발돋움한 네덜란드의 역사 속에서 농민들도 비즈니스 마인드가 형성돼 있다. 농민들은 비즈니스 마인드로 농업을 하기 때문에 생산, 판매에 있어 상업적으로 접근하여 가장 합리적인 방안을 선택한다. 생산측면만 놓고 보더라도 무조건 생산량을 늘리기에 앞서 소비자에게 얼마에 공급해 얼마만큼 팔 수 있을 것인가를 우선 따진다. 또한 농민들이 강력한 조직을 형성해 주도권을 갖고 대형유통업체와 협상을 하거나 대형 경매장을 운영할 수 있게 된 것도 비즈니스 마인드 덕분이다.

농작물(農作物) 즉 물건(物件)에서 농산품(農産品), 농상품(農商品)으로 전환해야 한다. 농장(農場), 공장(工場), 시장(市場) 등 삼장(三場)통합이 이루어져야 한다. 농작물(農作物)이 농작품(農作品) 즉 작품(作品), 명품(名品)이 되게 해야 한다.

지역 간 경쟁의 활성화는 지자체들의 독자성과 차별성이 부각되면서 동시에 지자체들이 기업가정신으로 무장할 것을 요구하고 있다. 따라서 지역브랜드가 성장 발전하기 위해서는 반드시 기업가정신entrepreneurship으로 무장한 지역리더 혹은 지역혁신가 그룹이 있어야 한다. 주민들은 관으로부터 너무 많이 속아왔다고 생각하기 때문에 관에서 하는 말을 잘 믿지 않는다. 그래서 관에서 주도적으로 추진하는 일에 처음부터 적극적으로 참여하지는 않는다. 반면에 공무원들은 과거의 양식과 관행에 따른 업무 추진에 길들여져 왔으며 주민들처럼 절박한 입장이 아니기 때문에 혁신과업을 수행하는 데 있어 마인드가 부족한 형편이다.

지역혁신 리더는 주민들 중 깨어 있는 사람을 선택하여 비전과 기업가정신, 상상력과 창의력, 전문성과 헌신성 그리고 추진력을 발휘하여 지역혁신의 비전과 과제 도출, 교육과 학습, 지역혁신 역량의 구축, 지역혁신 시스템의 설계와 운영 등의 역할을 수행해야 한다.

동시에 브랜드에 대한 마인드를 이해하고 있어야 하지만 그렇지 못한 혁신리더들이 상당수 존재한다. 전통 없는 혁신은 실패하고, 혁신 없는 전통은 사라진다. 브랜드는 전통을 폐기하는 것이 아니라 전통 속에서 본질적인 알맹이DNA는 일관성 있게 되살려서 자산화하는 것을 말한다. 혁신이라고 해서 과거의 모든 것을 다 부정하고 버려서는 안 된다. 그 속에는 잘 보이지 않지만 금이나 다이아몬드가 숨겨져 있을 수 있기 때문이다.

4. 농특산물브랜드파워는 Q^2(Quantity＊Quality)

수소폭탄같이 강력한 파워를 원하는가? 시장에 수소폭탄 한 방 터뜨려서 존재감을 알리고 싶은가? 그렇다면 기본적으로 물리학의 법칙을 이해할 필요가 있다. 물리학의 수많은 법칙들 가운데 보통 사람들에게 비교적 친숙한 법칙이 에너지 보존법칙이다. 에너지 보존법칙이란 외력이 작용하지 않는 어떤 고립된 물리계system의 에너지는 그 형태가 달라질 수는 있으나 그 총량은 항상 보존된다는 법칙이다. 에너지란 힘을 들여 뭔가를 움직일 수 있는 능력을 말한다.

$$E = mc^2$$

세상에서 가장 유명한 공식으로 E(에너지)는 m(질량)에 c(속도)를 2제곱한 값과 같다. 이 공식이 의미하는 바는 질량과 에너지가 등치되어 에너지는 질량으로 변할 수 있고 질량은 에너지로 변할 수 있음을 나타냈다. 이는 결국 질량과 에너지가 다른 요소가 아니라 동일요소라는 질량-에너지 등가의 관계를 의미한다. 또 c^2이 의미하는 것은 작은 질량으로 엄청나게 큰 에너지를 얻을 수 있는 길을 제시한 것이다. 이는 추후 원자폭탄과 수소폭탄을 만드는 이론적 배경이 되었다.

에너지 보존법칙을 한마디로 정리하자면 "세상에 공짜는 없다"는 말로 요약할 수 있다. 에너지는 어디서 느닷없이 생기거나 사라지지 않는다.

힘과 관련하여 또 하나의 유명한 물리학 법칙이 있다.

$$F = m * a$$

뉴턴의 운동법칙으로서, F(힘)는 m(질량)에 a(가속도)를 곱한 값과 같다. 가속도는 속도의 변화량 즉 운동량의 시간적 변화를 뜻한다.

뉴턴의 운동 3법칙은 물리학자들이 세상을 보는 눈이다. 그만큼 근본이 되는 법칙이다. 뉴턴의 운동법칙 중에서도 핵심은 제2법칙인 가속도의 법칙이다.

당연한 말이지만 강력한 브랜드는 파워를 지닌 브랜드이므로, 강력한 브랜드를 구축하기 위해서는 파워의 법칙에 의하여 관리 운용해야 한다.

이 두 가지 법칙에 의하면, 힘이나 에너지는 양Quantity과 질Quality의 함수라는 것이다.

힘, 에너지 = 양 * 질

힘 = 무게 * 속도

힘 = 유형 * 무형

브랜드파워 = 규모 * 품질

농특산물브랜드파워 = Quantity * Quality

농특산물브랜드관리 = Quantity management * Quality management

농특산물브랜드파워는 Q²Quantity * Quality다. 다르게 표현하면 농특산물 브랜드는 Quantity Power * Quality Power이다. 농특산물브랜드관리의 핵심은 Quantity Control과 Quality Control이다.

브랜드경영이란 브랜드파워를 구축하는 일이다. 브랜드파워가 높게 되면 가격이 비싸도, 유통경로가 멀리 있어도 그 브랜드를 찾아서 구매하게 된다. 즉 가격이나 유통에 의해서 휘둘리지 않는다는 의미다. 경영관리라는 것은 결국 지속적인(영구적인) 자기주체적 파워를 높이는 일이다. '치국평천하 = 수신 * 제가'. 국내시장을 통치하고 세계시장을 평정하기 위해서는 먼저 자기 자신의 존재의의와 정체성을 밝히고 널리 퍼뜨려야 한다.

브랜드의 3요소는 의미요소, 실체요소, 표현요소로 나뉜다. 직접적인 운용측면에서 농특산물브랜드관리는 실체요소(實狀) 관리와 표현요소(虛像) 관리로 나눌 수 있다. 농특산물의 실체적인 브랜드관리 2대 핵심요소는 일관성 있는 품질유지Quality Control와 안정적인 물량확보Quantity Control 체계 구축이다. 반면에 농특산물의 표현적인 브랜드관리 2대 핵심요소는 네이밍과 디자인이다.

브랜드를 표현요소에 국한하여 사고하는 방식은 크게 잘못되었다. 실체요소를 내팽개친 채로 표현요소만 아무리 공들여봐야 말짱 도루묵이다.

이런 상황에서 브랜드를 개발해 봐야 소비자인지도 확보에 어려움이 있는 것은 물론 Quality Control과 Quantity Control 둘 다 충족시키기 어렵다. 실제로 이런 영세단위에서 전개하는 브랜드 개발은 단순히 브랜드네이밍이나 포장디자인 개발과 같은 껍데기 활동에 그치고 있다. 그나마도 포장재 업체나 비전문가 등이 이것저것 모방하여 제작하다 보니 브랜드의 생명인 '차별성과 개성' 없이 유사브랜드들이 난립하고 있는 실정이다.

악화가 양화를 구축한다고 상황이 이렇다 보니 잘해 보려고 열심히 노력하고 돈 많이 들여서 제작한 브랜드들까지 신뢰도를 잃게 되는 악순환에 빠져들고 있다.

현재 한국농특산물브랜드 현황은 소규모 생산조직이나 지역농협이 독자적으로 브랜드화를 추진하다 보니 원하는 소비자에게 충분한 물량이 공급되지 못하는 경우가 많은데, 이렇게 소규모 생산자조직 및 개별농장별 브랜드 개발은 브랜드관리의 기본요소에 부합하지 못한다. 엄격한 품질관리를 통한 품질의 일관성과 균일성을 바탕으로 생산자 조직이나 인근 농협들이 서로 연합하여 브랜드를 광역화하면 물량확보는 물론 홍보나 사후관리 면에서도 유리하다. 브랜드의 규모화(광역화)를 통한 적정품질의 물량확보가 이루어지면 교섭력bargaining power이 생기게 된다.

5. 한국에는 '제스프리 · 선키스트' 왜 없나

국내 농특산물 시장이 브랜드 홍수에 빠졌다. 농특산물브랜드 실태를 살펴보면 지자체, 농협, 영농법인, 작목반, 개별농가 등에서 저마다 브랜드를 내놓고 있는 실정이다.

농림수산식품부의 '2011 전국 브랜드 현황 보고서'를 분석한 결과, 5,340개의 토종 농 · 축산물 브랜드가 존재한다. 그나마 5,340개도 각 지자체가 파악하고 있는 숫자가 그 정도다. 농민들이 개인적으로 출하하는 브랜드를 합치면 이 숫자는 훨씬 늘어난다.

실제로 경상북도 내 크고 작은 브랜드는 천 개가 넘는다. 의성군의 쌀 브랜드는 무려 70개가 넘었고, 상주시는 품목별로 32개의 브랜드를 가진 데다 곶감과 배의 경우 90개와 40개의 개별 브랜드로 다시 나눠져 있다. 사과가 많이 나는 영주, 청송, 안동 일대 역시 크고 작은 브랜드만 100개에 이른다. 이런 식으로 계산하면 전국적으로 10,000개가 넘는다고 추산할 수 있다.

쌀은 브랜드가 1,500개가 넘을 정도로 가장 경쟁이 치열한 품목이다. 1인당 쌀 소비량은 해마다 줄어들고 있는데 쌀 브랜드는 매년 증가추세에 있다. 충청남도에만 280개의 브랜드가 있고, 경상북도(240개)와 전라남도(230개), 경기도(217)도 각각 200개가 넘는 쌀 브랜드를 두고 타 시도는 물론이고 심지어 자기들끼리도 경쟁하고 있다.

좁은 시장에 이렇게 많은 브랜드가 난립하게 된 데는 브랜드가 주로 각 지역의 농축산물 유통센터 단위로 만들어졌기 때문이다. 농식품부 조사결과 전국 912개 RPC에서 평균 1.7개의 브랜드를 쏟아내고 있는 것으로 나타났다. 인천 강화군 망월리의 RPC 강화농산에서만 '설화', '꿈의 햇쌀', '부모마음' 등 모두 10개의 브랜드로 쌀을 출하하고 있으며, 경기도 화성시의 화성농협, 경기 파주시의 북파주농협, 경기도 연천군의 연천농협 등도 각각 5개 이상의 브랜드를 내고 있다.

이렇게 브랜드가 너무 많다 보니 여러 가지 문제점이 발생하고 있다. 가장 큰 문제는 소비자들이 구별을 잘 못한다는 것이다. 브랜드는 원래 식별표시기능 때문에 만들어졌는데, 이 기능을 못하고 단순한 이름이나 포장지뿐이다. 모두 나름의 브랜드가 붙어 있지만 "어차피 브랜드별 품질을 제대로 알지 못하니 브랜드에 상관없이 빛깔 · 형태 등을 보고 농특산물을 고른다"는 소비자들이 많다. 한마디로 있으나 없으나 매한가지라는 얘기다. 그렇다면 굳이 돈 들여서 개발하고 유지관리할 필요조차 없다.

2009년 한국농촌경제연구원의 조사에선 소비자 인지도 5%가 넘은 쌀 브랜드는 임금님표 이천쌀(29.8%)과 철원 오대쌀(15.2%), 대왕님표 여주쌀(5%) 딱 세 가지였다. 전국에 1,002개나 있는 것으로 조사된 과실·과채류 브랜드도 마찬가지다. 소비자는 대부분 '나주 배', '밀양 얼음골 사과'와 같이 유명한 지역 특산품만 지명과 연계해 기억할 뿐이었다. 그동안 소비자들이 기억하지도 못할 브랜드를 만드는 데 돈을 낭비하고, 홍보에 열을 올리고 있다.

영천시는 2000년대 들어 쌀, 포도 등 200개 브랜드가 한꺼번에 생겨났지만 현재 명맥을 유지하고 있는 브랜드는 30개를 넘지 않는다. 현재의 30개 브랜드도 제대로 관리하지 못하는데 200개나 있었다고 하니 할 말을 잃게 한다.

많은 사람들이 왜 한국에는 선키스트나 제스프리 같은 파워 농특산물브랜드가 없느냐고 묻는다. 왜 한국에는 선키스트·제스프리 같은 명품 농특산물브랜드가 없을까? 답은 이미 위에서 열거한 사실에서 찾을 수 있다. 우선 파워브랜드를 만들기 위한 기본적인 파워조차 갖추지 못한 현실 때문이다. 힘의 원리를 이해하지 않고 어떻게 파워브랜드를 만들 수 있겠는가?

구 분	개선방향	내 용
필요조건	영세성 → 규모화(광역화)	양적인 힘
충분조건	단기적 판매촉진 → 장기적 브랜드자산화	질적인 힘(비전과 가치의 공유)

우선 파워브랜드 탄생의 필요조건은 '브랜드 통합을 통한 규모화(광역화)'다. 지역브랜드가 지자체 홍보수단이 아니라 파워 농특산물브랜드로서 신뢰성을 구축하기 위해서는 시 · 군 경계를 넘어 품목별로 만들어져야 한다. 지역을 초월한 품목 브랜드를 육성하기 위해서는 농협중앙회와 광역단체의 역할이 절실하다.

현재 대부분 시군이나 면단위 농협에서 소규모 다품목을 각각 별도로 브랜드화하고 있어 물량확보나 브랜드 홍보, 품질관리, 사후관리 등 모든 면에서 어려움이 발생하고 있으므로 지자체들 간의 연계를 통한 광역브랜드를 창출하여 시장교섭력bargaining power을 높이고 브랜드관리의 효율성을 추구하는 노력이 필요하다.

실제로 시 · 군 단위를 넘어선 광역브랜드들이 시장에서 큰 힘을 발휘하고 있다. 전국 최초로 시 · 군 단위 연합 브랜드 '햇사레'(복숭아)와 전국 최초 도 단위 연합 브랜드 '잎맞춤'(포도 · 배), 전국 최고 전국 단위 연합브랜드 'K-멜론' 등이 그것이다.

한편 파워브랜드 탄생의 충분조건은 '브랜드 비전과 가치공유를 통한 브랜드자산화'다. 무조건 뭉치기만 한다고 성공하는 것은 아니다. 공룡의 멸망을 보라. 오히려 큰 덩치가 죽음에 이르는 원인이 되지 않았는가? 큰 덩치를 효율적으로 운영할 수 있는 원리에 충실해야 한다. 성공 브랜드를 만들기 위한 조건은 '비전과 가치의 공유'다. 생산농가들이 '이 브랜드가 성공하면 혜택이 내게 돌아온다'는 것을 이해하면 품질관리가 저절로 된다.

> 만일 당신이 배를 만들고 싶다면 사람들을 불러 모아 목재를 가져오게 하고 일을 지시하고 일감을 나눠주는 등의 일을 하지 마라.

대신 그들에게 저 넓고 끝없는 바다에 대한 동경심을 키워줘라.
– 생텍쥐페리

좁디좁은 한국 시장에서 햇병아리같이 영세한 덩치로 출혈경쟁을 일삼고 농특산물 출하 때 급조해서 만들고 그 다음에는 버리는 식으로 지자체마다 마케팅비용으로 세금을 펑펑 쏟아붓지만 소비자 기억에 남는 브랜드 하나 만들어내지 못한다. 국내 명품 농특산물브랜드 결핍은 생산·소비자 모두에게 손해다. 농민은 제값 받기 어렵고, 소비자는 믿고 사기 힘들다. 자유무역협정FTA 시대에 한국 농특산물이 선키스트나 제스프리 같은 파워브랜드를 구축하지 않고는 살아남기 어려울 것이다. 그러나 아직까지도 '너도 브랜드 나도 브랜드'와 같은 도토리 키 재기 현상이 없어지지 않아 걱정이 앞선다.

개방화 시대에 한국 농업이 살아남으려면 품질이 보장되는 전국 브랜드를 키우는 수밖에 없다. 그리고 농협중앙회가 아니면 이런 일을 맡을 곳은 사실상 없다. 다만 농협이 생산자조직으로서의 본분을 결코 잊지 않아야 할 것이다.

6. 전통적인 지역특산물 재배지도가 바뀌고 있다

세계적 화두로 부상한 지구온난화 등 기후변화 문제는 농특산물 재배에 직접적인 영향을 미치고 있다. 한국 최남단인 제주의 특산품이던 감귤이 경남과 전남 해안지역을 중심으로 상륙했고 전남 보성 등이 주 재배지인 녹차는 동해안 최북단인 고성에서 시험재배가 이뤄지고 있는 등 기후변화로 인해 우리나라 주요 작물의 재배지가 북상하고 있다.

또 큰 일교차가 필수조건인 사과의 경우 남쪽지방의 겨울철 기온이 상승하면서 주산지가 대구에서 예산, 안동을 넘어 최근에는 접경지역인 양구로 점차 확대되는 등 농작물 재배지도가 바뀌고 있다.

강원기상청이 발표한 자료에 따르면 1973년 10.4℃였던 도내 평균기온은 2009년 11.2℃로 37년간 0.8℃ 상승했으며 연평균 강우량은 1,231㎜에서 1,486㎜로 255㎜가 늘어 21%가 증가한 것으로 나타났다. 특히 강원도는 최근 10년간 기상재해로 인한 전국 피해 22조 원의 피해액 가운데 6조 6,942억 원으로 31%를 차지해 가장 피해규모가 컸다. 이러한 피해는 기후변화와 전혀 무관하지 않다.

이러한 기후변화는 물론 시장개방과 아울러 생산기술의 발달과 시설재배의 확산 등으로 인하여 과거와 같은 원산지 개념이 점차 퇴색해 가고 있다. 이처럼 지역적 품질격차와 주산지의 개념이 점차 약해지면서 농특산물 유통에 브랜드의 역할이 중요해졌다.

따라서 그동안 브랜드역할을 해왔던 원산지 위주의 브랜드이름에 한계가 노출되고 있다. 제품의 속성이나 혜택과 같은 차별화된 가치개념 없이 원산지명 위주의 브랜드들은 브랜드 가치를 제고하기 힘든 상황이 되었다. 이에 따라 '선키스트', '제스프리' 등 외국 농특산물브랜드처럼 '햇사레', '굿뜨래', '첫눈에 반한 딸기' 등 지역명 이외의 고유브랜드를 사용하는 추세가 확대되고 있다.

농작물뿐만 아니다. 기후변화에 따른 지구온난화가 육지에서만 일어나는 것은 아니다. 바다는 이미 아열대로 변한 지 오래여서 과거 한국 연안해안에서 많이 잡히던 명태 · 꽁치 · 청어와 같은 '찬물고기'가

사라지고 있다. 수온이 변하면 물고기는 살기 적합한 수온대를 따라 이동한다. 물고기는 항온(恒溫)동물인 포유류와 달리 바깥온도에 따라 체온이 변하는 변온(變溫)동물인지라 늘 적합한 수온을 찾아서 움직인다. 전체적으로 1980~1990년대에는 바닥층에 서식하는 저어류(底魚類)의 비율이 높았으나 2000년대부터는 표층에 서식하는 부어류(浮魚類)의 어획비율이 높게 나타났다.

2009년 기상청이 조사한 한반도 주변 해수온도 변동추세에 따르면 동해는 1985년부터 2003년까지 매년 0.0865℃ 상승했으며 이는 대양에 비해 6배 높은 것으로 나타났다. 이처럼 바닷물 온도가 상승하면서 동해안에는 명태, 도루묵 등 한류성 어종이 감소하고 멸치, 고등어, 오징어 등 난류성 어종이 증가하고 있으며 특히 최근 양양, 삼척 등에서는 노랑가오리, 보라문어 등 아열대성종의 출현이 잇따르고 있다. 생물에게 있어 수온 1℃ 상승은 육지 기온 10℃ 상승과 같은 영향을 미친다는 점을 감안할 때 동해바다의 어종교체 현상은 앞으로도 지속될 것으로 보인다.

지역 특산물의 원산지 개념은 농업4.0시대에서 더욱더 약화될 것으로 전망된다. 기후변화에 대한 대응방안으로 도시농업, 수직농업, 공장농업, 수경재배 등 품종개량은 물론 기계화와 전자기술 등으로 인하여 원산지보다는 브랜드특성이 강조되는 세상이 오고 있다.

7. 농특산물브랜드화의 가치

물건이 부족하던 시대(공급<수요)에서 물건이 넘쳐나는 시대(공급>

수요)가 되면서 풍년이 들어도 가격이 하락하여 행복하지 않은 세상이 되었다. 가격민감도를 줄이는 효과적인 방법이 브랜드파워를 높이는 일이다. 세계적인 명품브랜드를 보면 알 수 있듯이, 브랜드파워가 높은 제품은 가격이 비싸도 제품판매에 큰 영향을 미치지 않기 때문이다.

대형점 직거래, 전자상거래 확산 등 다양한 유통채널의 형성과 직거래 기회의 증대로 소비자와의 거리가 보다 가까워짐에 따라 브랜드화를 통하여 소비자와 긴밀한 관계구축이 필요하다.

생산력 제고에 의한 농가소득 증진에는 한계를 보임에 따라 수입개방이 가속화되는 글로벌 경쟁시대에는 강력한 브랜드 이미지를 지닌 소수의 브랜드만이 생존할 수 있다.

소비자 구매패턴의 다변화, 고급화로 선도 브랜드의 시장지배력이 확대되면서 브랜드 간의 '빈익빈 부익부' 현상이 심화되고 있다.

농특산물을 브랜드화하는 것은 '얼굴 있는 농특산물'의 생산, 유통을 의미하는 것으로 지자체나 생산자조직이 자신의 농특산물에 대하여 책임감을 가지고 차별화된 농특산물을 상품으로 제공한다는 약속이다. 한마디로 '내 이름을 걸고 책임지겠다', '내 얼굴을 걸고 책임지겠다'는 의미이고 '약속을 못 지키면 내 성을 갈겠다'는 의지의 표현이다.

안정적인 OEM 생산을 거부하고 힘든 독자브랜드 개발을 결정한 소니 창업자인 모리타 아키오가 말하는 "나는 항상 브랜드야말로 기업의 생명이며 과감히 보호되어야 한다고 생각해 왔다. 브랜드나 회사명은 교묘히 고안해 낸 것이 아니라 책임감을 갖고 있으며, 제품의 품질을 보장하는 것이다"에 핵심이 있다고 볼 수 있다.

〈농특산물 구매 시 브랜드 농특산물에 대한 선호도〉

구 분	빈 도	비율(%)
브랜드 농특산물 선호	565	81.3
브랜드 없는 농특산물 선호	35	5
차이가 없음	95	13.7
합 계	695	100

출처 : 중앙대학교 산업경영연구소, 2001년 7월 서울 수도권 지역 20세 이상 소비자 700명.

〈브랜드 농특산물에 대한 프리미엄 지불의사〉

구 분	빈 도	비율(%)
없다	96	13.8
10%	299	43
20%	203	29.2
30~40%	61	8.8
40~50%	18	2.6
50~70%	9	1.3
70~100%	5	0.7
100% 이상	4	0.6
합 계	695	100

출처 : 중앙대학교 산업경영연구소, 2001년 7월 서울 수도권 지역 20세 이상 소비자 700명.

농특산물의 브랜드화를 통해서 얻을 수 있는 주요 혜택은 다음과 같다. ① 다른 것들과 차별화시킴으로써 눈에 띄기 쉽고 기억하기 쉽다. ② 치열한 경쟁 속에서도 가격 프리미엄을 가질 수 있다. ③ 다른 것을 사지 않고 우리 브랜드만 고집하는 단골 고객의 반복구매(충성도)를 높일 수 있어 유통업체에서 우선적으로 상품을 진열하고 판매한다. ④ 신상품을 개발하여 판매할 때 기존의 이름을 확장하여 마케팅비용을 획기적으로 줄일 수 있으며 유통망을 뚫기가 쉬우며, 낯선 신제품에 대해서도 고객이 쉽게 받아들인다. ⑤ 신뢰도가 형성되어 있어서 본의 아니게 실수를 하더라도 어느 정도 용인해 준다.

이것을 종합하면 브랜드자산brand equity은 브랜드이름에 관한 인지도, 브랜드와 관련된 연상, 품질에 대한 인식, 소비자의 브랜드 충성도brand royalty 등을 합친 개념이다. 브랜드자산은 브랜드를 안 붙이고 팔았을 때 얻는 이익과 브랜드를 붙였을 때 추가적으로 발생하는 이익의 차이를 말한다.

그러나 이러한 혜택이 브랜드화했다고 해서 저절로 얻어지는 것은 아니다. 지역특산물에 대한 전략적 브랜드관리를 통해서 강력한 브랜드자산을 구축해야만 얻을 수 있다.

품질관리가 제대로 되고, 브랜드화된 농특산물은 그렇지 않은 농특산물에 비해 20~30% 이상 높은 값을 받고, 소비자에게 신뢰성을 확보하여 수요처를 안정적으로 확보하는 장점이 있다.

이제부터 세계와 경쟁하고 세계시장으로 나아갈 수 있고 소비자를 붙잡을 수 있는 강하고 경쟁력 있는 농업을 만들어야 한다. 농특산물 수출경쟁력도 중요하지만 수입농특산물과의 경쟁에서 이기기 위해서도 절대적으로 필요하다.

8. 농산물 vs 공산품

사람들은 피상적인 수준에서 상식의 오류를 많이 범하게 된다. 농산물과 공산품의 관계도 마찬가지다.

사람들이 무엇을 시도했다가 실패를 거듭하게 되면 '시골에 내려가 농사나 지을까?', '하다 하다 안 되면 나중에 농사나 짓지 뭐'라고 생각한다. 특히 제조업 종사자들이 더 그렇다. 제조업은 어렵고 농사는 쉽다는 잘못된 상식이 퍼져 있다. 하지만 다음의 비교표를 보면 생각이 달라질 것이다.

구 분	농산물	공산품
산업구분	1차산업	2차산업
자연환경변수	직격탄	거의 무관
생산노동자	자영농 중심	피고용인 신분
수량관리(Quantity Control)	어려움	쉬움
품질관리(Quality Control)	어려움	쉬움
시장과의 소통	원거리라 어려움	근거리라 쉬움
물류비용	많이 듦(원거리)	적게 듦(근거리)
보관비용	많이 듦(신선도유지)	적게 듦
유통기한	매우 짧음(부패하기 쉬움)	매우 긴 편
종합	약속, 신뢰유지 곤란	신뢰유지 용이

농산물과 공산품이 매우 다르듯이 농산물 브랜드와 공산품 브랜드는 다르다. 하지만 브랜드의 본질은 다르지 않다. 농산물이든 공산품이든 '신뢰'가 핵심이다. 브랜드는 소비자와 신뢰에 대한 약속이다. 그런데 농산물은 통제불가능요소로 둘러싸여 있기 때문에 신뢰성 확보, 브랜드 관리가 매우 어렵다.

브랜드농산물의 불만족요인은 지속적인 물량공급 부족, 가격이 비쌈, 비브랜드농산물과 차이 없음, 품질이 고르지 못함, 유사브랜드의 난립 등이다. 그렇다면 불만족요인을 해소하기 위한 방안은 무엇일까?

해결방안은 역설적이게도 농산물의 공산품化에 있다. 농산물은 농산물의 관점에서 접근하면 차별화가 어렵고 공산품의 개념으로 차별화해야 하며, 공산품은 농산물 개념으로 차별화해야 한다. 그래야 농산물의 품질관리 및 수량관리를 통한 일관성과 신뢰를 확보할 수 있는 것이다.

농산물의 브랜드경영은 정말 어려운 과제다. 농산물에서 신뢰받는 파워브랜드가 되기 위해서는 아래와 같은 브랜드의 핵심요소들을 잘 이해하고 실천해야 한다. 책임성 있는 브랜드경영체가 브랜드의 3요소를 잘 관리하여 삼위일체를 이루게 된다면, 수입개방도 두렵지 않다.

〈지속가능한 책임 있는 브랜드경영〉

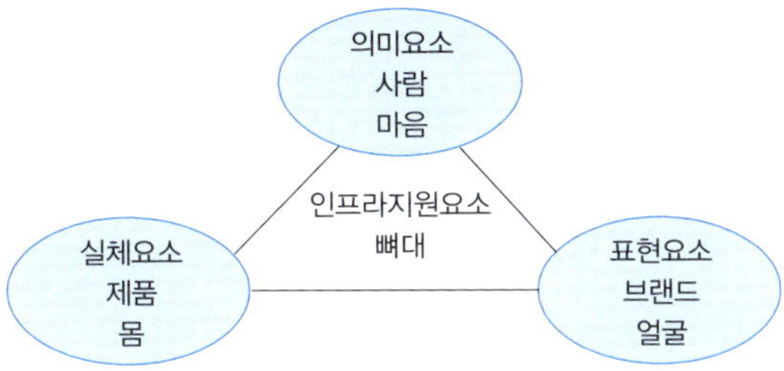

브랜드 3요소			+1요소(인프라 지원)
의미요소	실체요소	표현요소	기반요소
마음	몸	얼굴	뼈대
비전과 가치	품질과 가격	이름과 디자인	시스템
감독	선수(유형)	선수(무형)	구단주
사람(성격)	제품	브랜드	조직(브랜드경영체)
책임의식	물량과 품질관리	상징성	브랜드관리매뉴얼

농특산물브랜드가 성공하기 위한 핵심요소들을 다시 한 번 언급한다면, 브랜드경영체는 책임의식이 투철해야 한다. 그리고 브랜드관리 매뉴얼에 의한 물량과 품질관리를 통한 일관성과 지속성 있는 상품공급이 이루어져야 한다. 그리고 기억하기 쉽고 가슴에 팍 와 닿는 브랜드상징표현을 통하여 감성적 애착을 만들어가야 한다.

이러한 일련의 과정들이 삼위일체를 이루어야 100년 이상 가는 세계적인 파워브랜드가 될 것이다.

9. 브랜드 vs 마케팅

지역브랜드의 성공을 위해서는 브랜드와 마케팅에 대한 개념을 명확히 해야 한다. 마케팅을 브랜드와 혼동하는 문제가 많이 발생한다.

브랜드(Brand)	마케팅(Marketing)
나를 세운다	나를 버린다
구심력	원심력
안(내부)	밖(외부)
체(體)	용(用)
입(my voice)	귀(voice of customer)
시작과 끝	과정
거시적 / 장기적	미시적 / 현재진행형(~ing)
원칙, 중심과 방향, 가이드라인	유연성, 융통성
Top Down / 중앙집권	Bottom Up / 권한 위임
H.Q, 포병	전방 소대장, 소총
북극성, 나침반, 선택기준	다양한 전술적 아이디어
명사(이름씨)	동사(흐름, 운동)

무엇이든지 관리를 잘하기 위해서는 개념을 이해하고 있어야 한다. 첫 단추를 잘못 꿰었는데 뒤에서 아무리 공을 들여봐야 말짱 헛수고에 불과할 뿐이다.

동양의 4대 경전 중 하나인 『대학(大學)』에 "수신제가치국평천하(修身齊家治國平天下)"가 나온다. 심신(心身)을 닦고 집안을 정제(整齊)한 다음 나라를 다스리고 천하(天下)를 평정(平定)한다는 의미다.

이처럼 평천하[시장 평정, Market Leader]하기 위해서는 먼저 수신(브랜드 아이덴티티 정립)부터 해야 함을 말하는 것이다. 수신(修身)은 심신을 수행(修行)한다는 의미이고 수행이란 고통의 원인을 내 안에서 찾는 것을 말한다. 나의 밖에 있는 것, 즉 고객에게는 잘못이 없다. 잘못은 오로지 나의 것이다. 이처럼 브랜드에 문제가 생겼다면 그 원인을 찾기 위해 내부로 시선을 돌려야 한다. 브랜드의 자아 관념이 고통을 쉬게 하고 문제의 원인을 제공하기 때문이다. 따라서 변화해야 할 것은 외부세상이 아니라 오로지 자아에 대한 관념이다.

마케팅은 원심력이고 브랜드는 구심력이다. 마케팅 없는 브랜드는 상품이 안 되고, 브랜드 없는 마케팅은 명품이 안 된다.

'브랜드[brand]'는 앵글로색슨족이 불에 달군 인두로 가축에 낙인을 찍어 자신의 소유물임을 표시했던 데서 유래했다. 자신의 소유물임을 입증하기 위한 것으로 한국에는 '시치미'가 있다.

고려시대 때 사냥용으로 길들인 매의 도난을 방지하기 위해 자신의 소유물임을 표시하기 위해 꼬리표를 달았는데 이것을 시치미라고 했다. 몽골지배의 영향으로 왕실과 귀족사회에서 매사냥 인구가 늘어났고, 매의 소유 확인을 위해 시치미를 달았는데, 시치미를 떼면, 누구의 매인지 알 수 없게 된 데서 '시치미 떼다'라는 말이 유래했다.

시치미 떼는 사람이란 알면서도 모른 척하는 나쁜 사람을 의미하듯이, 브랜드 없는 사람 역시 마찬가지다. 즉 브랜드 표시를 하지 않는 사람은 문제가 생겼을 때 시치미 떼겠다는 것을 의미하는 반면에 브랜드 표시는 곧 출처나 소재를 의미하므로 문제가 생겼을 때 책임지겠다는 뜻이 담겨 있는 것이다.

브랜드와 유사한 연관개념들을 검토하는 것이 브랜드를 올바로 이해하는 데 도움을 줄 수 있다. 흔히 브랜드를 상표라는 말과 동일한 개념으로 간주하기도 하지만 브랜드에 대한 보다 명확한 이해를 위해 이 두 가지 개념 간의 차이를 분명히 할 필요가 있다.

상표라는 단어의 구조는 '商Trade 거래+標Mark 표시'로 구성되어 있다. 말 그대로 상업적 표장, 즉 상거래를 하기 위한 표식이다. Trade Mark와 상표가 직접적으로 연결되는 단어다. 우리나라의 상표법에 의하면 상표는 "자사의 제품을 경쟁자들의 것과 구별하기 위해 사용하는 문자, 기호, 도형 혹은 그들의 결합이다"라고 정의하고 있다.

상표는 브랜드보다 협의의 개념이며 출원과 등록 과정을 통해 법률에 의해 그 사용에 대한 독점배타권을 부여받아 민·형사상의 보호를 받을 수 있게 하는 것이 주목적이다. 브랜드는 소비자의 마음을 사로

구 분	내 용
상 표	법률적 용어, 식별기능
Brand	마케팅 용어, 식별기능+알파(개성표현, 신분과시 등)
메이커	사전적 의미는 제조업체를 뜻하지만 통상적으로 유명브랜드를 지칭함
Symbol Mark	브랜드의 시각적 표시(도형)
Logo	한때 서체(글꼴)를 가리키기도 하였으나 이제는 심벌마크, 워드마크 등 시각적 브랜드표현물을 총칭한다.
Word Mark	문자(텍스트)로 된 디자인 상징

잡아 감성적 애착으로 상품판매를 지속적으로 하게 하는 것이 주목적이다. 따라서 상표는 법률적 용어로 보고 브랜드를 마케팅 용어로 간주할 수 있다.

브랜드가 법률적으로 보호받기 위해서는 특허청에 기업의 지적재산권으로 등록되어야 한다. 이름뿐만 아니라 디자인 요소도 상표로 보호받을 수 있다. 브랜드의 법적 보호와 관련된 개념은 다음과 같다.

구 분	내 용
Ⓡ(Registered mark)	등록상표임을 나타내는 마크. 특허청에 상표나 서비스표로 등록되어 법률적으로 배타적 권리를 확보한 마크
TM(Trade Mark)	등록되지 않은 상표에도 붙임. 상품의 상표
SM(Service Mark)	등록되지 않은 상표에도 붙임. 서비스 상표
ⓒ(Copy Right)	(C)라는 표기도 있음. 이 기호 뒤에 저작권자 이름과 그 저작물의 첫 발행연도를 함께 표기함

TM이나 SM은 기업의 제품이나 서비스에 사용하는 고유의 상표, 상징을 뜻하므로 자신들의 허락 없이 함부로 사용하지 말라는 의미가 있다. 이는 주로 미국 기업에서 많이 볼 수 있는데 미국의 경우에는 선출원주의가 아닌 선사용주의이기 때문에 등록을 하지 않더라도 오랜 기간 사용이나 광고, 홍보 등을 통해 주지성이 성립되면(주지상표가 되면) 보호를 받을 수 있기 때문이다.

10. 브랜드는 정체성이다

브랜드는 손에 잡히는 개념이 아니다. 그래서 브랜드에 대한 정의

가 학자들마다 모두 달라서 브랜드관리에 큰 어려움을 초래하고 있다. 어떤 개념에 대한 정의는 그것이 수행하는 기능과 역할과도 구분되어야 하며, 또한 그것의 활동으로 인한 결과와 혼동되어서도 안 된다.

구 분		내 용
브랜드 자체 (광의의 브랜드 정의)	표시	이름과 디자인(협의의 브랜드 정의)
	실체	제품 품질
	의미	존재이유, 성격(개성)
브랜드의 기능과 역할		식별, 차별화, 개성표현, 신분과시, 자산
브랜드의 결과		의미 획득, 경험, 인지도, 이미지 연상

출처 : 김형남(2010), 전략적 브랜드관리 매뉴얼.

엄밀히 따지면 브랜드에 대한 경험을 통하여 소비자의 마음속에서 만들어지는 것은 브랜드 자체가 아니라 브랜드 이미지이다. 브랜드와 브랜드 이미지는 다른 것으로 명확히 구분할 필요가 있다.

브랜드가 식별표시 기능 이상의 것이라는 점이다. 브랜드는 단순히 제품이나 기업의 식별기능 외에 제품에 대한 품질보증의 의미를 가지고 있으며 더 나아가 자기표현 내지는 신분과시의 기능까지 내포하고

〈브랜드의 기능〉

구 분		내 용
본질적 기능	식별기능(identifier)	누구의 제품인지를 확인해 주는 기능
	차별화기능(differentiator)	다른 제품과 무엇이 다르다는 것을 알려주는 기능
파생적 기능	보증기능(endorser)	제품 품질이 좋다는 것을 보증하는 기능
	구매유발기능(purchase driver)	제품을 구매하게끔 동기를 확신시켜 주는 기능
	자산기능(asset)	매매가 가능한 환금성 있는 독점적 자산기능
	확장기능(extension)	신규시장 진출 시 출시 비용 절감기능

있다는 것을 강조한다. 특히 현대사회에 들어와서 품질보증이나 개성 표현의 기능은 더욱더 중요한 역할을 한다고 볼 수 있다.

하지만 이것은 브랜드의 기능이지 브랜드 자체를 지칭하는 것은 아니다. 브랜드의 본질은 '나는 누구인가?', '도대체 나의 존재 이유는 무엇인가?'라는 정체성에 관한 것이다. 그러나 이러한 의미요소는 제품이라는 실체요소와 이름과 디자인이라는 표시요소와 결합되어야 한다.

이상의 논의를 바탕으로 브랜드에 관한 정의를 내리면 '브랜드란 자신의 상품이나 서비스를 다른 경쟁자와 구별하고, 품질과 개성을 표시하여 고객에게 의미를 부여하는 이름과 디자인'이다. 정의의 논리적 구조는 아래와 같다.

차 원	방 식	브랜드 – 고객관계
품질(이성, 기능, 성과)	⇒ 차별화 ⇒	의미(가치, 에센스)
개성(감성, 정서, 성격)		

출처 : 김형남(2010), 전략적 브랜드관리 매뉴얼.

브랜드정체성은 쉽게 말하면 다른 브랜드와 차별되는 그 브랜드의 자기다움이라고 할 수 있다. 이를 크게 내적 관점과 외적 관점에서 정의해 보면 다음과 같다. 내적 관점에서는 그 브랜드가 갖는 주제의 일관성을 말한다. 즉 장기적으로 변하지 않는 지속적인 요소, 그 조직에 대해 느끼는 자부심 · 소속감 · 자기동일성이 그 브랜드의 내적 정체성이 된다. 반면 외적 관점은 다른 브랜드에 없는 그 브랜드만의 개성이나 차별성, 독특한 점이나 우수한 점을 말한다.

구 분		외적 관점(독자성, 개별성, 차별성)	
		High	Low
내적관점 (일관성, 지속성, 동일성)	High	뚜렷한 브랜드정체성	유행 추종
	Low	유행 선도	정체성 위기(identity crisis)

브랜드 정체성의 조건인 '일관성, 지속성, 동일성', '독자성, 개별성, 차별성'의 관점에서 볼 때 어느 부분에서도 개성을 느낄 수 없는 브랜드라고 판단되면 브랜드 재구축이 시급히 요구된다. 이때 중요한 것은 객관적 사실의 차이가 아니라 고객의 인식상의 차이이다.

의미요소는 손에 잡히지 않고, 눈에 보이지 않으며, 숫자로 셀 수 없는 요소들이다. 따라서 관리하기 어려운 측면이 많다. 그러나 가장 중요할 뿐만 아니라 기본적 출발점이자 궁극적 지향점을 말한다. 그런 관점에서 의미요소는 브랜드플랫폼Brand Platform이라고도 한다.

1995년 워싱턴포스트는 지난 1000년간 세계사에서 가장 중요한 인물로 칭기즈칸을 꼽았다.

몽골 변방의 소수 유목민 출신인 칭기즈칸은 13세기 몽골의 평원을 통일하고 유라시아 대륙의 절반 이상을 아우르는 광대한 제국을 세웠다. 그는 알렉산더(348만㎢)와 나폴레옹(115만㎢), 히틀러(219만㎢)가 차지했던 영토를 합친 것보다 더 넓은 777만㎢ 영토를 지배했던 정복자였다. 인류 역사상 '해가 지지 않는 첫 번째 제국'이다. 그의 땅 어딘가는 해가 떠 있다는 말이다. 영토의 크기보다 더 중요한 것은 지배의 역사이다. 알렉산더(1대 13년)와 나폴레옹(1대 11년), 히틀러(1대 12년)에 비하여 칭기즈칸은 5대 150년간 지배하였다.

그랬던 몽골제국도 결국에는 멸망하고 말았다. 칭기즈칸은 "내 자손들이 비단옷을 입고 벽돌집에 사는 날 내 제국이 망할 것이다."라고 경고했다. 몽골제국의 후대 지도자들은 끝내 이 충고를 되새기지 못했다. 소수인 몽골 사람들은 다수의 피정복민을 지배하기 위해 정착지역에 생계 근거를 뒀다. 그 결과 그들의 존재 기반인 수렵과 유목성을 스스로 거세하고 현지에 정착 동화돼 버렸다. 그것은 결국 브랜드 정체성의 상실로 이어졌으며 몽골제국 멸망의 주된 원인이 되었다.

브랜드에 대한 일반적 정의를 지역브랜드 및 지역특산물브랜드에 적용하면 다음과 같다. 지역브랜드란 해당지역을 다른 경쟁지역과 구별하고, 품질삶의 질, Quality of life과 개성매력도, attractiveness을 표시하여 고객(주민, 관광객, 기업)에게 의미를 부여하는 이름과 디자인이다. 기업브랜드가 고객을 창출하고 상품의 부가가치를 높이는 것과 마찬가지로 지역브랜드도 기업 및 거주민을 유치하고, 관광객을 끌어들일 뿐 이니라 지역 상품의 판매를 촉진함으로써 부가가치를 높이는 역할을 한다. 지역주민의 애착심과 지역의 이미지를 향상시키는 역할도 한다.

지역특산물브랜드란 지역의 상품이나 서비스를 다른 경쟁자와 구별하고, 품질과 개성을 표시하여 고객에게 의미를 부여하는 이름과 디자인이다. 지역특산물브랜드는 농수산물, 축산물, 가공특산품 등과 같이 지역 내에서 생산되는 상품, 서비스로서, 지역경제 활성화의 주요 수단이 되고 있다.

브랜드정체성의 관점을 지역브랜드에 적용시켜 살펴보면 다음과 같다.

유형 I(이천, 고양, 하남)은 역사자원이 풍부하여 연속성이 높고 쾌적한 여건을 가지고 있으므로 이미 개별성 · 동일화의 정도가 높은 도시들이다. 전래자원을 활용하여 도시정체성을 형성하고 있으며 다른 도시에 비해 유리한 입지에 있으며 양호한 시각적 경관을 유지하고 있다.

구 분		개별성 · 동일화	
		고	저
연속성	고	유형 I(이천, 고양, 하남)	유형 II(안양, 성남, 수원)
	저	유형 III(일산, 과천, 분당)	유형 IV(중동, 부천, 평촌)

출처 : 국토연구원(2005), 지방화시대의 도시정체성 확립방안.

유형 II(수원, 안양, 성남)는 역사가 오래되고 잠재적인 자원이 많아서 연속성은 높지만 아직 경관이 정비되지 못하여 개별성 · 동일화 특성이 낮은 도시이다.

유형 III(일산, 과천, 분당)은 역사적 자원은 별로 없어서 연속성은 부족하지만 계획적인 도시조성과 정비에 의하여 경관분야에서 개별성과 동일화 특성이 높은 도시이다.

유형 IV(중동, 부천, 평촌)는 전래자원이 빈약하여 연속성이 약하고 이로 인해 정체성도 그다지 높은 수준으로 확립되어 있지 않은 도시이다.

수도권 8개 도시의 주민설문조사를 통해 정체성 관련변수들의 값을 합산하여 분석한 결과 일산, 과천 및 분당이 정체성이 높은 도시들이고, 안양, 성남, 부천 등은 정체성이 낮은 도시로 볼 수 있는 것으로 나타났다.

유형 III에 포함되는 일산, 과천, 분당은 연속성이 적은데도 불구하고 개별성 · 동일화가 강한 영향을 미쳐 전체적인 정체성이 제고되고 있다. 따라서 경관의 아름다움과 녹지의 풍부함 등의 경관적 요소와 시민들이 느끼는 자부심 · 안전성 등이 정체성 형성에 중요한 영향을 주는 요인임을 알 수 있다.

11. 브랜드자산 구축모형

브랜드경영을 이해하는 가장 단순한 틀은 다음과 같다.

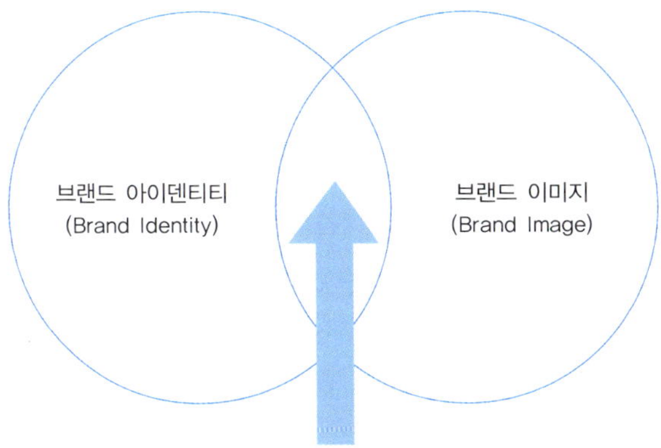

구 분	브랜드 아이덴티티	브랜드 이미지
내 용	나는 누구인가? 나는 왜 존재하는가? 정체성, 존재이유	고객의 마음속에 떠오르는 생각과 느낌
입 장	기업 입장	고객 입장
활 동	PLANNING, INPUT	RESULT, OUTPUT
핵 심	의도(Intent)	해석(Interpretation)
종 합	브랜드관리 : 브랜드아이덴티티와 브랜드 이미지의 갭(gap)을 줄여서 서로 조화를 이루도록 교집합을 넓히는 활동	

브랜드는 눈에 보이고 손에 잡히는 것이 아니기 때문에 주먹구구식으로 접근해서는 안 된다. 브랜드관리란 애매모호한 개념들이 눈에 보이고 손에 잡히는 유형적인 것으로 만드는 것을 의미한다. 따라서

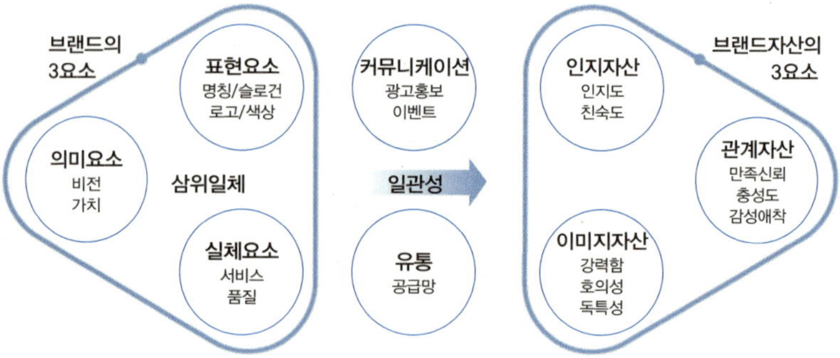

유형적인 자산이 상대적으로 빈약한 소외지역일수록 무형적인 브랜드 자산에 관심을 가져야 한다. 무형적인 것들을 손에 잡힐 듯 명확하게 만들어 고객의 가슴속에 각인시켜야 한다.

이를 위해서는 위의 그림을 좀 더 구체적이고 상세하게 정리한 브랜드자산Brand Asset 구축모형에 기초한 체계적이고 통합적인 접근이 필요하다.

지역브랜드의 주요 구성요소인 의미요소, 실체요소, 표현요소가 삼위일체로 연결되고, 홍보와 유통을 통한 전달요소가 일관성 있게 유기적으로 연결돼서 브랜드자산구축을 위한 모든 힘이 모아져야 한다. 지역브랜딩의 궁극적인 목표는 브랜드자산을 높이는 데 있다. 브랜드 자산은 브랜드 인지도, 브랜드 이미지, 브랜드관계구축 등의 3요소로 이루어져 있다.

경쟁력 있는 농산물 브랜드경영체로 탈바꿈하기 위해서는 브랜드의 전략적 관리 프로세스에 근거하여 선행적 마케팅 활동을 수행하여야 한다.

전략적 브랜드관리 프로세스는 다음과 같다.

1단계 : 브랜드경영을 도입하는 첫 걸음은 브랜드가 고객에게 제공하고자 하는 가치와 비전Value & Vision을 명확히 하는 것이다. 브랜드 전략과 브랜드목표를 명문화하여 실행의 지침으로 삼는다. 여기서 포지셔닝 전략을 수립하는 것이 핵심이다.

2단계 : 브랜드 아이덴티티Brand Identity를 개발하는 것이다. 이름, 슬로건, 징글과 같은 언어적 아이덴티티Verbal Identity 시스템과 심벌마크, 로고타입, 캐릭터, 색채계획 등 시각적 아이덴티티Visual Identity 시스템의 구축단계이다.

3단계 : 「브랜드 마케팅 프로그램을 실행implementation」하는 단계이다. 포지셔닝 콘셉트에 맞게 제품전략, 가격전략, 유통전략, 커뮤니케이션 전략을 일치시키는 단계이다. 홍보 마케팅 플랜의 수립, 사외로 향한 메시지 발신뿐만 아니라 사내 침투를 포함한 브랜드 커뮤니케이션의 설계, 내외부 알리기 등과 같은 구체적인 정책을 검토한다.

4단계 : 마지막으로 「브랜드 성과의 평가와 관리 인프라에 대한 업무를 구축」하는 단계이다. 여기에서는 브랜드 목표에 얼마나 접근하고 있는가를 확인하고 평가하는 방법과 브랜드를 지적재산으로 유지해 나가는 방법에 대해 검토하고자 한다. 브랜드 감사Brand Audit를 통하여 고객관점에서 파악한다.

5단계 : 브랜드구축brand building 단계를 지나서 브랜드자산을 활용leveraging하는 단계이다. 브랜드 내의 구조intra-brand가 아니라 브랜드간 체계inter-brand의 시너지를 극대화하는 방안을 모색한다. 장기적으로 성장성과 수익성이 가능하도록 비용을 최소화하고 효과를 극대화할 수 있는 구조체계를 수립한다.

구 분	단 계	핵심 개념
기획(Plan)	브랜드 비전과 포지셔닝 전략	핵심 브랜드 가치(브랜드에센스) 설정 품질기준 설정 브랜드 개성 구축
개발홍보(Do)	브랜드 아이덴티티 개발	언어적 요소 / 시각적 요소 브랜드 법적 보호
	브랜드 마케팅 프로그램 및 커뮤니케이션 실행	내부 알리기 : 관계맺기 외부 알리기 : 관계맺기
평가(See)	브랜드 성과평가와 인프라 구축	브랜드자산의 3요소(인지도, 이미지, 관계) 브랜드 감사(Brand Audit) 브랜드 조직시스템
활용(Use)	브랜드자산의 활용	브랜드 – 제품 매트릭스 브랜드 포트폴리오와 위계구조 브랜드확장전략 브랜드강화와 재활성화, 리뉴얼, 재포지셔닝 브랜드 라이선싱 공동브랜드

출처 : 김형남(2010), 전략적 브랜드관리 매뉴얼.

12. 지자체경영 vs 기업경영

경영학의 대가로 추앙받는 피터 드러커는 "기업의 목적은 고객을 창출하는 것이다"라고 말하였다. 기업이 고객을 창출하기 위해서는 먼저 고객을 획득하고get the customer, 고객을 유지해야keep the customer 한다. 한마디로 고객과의 관계를 지속적으로 맺어나가야 하는 것이다. 고객과의 관계가치(고객창출+고객유지)를 극대화하기 위해서는 신뢰와 매력이라는 개념이 중요하다. 관계를 지속적으로 유지하는 '신뢰'이며, 관계를 창출하는 것은 '매력'이 그 핵심이 되기 때문이다.

브랜드경영이 지향하는 것은 조직(기업이든, 지자체든)과 고객과의 관계에 있어서 장기적으로 동요하지 않는 '정신관계'를 만드는 것이다. 경영자가 그 브랜드에 대해서 강렬한 꿈이나 비전을 갖고, 그것을 조직 안팎으로 보이는 것만으로는 안 된다. 브랜드는 고객의 머릿속 이미지만으로 경영자나 마케팅 담당자가 자신의 생각을 일방적으로 밀어붙여 만들어지는 것도 아니다.

궁극적으로 브랜드는 조직과 고객과의 상호관계에 의해 함께 만들어지는 것이다. 조직은 '사업이나 제품을 앞으로 어떻게 만들어나가고 싶다'는 브랜드경영의 비전과 전략을 근간으로 하여, 브랜드를 통해서 무엇을 약속brand promise할 것인가를 명확하게 할 필요가 있다. 또한, 브랜드에 대해서 고객이 기대하고 있는 것을 이해하고, 그 기대에 지속적으로 부응해 가는 일련의 과정이 요구되며 그 결과로 나타나는 조직과 고객 간에 장기적으로 동요하지 않는 정신적 연대감이야말로 브랜드경영이 궁극적으로 지향하는 것이다.

그러나 기업경영과 지자체경영은 주어진 제약조건이나 구사해야 할 수단방법에 있어서 커다란 차이가 존재한다.

지역브랜드는 기업경영처럼 무조건적으로 효율성만을 추구할 수는

구 분	기업경영	지자체경영
조직형태	지역 주식회사	지역 공동체
지배구조	지분에 의한 지배	1인 1표(민주주의)
리 더 십	CEO 리더십(추진력)	소통 리더십(친화력)
운동원리	생산성, 효율성	공공성
관 계	통제, 관리, 투자,	소통, 참여, 개방, 공유
평 가	성과(결과)지상주의	절차민주주의(과정 중시)
효과발생	경제	정치
	외치	내치

없다. 많은 사람들이 지역을 살리기 위해서 지자체장에게 주식회사 CEO 같은 능력을 요구하기도 한다. 하지만 지역공동체를 주식회사처럼 경영해서는 안 된다. 지역공동체는 특정인의 이해관계에 따라 움직이기보다는 전체의 이익을 중시해야 하기 때문이다. 이를 위해서 이해갈등을 조정할 수 있는 능력이 무엇보다 중요하다. 무조건 나만 따르라는 식의 리더십은 공동체 조직의 리더십으로는 적합하지 않은 것이다.

그렇다면 어떻게 지역을 먹여 살릴 것인가? 물론 주식회사의 CEO 같은 리더십도 일부 필요하지만, 전적으로 그것만이 옳은 길이라는 생각은 금물이다. CEO 리더십은 지역발전의 필요조건일 뿐 충분조건은 아니다.

공공조직과 민간기업 조직 간의 차이를 구분하는 이유는 일반적으로 민간조직에서 사용하고 있는 관리기법이나 운영방식이 그대로 공공조직에 적용될 수 없다는 데 있으며, 민간기업과 달리 공공조직이 가진 독특한 운영방식이나 구조적 특성에 있다.

시장 메커니즘의 부재absence of economic markets와 강한 정치적 영향력 그리고 운영과정상의 법적 제약이 크다. 이것은 공공조직 구성원들의 동기와 태도 그리고 작업환경에 영향을 주는데, 예를 들면 시장 메커니즘의 부재는 운영의 효율성과 고객지향성이 약하게 되고 민간기업처럼 시장에서의 퇴출위험이 적다. 이에 따라 그만큼 공공부문의 조직 운영과정이 민간조직보다 느슨하게 운영될 수 있으며, 이것은 근무자의 작업환경에 대한 부담을 줄여주는 기능이 있다.

공공조직은 민간기업 조직과 달리 공익이나 상징성 그리고 정치적 책임성이나 공익성을 요구받기 때문에 공공부문에 종사하는 구성원들의 보수나 기타 경제적 보상에 대한 욕구가 상대적으로 적을 수 있다.

이러한 공공조직의 특성은 공공부문 종사자들의 가치관이 민간기업 종사자들에 비하여 공익추구를 더욱 중요하게 생각하고 경제적 보상에 대해서는 덜 중요하게 생각하는 메커니즘을 만들어낸다.

구 분	Public Branding	Private Branding
목적	공익 추구	영리 추구
고객	보편성(국민 차별화 곤란)	특수성(고객 차별화 필수)
경쟁자	독점(불만 있어도 선택 불가피)	경쟁(무한 선택상황)
이해당사자	정치적 이해관계 복잡	경제적 이해관계
이해관계자	매우 많음(이해 조정 중요)	적음
오너십	없음(고객 = 주인)	있음(대주주)
CEO	교체빈도 높음(최종의사결정자 = 국민)	교체빈도 낮음
내부고객 통제	다소 어려움(공무원정년보장)	쉬움(해고수단)
마케팅믹스	통제곤란	통제용이
상품서비스	무형의 행정서비스	주로 유형적 제품
광고예산	거의 없음	매우 많음

요즘 민간이 뭐든지 더 잘한다는 잘못된 믿음이 퍼져 있다. 그래서 정부기관도 민간을 따라하라는 압력이 강한 실정이다. 그러나 기업경영과 지자체 경영의 차이점을 제대로 이해하지 못하고 민간의 기업경영방식을 무조건 따라하다가는 큰 코 다칠 수가 있다. 정부 브랜드는 학력무관, 남녀노소 모든 국민에게 보편적 행정서비스를 제공하므로 효율성만을 추구해서는 안 된다. 저학력자, 80세 노인 등에게도 다가가고 공감대를 얻고 읽히고 이해되어야 한다.

또한 눈에 잘 안 보이고 손에 잘 안 잡히는 무형의 서비스임에도 불구하고 광고예산이 거의 없다는 점을 반드시 고려하지 않으면 안 된다.

민간기업은 목표고객에게 상품을 팔기 위해서 막대한 광고비 지출을 염두에 두고 브랜드를 개발하지만 지자체나 국가와 같은 정부는 기획단계부터 이와는 다르게 접근해야 한다.

13. 지역자체 브랜드(RB) vs 지역특산물브랜드(PB)

21세기에 들어서면서 영리기업이나 제품뿐만 아니라 비영리적인 지역, 도시, 국가까지도 브랜드화되고 있다. 이에 따라 과거와 같은 단순한 경제적 계산에 따른 정책 개발보다도 문화 및 마케팅에 따른 브랜드 이미지 구축이 중요한 과제로 떠오르고 있다. 또한 지역 도시 이미지는 정치, 경제, 사회, 문화, 스포츠, 역사, 자연 등 수많은 복합적인 요인들이 이미지 형성에 관여하므로 단기적으로 접근하기보다는 중장기적인 관점에서 조직적 · 지속적 · 체계적으로 접근해야 한다.

지역과 도시도 세계적인 경쟁체제에 들어감으로써 국내 지역과 도시들끼리는 물론 전 세계의 수많은 지역과 도시들끼리 세계적인 기업이나 국제행사를 누가 먼저 유치할 것인가, 전 세계로부터 관광객을 얼마나 많이 확보할 것인가의 문제가 대두되었다. 이와 같은 경쟁체제에서의 지역기획의 핵심은 지역의 개성과 매력을 어떻게 창출할 것인가에 있다.

2010년 지식경제부와 대통령 직속 지역발전위원회, 유엔공업개발기구UNIDO가 공동 주최한 '지역발전 국제포럼 2010'에서 지역개발 분야의 세계적 석학으로 꼽히는 뷔요른 어셰임 스웨덴 룬드대 교수는 지역 발전을 위한 핵심으로 '차별화'를 꼽았다. 어셰임 교수는 "세계화된 지식경제에서 모방과 차용은 좋은 지역 발전 전략이 될 수 없다"며 "차별화된 전략으로 승부해야 한다"고 강조했다.

차별화 전략의 핵심은 브랜드 마케팅 전략이다. 지역발전과 관련된 브랜드는 지역자체 브랜드Regional Brand와 지역특산물브랜드Product Brand로 크게 양분된다.

구 분	지역자체 브랜드(RB)	지역특산물브랜드(PB)
기본성격	조직(공간+시간+인간)	제품, 서비스
존재	어머니	자식
주체	지자체	주민(생산농가, 농식품기업)
시간	장기간	단기간
대체가능성	대체불가	대체가능
특징	복합적 다양성	단순성
매매	판매 불가능	판매 목적
이익추구	비영리(공공성)	영리추구(상업성)

지역브랜딩과 상품브랜딩은 브랜딩 프로세스 측면에서 본질적으로는 동일하지만 위와 같은 커다란 차이점으로 인하여 상품브랜딩 모형을 그대로 지역브랜딩에 적용하는 것은 실패가능성이 높은 위험한 시도이다. 상품과 달리 지역은 대체 불가능하기 때문에 신중한 접근이 필요하다.

지역브랜드는 장소place적 특성을 기반으로 비영리조직인 지방자치단체가 주체가 되어 운영된다. 따라서 지역브랜드는 기업브랜드와는 상이한 특수성을 내포하고 있기 때문에 기업차원의 브랜드 전략과는 달라야 한다는 점을 이해하고 있어야 한다. 지역브랜드가 경쟁력이 있는 파워브랜드로 육성되기 위해서는 지역브랜드의 주체로서 컨트롤

타워 역할을 하는 행정조직 내부 프로세스의 관점에서 지역브랜드 운영의 실상과 문제점, 그리고 개선방안을 도출해 나가야 한다.

지역자체 브랜드Regional Brand와 지역특산물브랜드Product Brand의 관계는 브랜드와 제품의 관계와 같다.

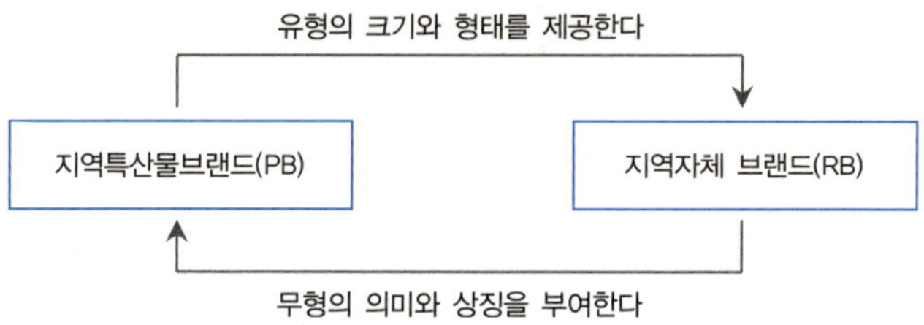

지역자체브랜딩과 상품브랜딩(지역특산물)의 차이점과 후광효과halo effect와 같은 관계성을 명확히 인식해야 한다. 지역자체 브랜드RB와 지역특산물브랜드PB의 상호 간 영향력과 관계를 살펴보자.

브랜드파워	예 시	비 고
RB = PB	안성시 ≒ 안성마춤 제주시 ≒ 제주삼다수	
RB 〉 PB	경주시 〉 경주빵 나주시 〉 나주멜론	원산지 후광효과(halo effect)
RB 〈 PB	이천시 〈 임금님표이천쌀 함평군 〈 함평나비축제	

함평군은 한반도의 어디에 있는지도 모르고 심지어 지명 혹은 지자체인지도 모르는 사람이 있지만 함평나비축제는 모르는 사람이 없을 정도로 유명해졌다. 이천시는 1등이 아니지만 임금님표이천쌀은 1등

이다. 임금님표이천쌀을 통해서 이천의 이미지가 높아진다. 함평군과 이천시의 사례는 제품이나 서비스 브랜드가 지역자체 이미지를 더욱 더 고양시키는 역할을 하는 경우다. 비유컨대 자식이 잘나서 부모까지 유명해진 경우다.

경주와 나주는 경상도의 '경'과 전라도의 '라'를 의미할 정도로 대표적인 지역브랜드다. 경주빵이나 나주멜론 같은 지역특산물브랜드는 강력한 지역브랜드의 후광효과 덕분에 제품판매에 큰 도움을 받고 있다. 힘 있고 돈 많은 부모가 자식을 키워주는 격이라고 볼 수 있다.

안성마춤과 제주삼다수의 경우에는 지역브랜드와 특산물브랜드가 비교적 대등한 영향을 주고받는 관계로 볼 수 있다.

제주특산물로 가장 유명하며 매출액(약 6,500억 원)이 높은 것은 제주감귤이다. 그러나 청정 제주라는 지역브랜드 이미지 제고에 기여한 것은 제주감귤보다 제주삼다수(약 1,500억 원)의 영향이 더 크다. 제주삼다수로 인하여 제주도의 청정이미지를 부각시키는 효과는 물론 제주도 자체를 홍보하는 역할까지로 이어졌고 새로운 부가가치를 창출하고 있는 지자체 특산물의 효자 브랜드로 자리매김하고 있다. 또한 연간 5만 여명에 달하는 관광객이 제주삼다수 공장을 방문, 견학함으로써 새로운 관광명소로 떠오르고 있다는 사실은 고무할 만한 일이다.

제주삼다수가 청정 제주의 이미지 구축에 성공함으로써 지방 특산물브랜드의 중요성을 실감할 수 있게 되었으며, 에비앙을 넘어서는 세계적 브랜드로 육성해서 청정한국의 이미지 제고에 기여해 줄 것을 기대해 본다.

14. 지역브랜드의 유형분류

지역브랜드는 규모, 범위, 주체, 산업, 계층구조, 구성요소 등에 따라 다양하게 분류할 수 있다.

〈규모에 따른 분류〉

구 분	사 례	비 고
시군 브랜드	안성마춤	안성시
시군연합 브랜드	햇사레	경기남부, 충북
광역 브랜드	잎맞춤 올레길	경기도 제주도
초광역 브랜드	지리산둘레길	지리산 전역
전국 브랜드	K-멜론	전국

〈범위에 따른 분류〉

구 분	사 례	비 고
단일품종 브랜드	햇사레	복숭아
다품종 브랜드	안성마춤	한우, 인삼, 쌀

〈참여주체에 따른 분류〉

구 분	사 례	비 고
자가 브랜드	강성원 우유	
공동브랜드	K-멜론	전국 멜론 생산농가

〈산업구분에 따른 분류〉

구 분	사 례	비 고
농산물 브랜드(1차산업)	굿뜨래	부여군
농식품 브랜드(2차산업)	제주감귤쥬스	제주시(감귤+삼다수)
문화관광 브랜드(3차산업)	함평나비축제	함평군

통상적으로 지자체는 브랜드를 활용하여 농특산물 판매, 축제홍보, 관광객 유치, 기업유치, 인구유입, 그리고 지역이미지 개선을 꾀하고 있다. 궁극적으로는 지역경제 활성화와 지역주민의 공동체 의식 향상으로 귀결된다.

지역브랜드는 지역인지도 제고 및 이미지 개선과 같이 관념의 영역에서는 커다란 효과를 발휘한다. 반면 투자유치와 관광객유치와 같이 직접적 행동차원에서는 효과가 덜 미치게 되는 것이 일반적이다. 인구유입은 개인차원이 아닌 가구차원의 거주지 변화행동이므로 지역브랜드활동과는 상관관계가 낮은 편이다.

즉 지역브랜드[RB]는 인지도, 이미지 개선 등 홍보수단으로서의 역할은 어느 정도 수행하지만 경제적 성과를 올리는 마케팅수단으로는 효과적이기 어렵기 때문에 별도로 농특산물브랜드와 같은 제품브랜드[PB]를 개발하고 있다.

〈계층구조에 따른 분류〉

구 분	사 례	비 고
기업브랜드	안성	지역아이덴티티 브랜드
패밀리브랜드	안성마춤	지역특산물브랜드
제품브랜드	안성마춤 한우	
브랜드수식어	안성마춤 한우 2.0	

지역아이덴티티 브랜드[Regional identity brand]와 지역특산물브랜드[Regional product brand]로 유형화했다. 지역아이덴티티 브랜드는 지역의 정체성이나 이미지, 지향점을 표현하는 브랜드이며, 지역특산물브랜드는 특정지역의 매력이나 제품을 타 지역과 차별화하고 우월성을 보다 효율적으로

전달하기 위해 지역의 특산물에 붙이는 브랜드를 말한다.

개별상품에 부착하는 개별브랜드individual brand와 다양한 제품에 하나의 브랜드를 부착하는 패밀리브랜드family brand, 기업조직에 붙이는 기업브랜드corporate brand 등으로 나눌 수 있다.

〈특성에 따른 분류〉

구 분	사 례	비 고
제품브랜드	임금님표이천쌀	
성분브랜드	추청벼 마크	품종
인증브랜드	친환경농산물마크	품질인증

〈구성요소에 따른 분류〉

구 분	사 례	비 고
지명브랜드	서울	
슬로건브랜드	하이서울	
서브슬로건브랜드	Soul of Asia	1기 : Friendly City 2기 : Soul of Asia
캐릭터브랜드	해치	
로고 디자인		

〈상표법에 따른 분류〉

기 준	종 류
구성요소에 의한 분류	· 기호상표 : 어떤 의미를 나타내기 위한 부호 · 문자상표 : 말의 소리나 뜻을 글씨로 표시하는 시각적 기호 · 도형상표 : 점, 선, 면 등이 모여 이루어진 그림의 형상 · 결합상표 : 기호, 문자, 도형을 결합한 것 · 색채상표 : 독립적인 구성요소가 아니고 기호, 문자, 도형과 결합하여 구성 · 소리상표 · 냄새상표
등록유무에 의한 분류	· 등록상표 : 등록출원에 의하여 국가로부터 등록허가를 받은 상표로서 상표권을 행사할 수 있고 상표침해로부터 보호받을 수 있다. · 미등록상표 : 국가로부터 등록받지 않은 상표로서 권리보호를 받을 수 없다. 단, 주지저명상표의 경우에는 미등록상표라도 상표법상 또는 부정경쟁방지법상 보호를 받을 수 있다.
개인상표와 공유상표	· 개인상표 : 단독명의로 된 상표 · 공유상표 : 2인 이상의 공동명의로 된 상표
단체표장과 업무표장	· 단체표장 : 동종업자 또는 동종업자 및 이와 밀접한 관계가 있는 업자가 설립한 법인이 그 감독하에 있는 단체원의 영업에 관한 상품 또는 서비스업에 사용하기 위한 표장을 말한다. (예, 협동조합의 조합원을 표시하는 표장) · 업무표장 : 영리를 목적으로 하지 않는 업무를 영위하는 자가 그 업무를 표상하기 위하여 사용하는 표장을 말한다.

Tip

브랜드에 관한 10가지 오해

1. 품질만 좋으면 되지, 브랜드가 뭐가 중요한가?

이 말이 맞다면 품질 좋은 제품을 생산하는 중소기업이 성공해야 하는데 현실은 OEM으로 고통받고 있다. 삼성전자 진대제 사장조차도 "잘 만든다고 결코 잘 팔리는 것은 아니다"고 말하고 있다. 따라서 '품질은 성공의 필요조건일 뿐이고, 브랜드는 충분조건'이라는 인식을 철저히 해야 한다.

2. 브랜드는 제품에 붙이는 이름과 디자인이다

브랜드는 기업의 제품과 서비스를 식별하고, 경쟁자와 차별화하며, 고객에게 고유한 가치를 부여하는 이름, 상징물과 의미의 결합체를 말한다. 브랜드는 이름과 디자인 같은 형식이 아니라 경험과 관계 속에서 창조된 가치와 의미가 본질이다.

3. 브랜드 이미지는 기업에서 만드는 것이다

제품은 공장에서 만들어지지만, 브랜드는 고객의 마음속에서 창조된다. 브랜드는 기업과 고객의 관계성 속에서 존재하므로 기업의 통제수단이라는 오만한 자세를 버려야 한다.

4. 브랜드는 광고 없이 성공하기 힘들다

스타벅스, 바디숍, 야후, 아마존 등의 세계적인 브랜드는 광고로 유명해진 것이 아니라 자신들만의 독특한 가치(unique value)로써 명성을 얻은 것이다. 또한 브랜드자산을 고려하지 않으면 따봉광고처럼 광고 자체는 대박을 터뜨려도 델몬트 오렌지 주스의 매출에는 도움이 되지 않을 수도 있다.

5. 성공한 브랜드는 확장을 해도 성공한다

제록스 컴퓨터, 하이트 소주, A1 닭고기 소스, 샘표타임커피 등 원래의 제품에서는 대성공을 거둔 브랜드라 할지라도 브랜드 확장에 실패하는 사례가 매우 많다. 욕심이 지나치면 화를 부르기 마련인 법이다.

6. 인터넷 세계에서는 정보가 많아 브랜드가 중요하지 않다

심지어 전문가조차도 정보가 많을수록 브랜드의 가치는 떨어진다고 생각한다. 브랜드를 허위의식이나 교묘한 상술 혹은 기능적 혜택 정도로만 파악하기 때문이다. 그러나 인터넷 이용시간의 증가, 인터넷브랜드의 기하급수적 증가 그리고 브랜드 비교사이트의 정보제공 강화에도 불구하고 1997년에는 110개 브랜드가 인터넷 이용시간의 60%를 차지했지만, 지금은 14개 브랜드가 60%를 차지할 정도로 브랜드집중화 현상이 가속화되고 있다.

7. 산업재나 서비스는 브랜드가 중요하지 않다

인텔 인사이드, 듀퐁의 라이크라(LYCRA)와 같이 산업재도 강력한 브랜드 마케팅을 통하여 시장지배력을 행사함으로써 거래처와의 교섭력을 강화하여 지속적인 경쟁우위로 전환시키고 있다. 궁극적으로 모든 힘은 소비자에게서 나온다는 것을 실증적으로 보여주고 있는 것이다.

8. 히트브랜드가 곧 파워브랜드다

단기적 전술이나 유행에 편승하여 히트한 브랜드들은 경쟁사의 커뮤니케이션활동과 영업활동에 의해 사라져버린다. 그러나 다시다, 피존 같은 파워브랜드는 외부 환경변화에도 흔들림 없이 지속적으로 이익을 창출해 주고 있다.

9. 브랜드경영은 브랜드매니저 제도를 만들면 된다

브랜드경영과 브랜드중심조직은 기존의 제품관리자(Product Manager)를 브랜드관리자(Brand Manager)라고 이름을 바꿔서 되는 것이 아니다. CEO는 브랜드가 기업가치의 원천이자 가장 중요한 자산이라는 의식을 갖고 Chief Brand Officer로서 기업문화, 조직구조, 제도 및 정보시스템 등을 총체적으로 재정립하지 않으면 안 된다.

10. 글로벌 브랜드는 Think and act globally해야 한다

처음부터 전 세계 고객을 만족시키는 제품을 만들기는 거의 불가능하다. 세계 최고의 글로벌 브랜드 코카콜라조차도 브랜드미션에 'think and act locally'라고 명시하고 있다. 세계화의 진전으로 표준화가 올바른 전략 같지만 고객의 삶과 밀착된 현지화 마케팅만이 성공할 수 있는 것이다.

사례 안동간고등어

전통향토식품을 브랜드화하여 지역이미지 제고는 물론 지역경제 활성화에 성공한 대표적인 사례가 경북 안동의 안동간고등어다. 안동간고등어는 경상북도 안동지역에서 생산되는 소금에 절인 고등어를 말한다.

안동간고등어의 유래를 보자. 지금처럼 교통이 여의치 않던 시절 동해바닷가인 영해·영덕·울진 지역에서 잡은 고등어를 내륙지방인 안동으로 들여오려면 소달구지나 등짐으로 하루 이상 걸어서 임동면 채거리 장터에서 물건을 넘기게 된다. 이때 고등어는 뜨거운 날씨 속에서 뱃속의 창자가 상하게 되므로 이곳에서 창자를 제거하고 뱃속에 소금을 한 줌 넣어 팔았는데 이것이 얼간잽이 간고등어이다. 얼간잽이는 '얼추 간을 하다'라는 뜻이다. 임동면에서 다시 걸어서 안동장에 이르러 팔기 전에 한 번 더 소금을 넣은 것이 안동간고등어이다.

생선은 본래 상하기 직전에 나오는 효소가 맛을 좋게 하는데, 바닷가에서 임동면 채거리까지 하루가 넘게 걸리며 오다 보면 얼추 상하기 직전이 되며, 이때 소금 간을 하면 가장 맛있는 간고등어가 된다. 염장을 하면 소금과 내장이 화학적 작용을 하여 맛이 좋아지고 육질이 쫄깃쫄깃해지며 특유의 비린내도 줄어들어 찜, 조림, 구이 등 어떤 요리를 해도 알맞게 된다.

안동간고등어는 산업적 가치를 지니는 안동의 대표적인 특산물로 우리나라는 물론 미국·일본·남미 등지로 수출되고 있다. 안동간고등어를 비롯하여 전통간고등어, 자반간고등어, 양반간고등어, 맛자반간고등어, 하회마을간고등어 등 10개 상표가 등록되어 시중에 유통되고 있다.

바다에서 생산되는 해산물 중 문어와 고등어의 가격은 안동에서 결정된다는 이야기가 있을 정도로 안동간고등어 생산량은 전체 고등어 소비량에 영향을 미치고 있다.

안동간고등어는 지역브랜드 및 특산물브랜드에 있어 대표적인 성공사례로써 배울 점이 참으로 많다. 먼저 역발상을 통한 차별화 전략을 들 수 있다. 바닷가가 아닌 내륙 한가운데서 수산물브랜드가 꽃핀다는 것 자체가 놀라운 일이다. 약점을 강점으로 전환한 대표적인 역발상 마케팅 사례라고 할 수 있다.

둘째는 스토리텔링을 통한 브랜드화 전략을 꼽을 수 있다. 50년 이상 간잽이 생활을 해온 이동삼 명인의 귀신 같은 손놀림을 스토리텔링의 주소재로 삼았다. 또한 간고등어 유래와 역사를 전통문화 보전 차원에서 복원하기 위해 영덕의 강구항으로부터 황장재 넘어 임동의 챗거리장터에 이르는 200리길 '안동간고등어 육로 운송 재현행사'를 열기도 했다.

셋째, 안동간고등어 산업화 정책을 꼽아볼 수 있다. 산학연 합동기술개발, 부패방지를 위한 진공비닐팩 개발, HACCP(식품위해요소중점관리기준) 도입 등을 접목시켰다. 그동안 전통시장에서 판매되던 간고등어는 10단계 이상의 가공공정을 국내 처음으로 개발, 선물용 명품생선으로 가치를 높여왔다. 지역의 독특한 자산에 주목하고 마케팅과 신기술을 접목하여 지역연고산업을 고부가가치산업으로 육성하였다.

중산층 이상을 마케팅 목표로 설정 브랜드 고급화 전략을 추진했으며 홈쇼핑 등 다양한 유통채널을 활용했다. 이와 같은 정책전략과 기술전략, 마케팅 전략이 조화를 이뤄 삼성경제연구소에서 안동간고등어의 경제적 가치를 분석해 본 결과 1,000억 원에 이르는 것으로 나타났다. 한국생산성본부도 안동간고등어 브랜드는 113억 원의 가치가 있는 것으로 분석했다.

'명인(간잽이 이동삼) – 명소(안동 지역브랜드) – 명품(안동간고등어)' 삼위일체의 성공사례는 지역발전전략에 귀중한 모델을 제시해 준다.

제2장

지역브랜드 기획

1. 전략이란 무엇인가?

기업의 운명을 바꾸어놓은 콜라전쟁, 자동차전쟁, 휴대폰전쟁, 맥주전쟁, 유통전쟁, 통신전쟁, 라면전쟁, 게임기전쟁, …… 전쟁은 적군과 아군으로 양분되며 경쟁은 결국 두 마리 말이 달리는 게임이다.

전쟁원칙 중 가장 기본이 되는 것은 힘의 원리다. 세상은 기본적으로 힘의 원리가 지배하는 곳이다. 비즈니스 세계도 철저히 약육강식의 논리가 지배하는 정글이다. 다시 말해 큰 물고기가 작은 물고기를 잡아먹고, 대기업은 중소기업을 이긴다는 원리다. 이것은 바로 정글의 법칙과 같다. 자유경쟁체제하에서 시장은 전장(전쟁터, 싸움판)이다. 따라서 시장에는 승자만이 살아남는다. 누가 승자가 될 것인가? 힘이 센 자일까? 그렇다면 전략은 필요 없다. 그러나 강한 자가 살아남는 것이 아니라 살아남은 자가 강한 자다. 전략은 이 때문에 필요하다.

전략이란 무엇인가? 서양에서 전략을 뜻하는 'Strategy'라는 용어는 그리스어로 '장군'을 뜻하는 'Strategos'와 '장군의 용병술'을 뜻하는 'Strategia'라는 말에서 유래되었다. 어원적으로 볼 때, 리더십과 용(用)의 개념이 그 중심임을 알 수 있는 대목이다.

클라우제비츠는 전략이란 "전쟁의 목표를 달성하기 위한 전투운용에 관한 술(術, art)"이라 정의하였고, 조미니는 "적을 패배시키기 위한 장군의 술(術) 또는 장군의 계획"이라고 하였다. 리델 하트는 "목적을 달성하기 위하여 군사적 제 수단을 배분하고 적용하는 술(art)"이라 정의하였다.

서양의 대표적 군사전략가들이 말하는 전략의 핵심 역시 목표관리

MBO Management By Objective, 리더십Leadership과 용(用)으로 압축할 수 있다.

한편 동양에서는 전략(戰略)이란 용어보다 고대 중국 周나라 시대의 병서인 『육도(六韜)』와 『위료자(尉繚子)』 등에서 사용된 전도(戰道)나 병법(兵法), 병도(兵道)라든지 권모(權謀), 지략(智略), 책략(策略), 모략(謀略), 방략(方略) 등의 용어가 널리 사용되다 후대에 이것이 전략(戰略)이란 용어로 통합되었다.

전략(戰略)이란 용어는 싸움할 '戰'자와 꾀를 부리는 '略'자가 합쳐진 용어이다. 여기서 약(略)은 대략(簡), 대강(要)같이 큰 틀을 뜻하기도 하지만 꾀(謨)라는 의미가 더욱 강하다. 다르게 표현하면 권모(權謀), 즉 권모술수(權謀術數)를 뜻한다. 어찌 보면 도(道)나 법(法)보다 저차원적이라 볼 수도 있고 무언가 음험하고 부도덕한 것으로 생각하기 쉽다. 그렇다면 왜 이렇게 발전한 것일까?

권모술수는 원래 약자를 위한 것이다. 강자가 우세한 힘을 바탕으로 약자를 제압하려 할 때 힘으로 맞서 싸울 수는 없다. 힘의 원리만 작용한다면 승부는 불을 보듯 뻔하다. 이때 필요한 것이 힘을 역이용할 수 있는 지혜의 원리이다. 이런 의미에서 지혜, 즉 권모술수는 강자의 행동 원리가 아니고 약자의 생존 전략이다.

앙드레 보프레는 전략을 '목적을 달성하는 데 가장 효과적으로 기여하는 힘의 적용술'이라 하였는데 한참 떨어지는 생각이다. 전략이란 힘의 원리에 대항하는 지혜의 원리이기 때문이다. 전략이란 힘과 지혜의 함수이다. 제갈공명과 같은 인재를 얻었을 때 천군만마를 얻었다고 한다. 수십만의 병력과 맞먹는 성과를 가져올 수 있는 지혜가 있기 때문이다.

이와 같은 '전략(戰略)'이라는 용어가 처음에는 군사 분야에 한정되었으나, 현재는 정치, 경제 등의 분야로 확대 사용되고 있다. 더 나아가 전략은 인간생활에서도 중요한 요소로 부각되고 있다. 인생전략, 취업전략, 투자전략, 연애전략 등등 전략 아닌 게 없을 정도다. 이처럼 전략이라는 전쟁용어가 받아들여진다는 말은 정치판, 경제판, 인생판이 모두 다 싸움판이라는 말이 된다. 이러한 싸움판에서 이기기 위한 지혜가 전략이기 때문이다.

이와 같이 전략도 말이 많고 전략의 원리원칙도 주장하는 사람들마다 제각각이다. 이럴 때는 오히려 단순하게 생각해야 한다. 답은 이미 '전략(戰略)'이라는 말 속에 나와 있다. 전략이란 힘과 지혜의 함수관계이다. Y = f(X)와 같이 공식으로 표현하면 전략 = f(힘, 지혜)이다.

브랜드 마케팅은 인식의 대결구도다. 구도(構圖)란 브랜드 마케팅 대결판의 짜임새composition를 말한다. 구도는 크게 두 가지다. 하나는 경쟁자들의 숫자, 시장구조이다. A/B/C/D/E냐? 아니면 A/B냐?와 같이 몇 개의 브랜드가 싸우는가? 하는 것이다. 이것은 눈에 보이고 손에 잡히는 구도이다. 다른 하나는 싸움의 국면이다. 코카콜라의 원조론It's real vs 펩시콜라의 신세대론New Generation이라든지, 여당의 **론 vs 야당의 ##론 등과 같이 전략적 슬로건 내지는 전선을 말한다. 이것은 눈에 보이지 않고 손에 안 잡히는 구도이다.

더 쉽게 말하면 전자는 싸움꾼(戰士), 경쟁자들이고 후자는 싸움터(戰場)를 말한다.

세상의 모든 전쟁이나 게임은 A/B/C/D/E로 시작해서 → A/B/C/D → A/B/C → A/B → A/~A로 끝나게 된다. 물론 인식의 싸움이라는 브랜드 마케팅도 마찬가지다.

한때 경영의 세계에서는 '빅big3법칙'이 정설로 통했다. 어떤 업종이

〈최초 구도〉

경쟁자 전쟁터	A	B	C	D	E
갑론 vs 을박	갑	갑	을	을	을
병론 vs 정박	병	정	정	정	병
무론 vs 기박	무	기	기	무	무

건 메이저 3개 업체가 70~80%의 점유율로 시장을 지배하고, 나머지는 틈새시장을 노린다는 이론이다. '빅3'가 지배하던 미국 자동차시장 GM–Ford–Chrysler이 대표적인 예였다. 한국에서도 IMF 외환위기 이전 가전(家電)시장은 삼성 · LG · 대우가, 자동차시장은 현대 · 기아 · 대우가 삼분하며 치열한 경쟁을 벌였다. 그러나 2000년대 이후 글로벌 경쟁이 가속화하고 금융위기를 거치면서 3위권 업체들이 패자로 떨어져 나갔다. 1 · 2위 업체가 싸우는 양강 구도가 뚜렷해지는 경향이 나타나고 있다.

3위권 업체가 경쟁에서 뒤처지면서 1위 기업이 독주하거나 상위 2개 업체와 3위 업체의 격차가 벌어지는 현상은 여러 업종에서 발견할 수 있다.

브랜드 마케팅은 소비자의 마음을 빼앗는 전쟁이다. 이 전쟁에 이기기 위해서는 처음부터 이기는 싸움을 해야 한다. "이미 이기고 난 뒤에 승리를 구한다." 승리란 쟁취하는 것이 아니라 드러내는 것이다.

이게 과연 가능한가? 가능하다. 브랜드는 상대가 있는 게임이다. 게임은 홈그라운드 게임과 어웨이 게임이 있다. 승률은 당연히 홈그라운드 게임이 높다. 자신에게 유리하고 적에게 불리한 전쟁터에서 싸우면 된다. 홈그라운드로 불러들여 싸우기(이슈 파이팅) 위해서는 '어떠한 전선(판)을 형성할 것인가?' 하는 대립구도를 쉽고 명확하게 한다. 구도 수립과정은 명확하다. ① 판을 읽는다 → ② 판을 짠다 → ③ 판을 끌고 간다 혹은 판을 깬다.

〈중간 구도〉

싸움터 \ 경쟁자	A(+C+D)	B(+E)
갑론 vs 을박	갑	을

모든 싸움은 결국 두 마리의 말이 달리는 싸움으로 귀결된다. 정치분야에서는 진보냐 보수냐의 싸움이다. 경제분야에서는 펩시냐 콜라냐, 롯데냐 해태냐, 삼성이냐 현대냐와 같다.

〈최종 구도〉

싸움터 \ 경쟁자	A(+C+D)	~A(B+E)
갑 vs 反갑	갑	反갑

소비자는 1등이나 2등만 기억한다. 3등은 기억하지 못한다. 2등을 기억하는 이유도 그가 2등이기 때문에 기억하는 것이 아니라 1등과 싸웠기 때문에 기억하고 있는 것이다. 1등 기억의 보조역할로서 말이다.

브랜드 마케팅의 최종승자는 오직 1개이다. 따라서 브랜드 마케팅은 사실상 1등에 대한 찬반 투표나 마찬가지다. 브랜드 마케팅은 최종적으로 A냐 not A(~A)냐의 게임이다.

브랜드 마케팅 초반에는 수많은 이슈(주장)가 난립한다. 그러다가

시간이 흐름에 따라 대부분 정리되고 한두 가지 이슈만 남게 된다. 핵심이슈를 끝까지 움켜쥐고 있으면 살아남는다. 그래서 브랜드 마케팅의 승리비결을 '단순한 메시지의 반복'이라고 하는 것이다.

브랜드 마케팅의 가닥을 잡고 있지 않으면 급류에 휩쓸려가게 된다. 뱀을 잡을 때, 머리를 잡지 않고 꼬리나 몸통의 어딘가를 잡으려 하다가는 물리게 된다. 뱀이 이리저리 움직인다고 신경 쓸 필요가 전혀 없다. 뱀의 머리만 꽉 쥐고 있으면 결국 이기는 것이다.

요컨대 브랜드 마케팅은 뱀의 머리를 잡고 무조건 버티는 단순한 사람이 이기는 게임이다. 선거에서 가장 중요하게 여기는 '단순한 메시지의 반복'처럼 말이다. 즉 단순하게 생각하고, 단순하게 말하고, 단순하게 행동해야 한다.

2. 풍년 들면 행복하십니까?

옛날에는 풍년 들면 온 동네가 축제분위기였다. 하지만 요즘은 전혀 다르다. 오히려 풍년 들면 가격폭락 걱정으로 한숨이 터져 나온다.

과 거	현 대
공급 〈 수요 (물건이 부족하던 시대)	공급 〉 수요 (물건이 넘쳐나는 시대)

농사가 잘되어 수확량이 많아지면 돈을 많이 버는 것이 아니라, 오히려 마늘파동 · 양파파동처럼 일 년 동안 애써 가꾼 자식 같은 농작

물을 제 손으로 갈아엎는 눈물 나는 장면이 연출된다. 또한 인건비, 재료비 등 원가에도 못 미치는 가격은 수확할 때 발생되는 비용 지출마저 무의미하게 만든다.

이러한 곡물파동은 농작물의 생육 적정온도와 기후가 맞지 않아서 발생하는 경우가 많다. 농작물 파동을 생산자 입장에서 본다면 앞으로의 기후변화에 대비하여 재배기술의 강화는 물론, 재배면적 등을 국가에서 조절하면서 생산·유통과정을 개선하지 않으면 각종 채소며 배추 파동 재발은 매년 겪어야 할지도 모른다.

빈번해지는 곡물파동을 보면서 농작물 가격의 문제점에 대한 시스템적 해결방안 마련을 고민해야 한다. 농작물에 바코드시스템은 물론 위성사진과 같은 첨단기술을 접목하면 농수산물 파동을 사전에 예방할 수 있다.

농민들에게 아주 중요한 일은 농작물 종자를 선택하는 것부터 시작된다. 농가에서 선택한 농작물이 과잉생산됐을 경우 큰 손실이 따르기 때문이다. 씨앗 종자 값 등의 재료원가에 각종 인건비가 들어간 데다가, 이미 때를 놓쳐 다른 작물 대체도 쉽지 않기 때문에 더더욱 농작물 선택에 신중을 기해야 한다. 하지만 농민들이 어떤 농작물의 씨앗이 얼마나 팔려나갔는지 알 수가 없고, 평소 농사 지어온 방식대로 이런저런 작물을 선택한다. 그런데 사람들은 트렌드를 따르는 경향이 있기 때문에 한쪽으로 쏠리기 마련이고 과잉재배로 인해 값이 폭락하게 되면 그대로 손해를 입게 된다.

먼저 농작물 씨앗에도 하루빨리 바코드 체계를 적용해야 한다. 전국 모든 종묘사에서 농민들에게 씨앗을 팔 때 바코드를 찍어가며 판매하게 되면 전국에서 작목별로 팔려나간 씨앗의 수량을 매일 실시간으로 파악할 수 있다. 이 자료는 즉시 농정당국과 농협 같은 데로 전송돼 농민들에게 과잉판매 씨앗의 종류를 알려 해당 작물의 재배를 피하도록 유도할 수 있다.

특히 정부는 이 바코드 확인 시스템을 이용하여 '농작물 씨앗 바코드 시스템'을 도입하여 씨앗판매현황을 실시간으로 파악할 수 있게 해서 과잉판매 및 재배를 예방해야 한다.

위성사진을 활용해 농특산물 수확량과 작황상태를 확인하여 곡물파동에 미리 대처하는 방안도 마련해야 한다. 농업 당국이 위성사진을 활용하면 농작물의 재배면적과 작황상황까지 알 수 있어 과잉생산 여부를 미리 파악하여 값 폭락 등에도 대처할 수 있으며, 농정당국은 위성이 보내온 토질 사진과 재배면적 등을 분석함으로써 적정 농작물 및 재배규모 권장이 가능해진다.

또한 위성사진을 수자원 분야에 활용하면 하천의 부유물질은 물론 수중 식생의 변화까지 탐지가 가능해 어종별 수확량 예측이 가능하다.

세계는 지금 식품 전쟁터를 향해 감에 따라 식량안보차원에서 식품산업에 주목하고 있다. 쌀 · 밀 등 주식의 가격급등에 따른 식료품가격 상승이 장기화될 것이라는 우려 때문이기도 하지만 더 큰 이유는 농업4.0시대의 '미래산업'이기 때문이다. 세계적인 경영컨설팅업체인 AT커니는 세계 식품산업의 규모를 2010년에 약 4,285조 원, 2020년에는 6,200조 원으로 내다봤다. 김홍국 ㈜하림 회장도 "세계적으로 성장성이 가장 높은 분야는 4,000조 원이 넘는 식품산업이며, 우리나라도 식품산업 시장 규모가 이미 반도체 · 자동차산업을 능가했다"며 "농업이 2 · 3차 산업으로 가야 하는 이유가 여기에 있다"고 말했다.

한국의 식품산업 규모는 약 140조 원(농어업 생산액 42조 원 포함)

으로 정부는 1차산업에 머물러 있는 농업을 가공 · 유통까지 이어지도록 연관산업을 발전시킬 계획을 세우고 있어 농식품산업 규모는 더욱 커질 전망이다. 이에 농림부 역시 농림수산식품부로 명칭을 변경하고 농식품산업에 큰 힘을 쏟고 있다.

정보기술IT이나 자동차산업보다 규모가 더 큰 '식품산업'은 한국의 '농식품'에도 기회와 위기를 동시에 던져주고 있다.

식량자급률이 낮은 상태에서 식품산업의 외형만 커질 경우 수입 원료 가격의 급증으로 농업 · 농촌 경제를 오히려 악화시킬 가능성도 있기 때문이다. 어느 정도 어쩔 수 없는 측면이기도 하지만 이를 극복하기 위해서는 역사 · 문화 · 이야기 등이 어우러진 흥미롭고 특색 있는 농식품을 개발하는 것이 그 대안이 될 수 있다.

제철에 나는 식재료가 바탕이 된다든지 아니면 오히려 수백 년 묵은 전통요소를 되살리는 등 차별화된 특장점이 있어야 한다. 예를 들어 350년 된 종자장의 종균을 햇장에 이식배양해서 만든 간장을 10배 이상 높은 값을 받고 판매되고 있다. 이렇게 되면 옛 선조들의 맛과 향을 음미하게 되는 앤티크(고예술품) 농특산물이 되는 것이다.

이와 같은 '로컬푸드local food, 지역 먹거리'를 비롯한 '안전식품', '급식문화', '식품산업 클러스터' 등으로 발전방향을 찾아야 한다.

3. 기획 vs 계획

빠르게 변화하고 불확실성이 높아지는 현 비즈니스 환경과 점차 복잡해지고 다원해지는 미래 속에서 지자체와 기업, 개인의 기획력은 이

기　획	계　획
폐기 / 신설 : E(Eliminate), C(Create)	축소 / 확대 : R(Reduce), R(Raise)
큰 밑그림, 설계, 콘셉트	세부방침, 방법
창의성	실행가능성

제 필요가 아닌 필수(essential)가 되었다. 피터 드러커의 말처럼 미래를 확실하게 만드는 방법은 예측하는 것이 아니라 창조하는 것이다. 이는 미래를 예측하기보다는 체계적인 기획Design과 계획Plan 속에서 기업과 개인이 원하는 미래를 창조할 수밖에 없다는 뜻이다.

그러나 능숙한 계획에 반해 기획능력이 부족한 경우가 많아, 사업을 성공시키지 못하는 사례가 빈번해지고 있다. 그래서 기획 vs 계획의 차이점을 명확히 인식하고 전략적 기획능력 배양에 힘을 기울여야 하는 것이다.

기획(企劃)이란 '아직까지 없거나 어떤 새로운 일을 이루기 위해 미리 짠 얽이'라는 뜻을 기본으로 하며, 계획(計劃)이란 '미래의 일에 대한 좀 더 조직적이고 세부적이며 실천성을 고려한 얽이'를 뜻한다.

무엇보다 기획과 계획의 차이점은 '창의성creative'에 있다. 그리고 창의성의 핵심은 남과 다른 차별화에 있다. 그래서 누군가가 그 아이디어를 들으면 "아하" 하고 손바닥을 치거나 '와' 하고 놀랄 만한 것이어야 한다. 이러한 차별화야말로 지역 기획과 브랜드 마케팅 전략의 출발점이다.

1998년 10월, 함평군은 나비의 천국이라서 함평나비축제를 기획한 것이 아니다. 이전까지 함평군은 소프트웨어는 고사하고 하드웨어도 없고 휴먼웨어도 없는 그야말로 무(無)의 상태였다. 농약과 화학비료 때문에 나비는 농촌에서조차 사라져가고 있었다. 나비를 일시에 대량으로 확보할 수 있는 방법이 없었다. 거기에 함평군은 나비 사육에 대한 지식도 전무했고, 구체적인 추진방법도 마련되어 있지 않았다. 지역 주민들 사이에는 냉소적인 여론마저 팽배했다. 하찮은 생물인 나비로 축제를 연다면 잘 되겠느냐는 것이었다.

그러나 함평군으로서는 그대로 주저앉아 있을 수만은 없는 절박한 상황이었다. 함평군은 기업가정신을 발휘하여 유(有)를 창조해 갔다. 1998년 12월, 농촌지도소 건물을 곤충연구소로 전환하고 전국에 수배해 나비 전문가를 소장으로 임명하였다. 날마다 모여 생각하고 또 생각하며 하나하나 실천했다. 함평나비축제는 지역의 역사적 · 지형적 경관을 활용했던 것이 아니라 약점을 강점으로 전환하는 주민들의 농업 생산방식 전환에서 비롯된 것이다.

다른 도시와의 차별점이 분명하고 독특한 개성과 이미지를 가진 도시일수록, 인지도 및 선호도가 상승하는 것은 물론 도시 안의 거주민에게도 분명한 정체성이 부여된다. 도시정체성은 쉽게 말하면 다른 도시와 차별되는 그 도시의 자기다움이라고 할 수 있다.

지역기획이란 지역을 하나의 브랜드로 인식하고 그 브랜드에 독창적인 개성과 정체성을 부여하고 이를 마케팅으로 풀어내는 것이라 할 수 있다.

모든 지자체가 특산물브랜드 개발에 열을 올리고 있다. 이 와중에 제주삼다수는 지역 세수 및 주민소득 증가, 고용창출 등의 경제적 효과를 누리고 있어 성공적인 지자체 특산물브랜드 개발의 대표적 성공사례라고 할 수 있다.

제주도가 갖고 있는 시장가치가 있고 매력적인 자원은 무엇일까? 예로부터 제주는 바람, 여자, 돌이 많아서 삼다(三多)의 도시라고 불렸다. 그런데 이것들을 가지고는 시장가치가 있는 상품을 만들어내기에 한계가 많았다.

그래서 제주도는 취약한 지방재정을 극복하기 위하여 경영수익사업 확대를 내세우며 '제주삼다수'라는 제주 특산물브랜드로 먹는 샘물 판매사업을 적극적으로 추진하였다.

1998년 시판 6개월 만에 시장 점유율 1위를 기록한 이래 13년 동안 부동의 1위(시장점유율 51%, 매출 1,400억 원)를 고수하고 있다.

성공요인으로는 차별화된 제품 포지셔닝(천연 화산암반수), 엄격한 품질관리 및 국제인증 확보(미국 FDA, 일본 ISO, 영국 도소매협회(BRC) 인증, 미국 국가위생협회(NSF) 인증), 대기업 유통시스템과의 파트너십, 청정 이미지 확보(청정 제주) 등을 들 수 있다.

성공비결의 첫 번째는 모방 불가능한 제품포지셔닝에서 찾을 수 있다. 제주삼다수는 제주도에 내린 빗물이 현무암층을 거치면서 화산암반에서 걸러진 물을 지하 420m 암반층에서 끌어올려 가공하여 만든 대한민국 유일의 화산암반수이다. 화산암반수라는 제품 포지셔닝을 통해 플라스틱 및 수지재질의 용기를 개발하였다.

둘째 요인은 적절한 파트너와의 제휴관계이다. 제주지방개발공사는 사업파트너로 농심을 선택하였는데, 이는 매우 절묘한 상생효과를 가져왔다. 제주지방개발공사라는 공기업으로서의 신뢰성과 농심이라는 사기업의 유통효율성이 잘 결합하여 시너지효과를 낳았다. 라면과 스낵 등을 주력상품으로 해온 농심 입장에서는 유통전략 측면에서도 삼다수가 매우 중요한 상품이다. 그중 물류효율성이 극대화될 수 있는 커다란 장점을 갖는다. 스낵류는 부피가 큰 대신 무게가 덜 나가기 때문에 물류비용 측면에서 무게가 많이 나가는 삼다수와 함께 적재할 경우 물류효율을 높일 수 있기 때문이다. 국내시장에서 농심 제주삼다수가 성공할 수 있었던 요인이기도 하다.

또한 삼다수 판매를 위한 음료전문판매망을 전국에 구축하기 시작하여 약 200여 개의 전문점이 국내에 자리 잡고 있고, 더욱 확대해 나가고 있다.

셋째, '청정 제주'의 후광효과를 잘 활용하였다. 이러한 전략으로 제주지방개발공사는 브랜드이름을 제주삼다수로 결정하고 로고마크, 라벨 디자인을 개발하여 소비자가 기억하기 쉽고 친숙한 제주도만의 특색을 표현하고 있다.

이를 통하여 '국민생수'의 명성까지 얻게 되었고, 이제부터는 세계시장 진출을 적극 추진하고 있다. 제주삼다수는 세계적 생수로 잘 알려진 '에비앙'이나 '볼빅'보다 더 우수한 물임이 입증되고 있다. 산화억제력, 식품용해력, 녹차의 유용성분 추출력 등 다양한 분야에서 건강수로서의 특성을 잘 갖춘 것으로 나타났다. 제주삼다수의 '짝퉁' 상품이 중국 시장에서 판매되는 데 대해 지적재산권 보호 등 대책마련을 당연히 해야겠지만, 그만큼 브랜드파워가 뛰어나다는 반증으로서 세계화가능성을 타진할 수 있겠다.

그러나 이렇게 우수한 제주삼다수가 에비앙과 다른 점은 무엇인가? 그것은 세계시장에서의 마케팅 전략의 차이에 있다. 지금까지 전 세계를 향한 브랜드 이미지전략은 체계적이지 못하였다. 세계시장을 향한 브랜드 마케팅 전략을 세우는 데 스토리텔링의 근거를 만들어내야 한다.

21세기는 전 세계가 물 전쟁을 하는 시대라고 한다. 20세기가 블랙골드Black Gold '석유'의 시대였다면 21세기는 블루골드Blue Gold '물'의 시대로 회자될 정도이다. 제주삼다수를 세계시장에서 초기에 어떤 브랜드 이미지로 지구촌 사람들에게 각인시킬 것인가, 세계시장 유통네트워크를 어떻게 만들어낼 것인가, 이런 것들이 현재 주어진 핵심과제다.

4. 브랜드 비전은 가슴을 뛰게 해야 한다

브랜드는 깃발이다. 모든 구성원은 깃발을 보고 뛴다. 따라서 브랜드는 중심과 방향이 명확해야 한다. 중심은 철학이자 구심력이고 방향은 비전이자 원심력에 해당한다. 구심점을 잃어버린 비전은 공허하며 방향을 잃어버린 중심은 생기가 없다.

비전Vision은 우리의 미래 모습이며 꿈이고 이상이며 목표이다. 어두운 바다를 항해할 때 찬란한 북극성은 우리의 방향을 가리키는 뚜렷한 길잡이가 되듯이 우리 생활의 지침이 되고 힘이 되는 것이다. 세상을 항해하다가 풍랑을 만났을 때 가장 중요한 것은 북극성을 찾는 것이다. 북극성이 가리키는 진정한 북향은 바뀌지 않는다. 이를 찾으려면 외부가 아니라 스스로 의존하는 내부의 나침반이 필요하다. 국민 개개인이 공유하고 신뢰하는 핵심적인 원칙, 믿음, 가치로써 국가의 고유한 특성을 반영한다. 국가가 성장 발전하면서 핵심가치는 조정될 수 있고 시간이 지나면서 굳건히 다져진다. 그렇지만 근본이 바뀌지는 않는다.

비전에서 중요한 것은 방향성이다. '어떻게'가 문제가 아니라, '어디로'가 문제인 것이다. 비전은 가슴이 울렁거려야 한다. 신바람과 흥이 나야 한다. 어서 빨리 그날이 왔으면 하고 조바심이 나야 하고, 힘이 솟아야 하며, 현재의 힘든 과정과 고통을 달게 느낄 수 있어야 한다. 이를 위해서는 국민 개개인의 생활에 밀착되고 구체적이어야 한다.

한국인은 성취동기가 높은 민족이기 때문에 목표를 좋아하며, 구체적인 목표가 제시되면 오히려 힘이 생기고 흥이 난다.

어린왕자의 작가 생텍쥐페리는 '비전'에 대해 이런 말을 남겼다; "만일 당신이 배를 만들고 싶으면 사람들을 모아 일을 시키지 마십시오. 그 시간에 그들에게 저 넓은 바다에 대한 동경심을 키워주십시오."

콜럼버스는 탐험을 나서기 위해 많은 인력과 배, 돈이 필요했다. 그는 여왕에게 막연히 지원해 달라고 하지 않았다. 탐험을 마치고 돌아올 때 배에 가득 실려 있을 향료 등의 그림을 보여주었다. 마음속의 그림에 매혹된 여왕은 콜럼버스를 도와줄 수 있었다.

절대빈곤의 절망 속에 빠져 있던 한국에서 박정희 전 대통령은 명확한 국가비전을 제시하여 온 국민을 이끌어 한강의 기적을 이루어냈다. '잘 살아보세, 하면 된다, 수출 100억 불 달성, 1인당 국민소득, 마이카, 새마을운동' 등을 제시하여 온 국민들의 가슴을 울렁거리게 만들었다. "새벽종이 울렸네, 새아침이 밝았네. 너도 나도 일어나 새마을을 만드세. 살기 좋은 내 마을, 우리 힘으로 만드세."가 아침새벽마다 전국에 울려 퍼졌다. 그는 또한 국가에 대한 충성을 강조하기 위하여 이순신 장군을 성웅으로 추앙하며 우상화하였다.

부패, 빈곤, 불법파업과 폭력시위가 판치고 국민소득 400달러로 가난했던 싱가포르를 일류 국가로 만든 리콴유 전 총리가 취임사에서 제시한 싱가포르의 비전은 너무나 유명하다; "나는 싱가포르를 1, 2, 3, 4, 5의 나라로 만들겠다. 1명의 아내, 2명의 자녀, 3개의 침실, 4바퀴의 자동차, 주당 5백 싱가포르달러의 1인당 소득을 실현하는 나라. 이런 나라의 실현을 위해 국민들이 협조해 주십시오." 그가 제시한 비전은 국민들의 마음속에 쉽게 그려졌고, 그 꿈들은 지금 대부분 이루어졌다.

IBM의 성공요인은 원대한 목표와 비전 제시 및 이에 따른 사명(社名) 변경에 있다. 1999년 미국경영협회가 선정한 역사상 가장 뛰어난 경영 의사결정 75개 중 IBM의 사명변경이 15위로 선정되었다. 변경 전의 이름은 1914년부터 사용해 온 컴퓨팅-태뷸레이팅-리코딩 컴퍼니Computing-Tabulating-Recording Company였다. 회사의 사업속성을 직접 묘사하는 이름이었는데 정육점 저울에서부터 고기절단기에 이르기까지 온갖 제품을 만들어냈으며 점차 펀치 카드로 정보를 처리하는 태뷸레이팅 머신에 주력하게 되었다. 그러던 것을 1924년 토마스 왓슨이 국제영업을 하지도 않으면서 사명을 IBMInternational Business Machine으로 바꾸었다. 당시로서는 꽤 거창한 명칭이었으며 많은 사람들이 회사의 실체를 제대로 파악하지 못하고 있다는 지적을 받기도 했지만, CEO의 마음속에는 미래의 비전이 이미 그려져 있었다. 그리고 사업의 영역을 '비즈니스 머신'으로 정한 것도 새로운 첨단기계가 발명되어도 수백 년 동안 문제가 없을 만한 멋진 영역임을 나타낸다. 토마스 왓슨이 집에 오자마자 엄청나게 흥분한 채로 사명을 변경하기로 결정했다고 말하였는지 그 당시 어린 꼬마였던 토마스 왓슨 2세는 어리둥절했다고 한다.

제임스 콜린스와 제리 포라스가 쓴 명저 『성공하는 기업의 8가지 습관Built to last』에서 '크고 위험하고 대담한 목표'를 꼽았는데 바로 IBM의 토마스 왓슨이 여기에 해당하였다. 사명 때문인지는 몰라도 IBM Japan은 제2차 세계대전 이전에 이미 설립되었다.

말이 씨가 되고, 이름대로 이루어진다는 말이 있다. 브랜드이름에는 가슴 뛰는 원대한 브랜드비전이 담겨야 한다.

비전이 있는 사람은 비전을 언어로 표현한다. 비전이 있는 사람은 생각하는 데 그치지 않고 말로 표현한다. 비전이 언어로 표현될 때 비로소 구체적인 현실로 나타난다. 비전과 언어는 상호작용하며 동시에 함께 움직인다. 따라서 언어를 선택하는 것은 미래를 선택하는 것이기도 하다. 브랜드가 변하기를 원한다면 언어가 변하게 해야 한다. 조직이 선택한 언어의 색깔이 브랜드의 색깔을 결정한다. 사람을 설득하고, 감화시키고, 움직이는 것도 비전 언어이다.

5. 브랜드기획의 출발점은 '너 자신을 알라'

머리말에서도 언급했듯이, 이 책을 관통하는 핵심법칙은 '힘의 법칙'이다. 브랜드파워, 브랜드경쟁력(力) 강화(强化)를 위해서 무엇을 해야 할까? 영국의 철학자 베이컨은 '아는 것이 힘이다'라는 유명한 철학적 명언을 남겼다. 그렇다. 아는 것이 브랜드의 힘이다. 그런데 무엇을 알아야 할까? 도대체 무엇을 알아야 브랜드의 힘이 생길까?

여기서 인류역사상 가장 많이 회자되어 온 철학적 명언 중 하나인 '너 자신을 알라'라는 말씀이 빛을 발하게 된다. 이러한 두 가지 명언을 삼단논법으로 결합하면, '너 자신을 아는 것이 힘이다'라는 명제가 성립하게 된다.

세계 4대 성인 중 하나로 추앙받는 소크라테스의 철학을 집약한 명구가 바로 '너 자신을 알라'이다. '너 자신을 알라GNOTHI SAUTON'라는 말은 원래 아폴론의 델포이 신전에 있었던 문구인데 소크라테스가 인용했다는 설도 있지만 그것은 중요한 논점이 아니다. 중요한 것은 '너 자신을 안다'라는 말이 무슨 의미가 있는가 하는 점이다. 소크라테스 이전의 그리스 철학은 외부에 집중되어 있었다. 우주의 원리를 묻던 그리스 철학이 존재의 내면으로 향하게 된 것은 소크라테스로부터 비롯한다. 철학의 목적은 자기 자신을 바로 아는 것이다. 즉 자신과 자기 존재의 근거에 대한 물음이다. 소크라테스는 또 "영혼의 수련이 없는 삶은 가치가 없다"라는 말을 남겼다. 그렇다면 자기 자신의 존재근거는 바로 영혼의 가치에 있다는 말로 해석할 수 있을 것이다.

소크라테스는 자신과 자기 근거에 대한 물음을 철학의 주제로 삼았다. 이런 의미에서 소크라테스는 내면(영혼의 차원) 철학의 시조라 할 수 있으며, 자신에 대한 물음은 자기를 지탱하고 있는 보이지 않는 것(초월)에 대한 물음이라는 의미에서 형이상학의 시조라고 할 수 있다.

이런 의미에서 소크라테스는 '브랜드학'의 창시자이자 대가 중의 대가라고 말할 수 있다. 그리고 브랜드는 형이상학이며, 내면의 철학, 영혼의 철학이라고 할 수 있다.

하지만 나 자신을 찾기 위해서는 오로지 내 속으로만 들어가서는 안 되고 안과 밖을 넘나들어야 한다. 밖으로 나가려면 먼저 안을 들여다보아야 하고, 안으로 들어가려면 일단 밖으로 나가야 한다.

산에서 나와야 산이 보인다....

글 / 박노해

달나라에 갔다온 암스트롱에게 기자들이 물었습니다.
달에 가서 무얼 보고 왔는가?

"지구가 아름답다는 것을 보고 왔다."

우리가 매일 그 안에 살고 있는 지구,
그래서 그 온 모습을 바로 볼 수 없었던 지구,
지구가 아름답고 소중한 푸른 별이라는 걸 느끼기 위해서는,
지구에서 떨어져 달나라까지 가서야 확연하게 알 수 있었던 것입니다.

경주 남산자락 첩첩 벽 속에서 세월이 깊어갈수록
세상이 눈물나게 아름다워 보입니다.
구르는 통 속에서 나와야 통을 마음대로 굴릴 수 있다더니
이렇게 처음으로 멀리 떨어져 내가 살던 산을 바라보니
이제야 산이 바로 보입니다. 숲이, 나무가 바로 보입니다.

우리가 얼마나 좁고 작았는지, 닫힌 강함이었는지,
세상이 얼마나 크고 장엄한지, 우리가 얼마나 뒤떨어져 있는 긴지.....
그리고, 그만큼, 우리가 얼마나 아름답고 소중한 존재인지,
우리가 왜 미래의 희망인지,
우리가 무엇으로 다시 피어날 수 있는지...
시간이 흐를수록 환해집니다. 눈물나게 눈물나게 환해집니다.

산에서 나와야 산이 보입니다.
나, 다시 첫마음으로, 산으로 걸어갑니다.

지역브랜드와 고객의 관계구축 역시 마찬가지다. 고객과 진정으로 소통하기 위해서는 '진실되게 자신을 드러내라Be yourself'를 명심해야 한다. 지역브랜드의 메시지는 지역 내면의 목소리에 귀 기울이고 지역 주민들의 가슴속에서 나와야 한다. 그렇지 않다면 고객을 설득하거나 공감대를 형성할 수 없다. SNS시대에 브랜드가 진실을 이야기하는지,

아니면 그저 거짓포장을 하는지를 금방 분별할 수 있으며 순식간에 퍼져나간다. 따라서 진실되게 드러낼 만한 '자신yourself'의 존재 즉 정체성을 찾아서 갈고 닦아야 한다.

브랜드정체성을 담은 메시지가 얼마나 구체적이고 독특한가가 중요하다. 지역만의 고유한 이야기, 독특하고 차별화된 이야기를 제공해야 한다. 명확한 정체성을 지닌 브랜드를 구축하기 원한다면, 다양한 고객접점에서 나타나는 브랜드의 개성에 일관성을 보여주어야 한다.

브랜드정체성과 가치를 명문화된 브랜드설명문으로 만들어 언제나 가슴속에 새기고 있어야 한다.

브랜드설명문brand statement에는 목표고객, 브랜드 개성, 경쟁우위, 핵심가치 등이 필수적으로 언급되어야만 한다.

	ㅇㅇ브랜드는
목표고객	[ ]한 고객에게
브랜드 개성	[ ]와 같은 마음으로
경쟁우위	[ ]를 통해서
핵심가치	[ ]한 가치를 제공할 것을 약속합니다.

6. 무엇을 브랜드화할 것인가?

지역기획에 따른 브랜드 마케팅을 전개하기 위해서는 내부 분석Company Analysis, 경쟁 분석Competitor Analysis, 고객 분석Customer Analysis 등 세 가지 조사 분석이 기본적으로 필요하다. 그중에서도 제일 먼저 해야 할 일은 '나는 누구인가', '나의 매력은 무엇인가', 그동안 지역이 축적해

온 자산은 무엇인가? 등 자기 자신을 철저히 조사 분석하는 것이다. 여기서 중요한 것은 약점을 숨기거나, 방어하기보다는 강점을 강화하는 것이 필요하다.

예를 들어 대전시의 It's Daejeon의 경우 T가 Tradition으로 대전의 역사와 전통, 문화유산을 강조하고 있다. 하지만 실제로 대전의 역사는 불과 100여 년에 그치며 전통의 측면에서 강점을 별로 가지고 있다고 여기지 않는다. 약점을 뒤집어 '미래도시'라는 강점으로 전환하는 것이 더 낫다.

내부환경 분석을 통하여 강점과 약점을 파악하듯이, 외부환경 분석을 통하여 기회와 위협을 파악해야 한다. SWOT 분석은 지역내부의 강점Strengths과 약점Weakness 그리고 외부환경의 기회Opportunity와 위협Threat요소를 분석하는 것이다. 자신의 핵심역량과 자원을 평가하는 네 효과적으로 사용되며, 경쟁환경에서 매우 신속하고 효과적으로 핵심 이슈를 파악하여 지역이 추구해야 할 방향에 대한 도움을 준다.

자신의 강점(S)을 가지고 기회(O)를 살피는 전략을 취하거나, 강점(S)을 가지고 위협(T)을 회피하거나 최소화하는 전략을 취할 수 있다. 또는 자신의 약점(W)을 보완하여 기회(O)를 살리는 전략을 찾을 수 있고, 약점(W)을 보완하면서 위협(T)을 회피하거나 최소화하는 전략을 취할 수 있다.

상대방을 알고 나를 알면 백 번 싸워도 위태롭지 않다(지피지기백전불태, 知彼知己百戰不殆)는 『손자병법』처럼 나와 경쟁지역의 강점·약점을 파악하는 것이 매우 중요하다. 경쟁브랜드와의 기능상 차이와 이미지상 차이를 명확히 구분하고 파악하는 것 역시 중요하다. 지역브랜드 정체성의 조건인 '일관성, 지속성, 동일성', '독자성, 개별성, 차별성'의 관점에서 볼 때 어느 부분에서도 개성을 느낄 수 없는 브랜드라고 판단되면 브랜드 재구축이 시급히 요구된다.

지역이나 도시는 일반기업과 달리 총체적이며 보편적인 삶을 다루고 있다. 여러 분야에서 다양하게 사업을 전개하는 도시의 경우 브랜드 가치 또한 다양하게 전개시켜야 한다는 목소리가 많다. 그러나 기본적으로 자원 집중의 관점에 초점을 맞추어 사업을 실행하는 것이 필요하다. 공공성과 수익성 등을 고려할 때 가장 매력도가 높은 사업은 무엇인지, 어떤 사업을 특화해야 차별적 경쟁력을 지니게 될 것인지 등의 사업 역량에 대한 분석이 이루어져야 한다.

한편 시장이나 시 당국자 스스로 의지를 갖고 역량을 집중하여 육성하고 싶은 것은 무엇인가에 대한 고민도 필요하다. 시장군수의 의지에 따라 브랜드의 추진 강도나 방향성이 크게 좌우되기 때문이다.

그러나 무엇보다도 고객의 마음이 가장 중요하다. 지역에서 아무리 비교우위라 주장해도 고객이 인정해 주지 않으면 공허한 메아리에 지나지 않기 때문이다. 따라서 고객이 추구하는 가치는 무엇인가? 어떠한 가치를 중요하게 생각하는가? 도시는 그러한 가치를 제공하고 있으며 고객은 얼마나 만족하고 있는가? 등이 바로 고객 분석에 있어서 가장 중요한 항목이다.

물론 이러한 분석은 과거지향적이어서는 안 된다. 미래지향적 관점에서 과거와 현재를 분석하고 해석하는 지혜가 필요하다.

만약 자산 분석과 SWOT 분석을 통해서 경쟁우위가 될 만한 요소를 발견하지 못했더라도 실망할 필요는 없다. 시장 및 경쟁 환경, 고객, 그리고 자사 환경 등 미래의 변화 요인을 상세히 분석하고 현실에 적합한 시나리오를 구축해 부가해야 할 가치(에센스)를 탐색하면 되기 때문이다.

아무튼 지역 정체성을 확립하기 위해서는 기존의 경제 및 문화유산이 충분한지 아니면 새로이 창출할 것인지에 대해 명확히 분석하는 전략이 필요하다. 그리고 자랑할 만한 것이 딱히 없으면 미래의 비전 속에서 새롭게 자산을 창조하는 전략이 필요하다. 한국의 자랑, 고려청자는 당시에도 세계 최첨단의 제품이었다. 그리고 가장 한국적인 식품, 김치조차 5천 년 역사를 자랑하는 한반도에서 불과 수백 년 전에 탄생된 것이다. 고추 역시 외국에서 들어온 것임은 말할 필요도 없는 상식이다.

없는 것을 굳이 있다고 하거나 별것도 아닌 것을 대단한 것이라고 우길 필요가 없다. 왕년에 어땠는데 하는 것은 자기위안에 불과하다. 그리스는 올림픽의 발상지이며 서구문명의 단초를 제공한 나라이다. 그러나 지금은 그 힘을 제대로 발휘하지 못하고 있다. 이는 경제와 연계되지 못했기 때문이다. 가령 신라시대에 만든 문화유산만을 계속 고집하며 이를 보존하기에 급급했다면 고려, 조선시대의 찬란한 문화유산은 생겨날 수 없었을 것이다. 1900년 이후에 역사에 길이 남을 문화유산이 하나도 없다면 후손들 보기에 창피하고 부끄러운 일이 아닐 수 없다. 이제는 전통문화 중에서 보존할 것은 보존하고 새로이 만들 것은 만들어야 한다.

7. 차별화는 모두가 1등이 되는 전략이다

지역의 브랜드화라는 것은 지역 모두가 1등이 되는 전략이다. 서울이 모든 점에서 최고가 되는 것은 국가 전체적으로 볼 때 수많은 문제점을 낳는다. 서울이 A라는 길을 추구할 때, 다른 도시들은 B, C, D, …… 등 서로 다른 길을 추구해야 한다.

이것이 바로 지역발전 전략으로서의 차별화 전략이자 브랜드경영 전략의 본질이다. 남과 다른 독특한 길을 선택해서, 최선을 다해 1등이 되고, 가치를 창출해, 지역의 부를 축적하는 것이라고 할 수 있다.

이 전략의 기본은 모든 지역이 다 1등이 되자는 것이다. 영화, 미술, 사과, 생태관광, 대중음악, 간고등어 등등 각자의 분야와 영역만 다를 뿐 모두 승리자가 되는 길을 추구한다는 것이다. 자부심을 갖기 위해서는 1등이 되어야 한다. 2등, 3등 혹은 꼴찌가 자부심을 갖기는 사실상 어렵다.

브랜드란 한마디로 북극성과 같은 존재이다. 나아갈 방향을 제시해주기 때문이다. 지역브랜드 정체성을 확립한다는 것은 변화하는 환경 속에서 변하지 않는 이념과 주제를 찾아내서 이를 일관성 있게 추구하는 것이다.

도시는 다른 제품들과 달리 한 번 개발되고 나면 수십 년 동안은 수정이 거의 불가능한 매우 다루기 어려운 요소이기 때문에 브랜드 정체성 수립은 매우 중요하다.

지역의 브랜드화는 브랜드철학(이념, 가치), 브랜드비전(미래상), 브랜드콘셉트 등을 그 핵심으로 한다. 그리고 언어적 요소verbal factor로는 브랜드이름, 브랜드슬로건, 시가(市歌) 등이 있고 시각적 요소visual factor로는 CICity Identity 로고, 캐릭터, 랜드마크 등이 있다.

도시브랜드 구축을 위해서 필요한 작업은 도시브랜드가 고객에게 제공하고자 하는 가치와 목표를 명문화하는 것이다. 도시브랜드는 해당 도시를 경험해 보지 못한 고객에게 도시의 특성을 쉽게 알리고, 도시 내 거주민에게는 그 도시가 나아가고자 하는 비전을 함축적으로 제시한다.

브랜드 가치의 구성요소는 세 가지이다. 첫째가 기능적 가치functional value이다. 기능적 가치는 브랜드가 제공하는 제품이나 서비스의 내용에서 고객에게 제공되는 물리적 · 기능적인 측면의 효용성을 말한다. 둘째가 정서적 가치emotional value이다. 이는 브랜드가 고객에게 제공하는 감각이나 기분으로 고객과의 감성적인 관계의 근원이 되며 브랜드 개성brand personality이라고도 한다. 셋째는 브랜드 에센스brand essence이다. 브랜드 에센스는 브랜드가 제공하고자 하는 모든 가치와 고객과의 약속을 한마디로 집약해 표현한 것이다. 즉, 브랜드 에센스는 기능적 가치와 정서적 가치의 결합이다.

브랜드 에센스가 구현되었을 때 브랜드의 효과가 창출된다.
지역브랜드는 지역 특산물에 상품적 고부가가치를 부여하고 지역관광객과 산업유치, 그리고 인구유입을 촉진하는 등 지역경제 활성화를 기하고, 공동체의식과 애향심을 고취하고 궁극적으로 자기 자신에 대한 자부심을 갖게 한다.

이로써 지역브랜드는 단지 하나의 상징물에 그치는 것이 아니라 하나의 깃발로써, 지역의 발전방향을 제시하여 지역 내 다양한 주체들이

〈지역브랜드의 효과〉

구 분	내 용
경제적 효과	특산물 판매, 주민소득 증가, 고용창출, 기업유치
문화적 효과	지역이미지 제고, 지역관광 진흥
사회적 효과	애향심 고취, 일체감과 공동체의식 함양

그것을 실천하기 위해서 노력하는 구심점으로 자리 잡게 된다. 브랜드는 지역의 이미지와 가치를 목표고객에게 전달하며, 지역주민과 행정의 나침반, 방향타를 제공한다. 1등이 되는 방향을 잡아서 그 길에서 최고가 되면 된다. 남들이 동으로 가면 나는 서로 가고, 북으로 가면 남으로 가는 식으로 차별화된 1등 전략을 추구하도록 한다.

지역과 도시도 세계적인 경쟁체제에 들어감으로써 세계적인 기업을 누가 먼저 유치할 것인가, 전 세계로부터 관광객을 얼마나 많이 확보할 것인가의 문제가 화두가 되었다. 물론 국내 지역과 도시 간에도 경쟁체제에 들어섰다. 이와 같은 경쟁체제에서 지역기획의 핵심은 개성 있는 지역의 매력을 어떻게 창출할 것인가에 있다.

중요한 것은 남보다 더 잘하려고 노력하지 말자는 것이다. 더 매력적으로 보이려고 모방하는 방법으로는 진짜 매력을 창조할 수 없고, 결국에는 짝퉁 이미지만 남게 된다. 대신 남들과 다르게 해야 한다. 이것은 매우 중요한 두 가지 가치를 가지고 있다. 첫째, '새롭고 다르게'라는 도전정신이다. 남보다 잘하기는 매우 어렵다. 이제 1등 아니면 살아남기 힘든 세상이 되었다. 한국에서 1등이 아니라 세계에서 1등이 되어야만 한다. 그러나 하나의 길에서 1등은 한 명뿐이므로 좁더라도 다른 길을 가면 된다. 전교 1등이 아니라 특정과목에서 1등 하면 된다.

둘째, '함께 더불어' 공동체 정신이다. 남을 죽여야 내가 사는 것이 아니라, 남과 더불어 살아가는 자세이다. 다른 것의 용인, 오직 한 가지만을 추구하는 일극사회가 아닌 다극화사회를 만들어가야 한다. 사회는 그런 방향으로 나아가고 있다. 새로운 시장niche을 만들어서 거기에 전력투구하여 거기서 일등 하면 된다. 지구력과 치밀성, 완성도가 다소 떨어지는 사람이라면 창의력과 순발력이 강한 사람이 되자.

지역과 도시의 브랜드화라는 것은 모두가 1등이 되는 전략이다. 서울이 모든 면에서 최고가 되는 것은 국가 전체적으로 볼 때 수많은 문제점을 낳는다. 서울이 A라는 길을 추구할 때, 다른 도시들은 B, C, D, …… 등 서로 다른 길을 추구해야 한다. 이것이 바로 국토 균형전략의 본질이다. 남과 다른 독특한 길을 선택해서, 최선을 다해 1등이 되고, 가치를 창출해, 도시의 부를 축적하는 것이라고 할 수 있다. 이 전략의 기본은 모든 지역과 도시가 다 1등이 되자는 것이다. 영화, 미술, 사과, 생태관광, 대중음악, 간고등어 등등 각자의 분야와 영역만 다를 뿐 모두 승리자가 되는 길을 추구한다는 것이다.

지역과 도시들마다 수량화된 목표를 정하는 등 양적으로 환산될 수 있는 미래 모습만을 제시하면 정서적 특성을 갖는 개성 있고 매력 넘치는 도시 모습은 찾아보기 힘들어진다. 세계는 개성화 · 다양화의 흐름으로 나아가고 있다. 이제 '양'은 버리고 '질'을 추구하자. 20세기가 '양'을 좇았다면 21세기는 '질'을 향유해야 할 때이다.

남을 따라잡으려고 노력하기보다는 남과 다르게 할 궁리를 하는 것이 현명하다. 남보다 더 잘하려고 하지 마라. 남들과 다르게 하라.

8. 명품화 vs 대중화

지역브랜드는 거의 무조건적으로 명품브랜드전략을 추구한다고들 한다. 그런데 그 내용을 들여다보면 명품화하고는 정반대 방향을 원하는 경우가 많다. 명품화의 기본 전제조건은 상품의 희소성을 바탕으로 상위 몇 % 고객에게만 상품을 판매하겠다는 것을 의미한다. 모든 사람들이 사용하기 시작하면 그때부터 명품브랜드가 아니게 된다. 그런데 지역브랜드의 실질적인 목표는 최대 다수의 고객에게 최대한 많은 양을 팔고자 하는 것이다. 이것은 명품화가 아닌 대중화 전략이다. 물론 최대 다수의 고객에게 물건을 팔기 위해서는 전국적으로 이름이 유명해야 하는 것은 당연하다. 이러한 명성과 브랜드 인지도가 곧 명품화라고 혼동해서는 안 된다. 모나미 볼펜, GAP 의류, 쏘나타 자동차 등이 유명하다고 하여 명품브랜드가 아닌 것처럼 말이다.

명품브랜드는 대량생산에 의한 양적(量) 추구가 아닌 소량생산에 의한 질적(質) 추구를 의미한다. 또한 명품브랜드는 기술과 품질을 향상시키기 위하여 끊임없는 연구개발R&D에 엄청난 돈을 재투자함으로써 선순환고리를 구축해야 한다. 그런데 판매량이 소수이기 때문에 당연히 값이 비쌀 수밖에 없다. 그런 면에서 명품브랜드는 럭셔리브랜드luxury brand라고 할 수 있다. 명품브랜드는 다이아몬드처럼 상품의 희소성에서 오는 가치를 추구한다.

한국에서 명품 농특산물이 탄생하지 않는 이유는 우수한 농특산물 품종이나 생산비법을 공개하여 전국적으로 보급·확대하는 정책을 유도함으로써, 희소성이 아닌 대중성·보편성을 추구하기 때문이다. 처음에는 소수의 농가와 지역에서 생산하였으나 점차 널리 퍼져 누구나 똑같이 생산하게 되면 희소성에 의한 가치는 상실하기 마련이다.

명품브랜드란 확고한 철학을 바탕으로 최고 품질의 상품을 위해 최상급 원자재만을 사용하며, 공장에서 대량생산하기보다는 수십 년 동안 숙련된 장인의 손으로 한 땀 한 땀 정성들여 만들었음에도 기계보다 더 정확한 품질의 일관성을 지니고 있어야 한다. 프랑스 에르메스

버킨백은 프랑스의 유명한 샹송가수 버킨과 우연히 같은 비행기를 탄 에르메스 회장이 '여행이 빈번한 그녀를 위해 편리하면서도 단단하고 큰 가방을 선물해 주고 싶다'는 목적에서 탄생한 것으로 한 명의 장인이 총 32시간을 들여 수공으로 제작하였다. 버킨백은 여성들에게 '비싸서가 아니라, 없어서 못 사는 상품'으로 인식되고 있으며, 주문 후 4년 정도를 기다려야만 상품을 인도받을 수 있는 상황이다.

그러나 현대사회에 들어와서는 수제로 만든 제품만을 명품브랜드라고 말할 수는 없다. 공장에서 대량생산한다 할지라도 차별화된 가치와 영혼을 울리는 철학이 있다면 명품브랜드로 인정받을 수 있다. 예를 들면 프랑스 '루이뷔통' 가방, 미국 '할리 데이비슨' 오토바이, 덴마크 '뱅앤올룹슨' 오디오, 스위스 '오리스' 시계 등이 있다.

명품에는 철학이 있어야 한다는 의미는 돈을 추구하는 것이 아니라 혼을 추구한다는 의미다. 명성이 생겨 판매가 잘되면 돈을 좇아 생산량을 급격히 확대하거나 심지어 외주생산까지 가동시키는 등 대량생산의 유혹에 흔들리지 않고 최고만을 생산하겠다는 장인정신을 생명처럼 지켜야 한다. 대한민국 최고의 명품브랜드인 고려청자의 장인들을 생각해 보면 능히 알 수 있을 것이다. 일반인이 보기에 멀쩡한 것을 아깝게도 무참하게 깨어버리지 않는가? 어떤 측면에서는 스스로 돈을 찢어버리는 것과 마찬가지다. 시중에 내다팔아도 비싼 값에 팔 수 있고 주위사람들에게 선물로 주어도 감사하게 생각할 귀한 것들을 말이다.

명품브랜드는 한마디로 무한책임주의다. 물건을 팔고 나면 끝이라는 생각이 아니라 제품 판매 후에도 브랜드 이미지를 지키기 위해 모든 제품에 대한 평생 AS를 실시하는 것이다. 에르메스는 수십 년이 경과된 제품도 신상품과 똑같이 수리해 줌으로써 대(代)를 이어 사용할 수 있도록 AS를 제공하고 있으며, 벤츠 마이바흐는 15명의 서비스 전문가가 전 세계를 돌면서 모든 판매차량에 대해 AS를 실시하고 있다.

최고의 명품이란 상품이 아니라 작품을 만들겠다는 의지와 노력을 수반한다. 지역브랜드의 명품브랜드화는 명인(名人) - 명소(名所) - 명품(名品)의 삼위일체가 이루어지도록 하는 것이다. 명인(名人)에게는 최고의 부와 명예를 부여해 주어야 한다.

프랑스 명품와인 로마네 콩티DRC는 와인 애호가들 사이에서 수천만 원을 주고도 못 사며, 수천만 원을 준다고 해도 못 파는 와인으로 인식되고 있다. 왜냐하면 로마네 콩티는 매년 단 6,000병만 생산하여 한국에는 40여 병만 할당하고 과거 빈티지를 구매했던 사람에게 구매 우선권을 부여하며, 구매 포기자가 생기면 다음 대기고객에게 판매하는데 포기자가 거의 없기 때문이다. 특이한 것은 DRC가 로마네 콩티 한 병을 200만 원에 판매하나, 팔리는 즉시 2,000만 원 이상의 경매가격이 형성되고 있다는 점이다. 18세기 중엽 수도원 소유였던 로마네 지역의 포도밭을 차지한 루이 15세의 사촌인 콩티公은 군주, 정치가 등 소수계층만을 위한 선물이나 파티용 와인을 만들었다. 그러다가 1942년 드 빌렌 가문과 드루와 가문이 인수해 DRC를 설립한 이후 본격적인 상업화에 착수하였으며 브랜드스토리를 기반으로 최고의 명품 와인으로 인정받고 있다. 로마네 콩티 특유의 테루아Terroir를 유지하기 위해 집안 내에서 양조 책임자를 대대로 계승하여 오고 있다.

지역 농특산물의 명품화 육성전략을 위해서는 최고의 가치를 향한 철학(魂), 차별화된 방식의 최고 품질(創), 고객마음을 감동시키는 소통(通)을 펼쳐야 한다.

9. 제품 품질 vs 브랜드

세계적인 브랜드 대가 Keller 교수는 다음과 같이 말했다: "브랜드는 경쟁사와 차별화되는 제품이다A brand is a product, then, but one that adds other dimensions to differentiate it in some way from other products designed satisfy the same need." 기본적으로 '브랜드 = 제품'이라는 말이다.

한편 또 다른 브랜드 대가인 Aaker 교수는 이렇게 말했다: "브랜드는 제품 이상의 것이다A brand is beyond a product." '브랜드 ≠ 제품'이라는 말이다. 그러면서 브랜드는 제품의 하위요소가 아니라 제품의 상위요소라는 개념이 내포되어 있다.

누구의 말이 맞을까? 세계 최고수준의 대가들끼리 용호상박이다.

브랜드의 정의에서 제품product은 실체요소로서 광의의 브랜드정의에는 해당하지만, 협의의 정의에서는 빠진다. 제품은 사라졌지만 브랜드는 계속 살아남는 경우도 있고, 반대로 브랜드는 변경되었지만 제품은 그대로인 경우도 발생한다. 이처럼 제품과 브랜드는 밀접한 것이기는 하지만 동일한 것이 아니다. 한편 실용적인 관리목적에서 보더라도 제품과 브랜드는 구분하는 것이 훨씬 유용하다.

제품은 브랜드와 결합되기 전에는 단지 하나의 몸짓, 몸부림에 불

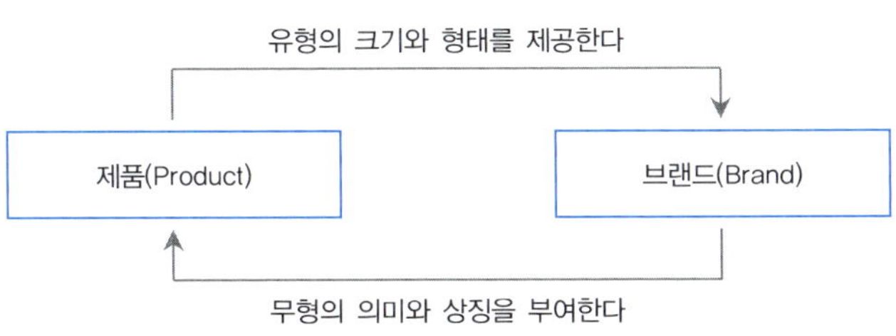

과할 따름이다. 제품이라는 실체에 의미와 상징을 부여함으로써 자신의 존재의의가 되살아나며, 또한 브랜드는 그 자체로는 실체성을 띠지 못하므로 제품을 통하여 크기와 형태라는 실체성을 부여받고 살아 움직일 수 있다.

따라서 제품과 브랜드는 동전의 양면과 같은 것이다. 하나의 측면이 다른 것을 포용해야만 하기 때문이다.

제품은 유형적 요소로서 브랜드에 크기와 형태를 부여하고, 브랜드는 무형적 요소로서 제품에 의미와 상징을 부여한다. 쉽게 말해서 브랜드는 제품의 얼굴(마담)이다.

제품은 만지고, 느낄 수 있는 것들로 이루어져 있다. 그건 기능이나 특징, 속도, 모델 같은 기능적인 편익이다. 예를 들어 운동화는 달리는 것을 도와준다. 반면에 브랜드는 존재이유나 약속 혹은 소비자들의 마음과 머릿속에 생기는 것이다. 따라서 손에 잡을 수도 없고 눈에 보이지도 않는다. 브랜드는 고정관념이자 선입견이고 가상 혹은 허상에 다름 아니다. 그런 의미에서 브랜딩은 가상의 세계를 창조하는 전략게임 혹은 놀이라고 볼 수 있다. 나이키는 단순히 달리는 데 필요한 운동화가 아니라 승리를 향한 열정과 같이 감성적 편익을 추구한다.

위의 도표에서 보듯이 제품과 브랜드는 서로 상반된 개념이다. 그러나 매우 밀접하므로 동전의 양면과 같이 일체화되어야만 가치와 힘을 발휘한다. 홀로 있어서는 가치를 구현할 수 없다는 말이다. 떼려야 뗄 수 없는 관계가 제품과 브랜드의 관계이다.

브랜드가 중요하다고 하지만 브랜드는 무형의 허(虛)한 존재이다. 허(虛)가 실제로 영향을 미치기 위해서는 반드시 실(實)의 힘을 빌려야만 한다. 실(實)이라고 하는 몸체(體)를 빌려야만 세상과 사람들에게

제품(Product)	브랜드(Brand)
유형성(실체, 실질, 실상), 유형자산	무형성(개념, 허상, 가상), 무형자산
객관성 / 구체성	주관성(personal) / 추상성
직접적	간접적
고정재고(Stock), 고정자산	흐름(Flow), 유동자산
단기성(기능, 속성)	장기성(의미와 상징)
단품성(카테고리 제약)	포괄성(카테고리 횡단)
내부환경(기업자산)	외부환경(고객자산)
공장에서 만들어짐 (Products are made in the factory)	브랜드 이미지는 고객의 마음에서 만들어짐 (Brands are created in the customer's mind)
Sales 및 Promotion에 초점	Brand Equity에 초점

출처 : 김형남(2010), 전략적 브랜드관리 매뉴얼.

실질적인 힘을 발휘한다. 명실상부(名實相符)해야 비로소 가치가 구현된다. 명(名)과 실(名)이 서로 부합하지 못하면 결국에는 실패하고 만다.

올즈모빌Oldsmobile이라는 GM의 전설적인 자동차회사는 1990년대 말, 젊은 소비자들을 끌어들이기 위해서 '이것은 여러분 아버지가 타던 올즈모빌이 아닙니다'라는 문구를 중심으로 새로운 브랜딩 전략을 전개했지만 결국 실패하고 2004년 올즈모빌이라는 브랜드는 역사 속으로 사라졌다. '오래된'이라는 의미의 브랜드 명칭으로 젊은 이미지를 구축한다는 것은 어불성설이다.

브랜드는 제품에 속한 하위개념이 아니라 오히려 제품 이상의 것이다. 과거에는 브랜드를 4P'sProduct, Price, Place, Promotion 중에서도 제품의 한 부분으로서 이해했다면 현재는 4P Mix전략의 총체적 결과로써 인식되고 있다.

예를 들어 롤렉스의 브랜드 이미지는 고급, 신분상징 등이다. 만약 브랜드가 제품의 하위요소이고 제품전략에 의해서 형성된다면 제품

측면에서만 브랜드 이미지가 형성되어야 하는데 그렇지 않다. 고가격 전략, 배타적 유통전략, 클래식하고 고급스런 광고전략 등에 의해서 브랜드 이미지가 형성되므로 4P라고 하는 마케팅믹스의 종합적인 결과라고 보는 것이 타당하다.

품질이 우선이냐? 브랜드가 우선이냐?는 논쟁이 한창인데, 이러한 논쟁 자체가 무의미하다. 세상은 좌우의 날개로 난다. 세상 모든 일은 동전의 앞뒤처럼 양면성을 가지고 있다. 앞면만 있는 동전은 돈 구실을 하지 못하듯이 어느 한쪽 면만 가지고는 가치를 구현할 수 없다.

> "좋은 품질은 파티에 들어갈 수 있는 입장권은 된다. 하지만 파티의 주인공이 되려면 그 이상이 필요하다"
> – 차드윅 회장(에라주리즈)

> "품질은 성공의 필요조건이고, 브랜드는 성공의 충분조건이다"
> – 김형남

2007년도 삼성그룹 이건희 회장은 "20세기와 21세기의 경영은 다르다. 20세기에는 물건만 잘 만들면 1등이 됐지만 지금은 품질에서 별 차이가 없다. 21세기에는 여기에 브랜드, 디자인, 마케팅, R&D 등이 복합적으로 어우러져 창조적인 것을 만들어내야 살아남을 수 있다."고 주장하였다.

칠레 와인회사 에라주리즈는 1989년까지도 오크나무나 스테인리스 대신 값싼 나무로 통을 만들어 와인을 숙성시켰으나, 싸구려 이미지를 가지고는 세계에서 살아남을 수 없다고 판단한 차드윅 회장이 미국 캘리포니아 와인을 세계화한 로버트 몬다비Robert Mondavi와 1995년에 절반씩 투자하는 합작회사를 만들어 세냐Sena라는 와인을 만들었다. 이들은 칠레 최초로 평지가 아닌 비탈면에 포도밭을 만들고, 시라Syrah, 포도품종를 처음 재배하는 등 새로운 시도를 하며 업계 표준을 만들어갔다. 그리하여 최고의 파트너와 손잡고 품질은 높였지만, 세계 시장의 벽은 여전히 높았다.

품질이 높아지자 이번에는 브랜드 알리기에 집중했다. 차드윅 회장은 당시 주거래처였던 영국으로 아예 이사해 살면서 와인을 알렸다. 차드윅 회장은 기존의 와인시장 패러다임을 깨지 못하면 고급 와인시장 진입이 불가능하다고 결론 내리고 블라인드 테스트를 통한 돌파작전을 구사하였다.

에라주리즈는 2004년 1월 독일 베를린 리츠칼튼호텔에 유럽 최고의 와인 전문가 50명을 초대해 라벨을 가린 채 와인 평가를 했다. 그 결과 에라주리즈의 고급 와인인 비녜도 차드윅 2000년산이 1등을 차지했다. 샤토 라피트가 3위, 샤토 마고와 샤토 라투르가 각각 5, 6위를 차지했다. 와인 전문지들은 이 결과를 1976년 파리의 심판에 빗대 '베를린의 심판'이라고 불렀다. 그도 그럴 것이 한 병에 1,000달러가 넘는 프랑스 고급 와인을 에라주리즈의 100~200달러짜리 와인이 눌렀기 때문이다. 에라주리즈는 그 뒤 런던, 뉴욕, 베이징, 서울 등 전 세계를 돌며 블라인드 테스트를 실시해 와인을 홍보하고 있다. 드디어 2009년에는 로버트 파커가 에라주리즈의 비녜도 차드윅 2006년산에 샤토 라피트와 같은 점수인 97점(100점 만점)을 줬다. 이로써 싸구려 칠레 와인 이미지에 공식적인 종지부를 찍고 고급 와인시장에서 자랑스럽게 얼굴을 내밀게 되었다. 칠레 와인업체의 수출은 두 자릿수를 기록할 정도로 성장을 거듭하고 있다.

10. 규모의 경제와 브랜드파워

규모의 경제規模의 經濟, economy of scale는 경영경제학을 전공하지 않은 사람조차 알 정도로 보편화된 개념이다. 생산량이 증대함에 따라 그 단위당 평균비용이 일정한 A, 체감(遞減)하는 B, 어떤 생산량까지는 체감하고 이후 체증(遞增)하는 C에 의하여 구성되므로 B, C의 체증 부분이 상쇄(相殺)되는 점까지 평균비용은 하락하게 되어 대량생산의 이익이 발생하게 된다. 또한 대규모 관리의 이익, 대량판매의 이익, 대량구입의 이익 등에 의하여 대규모 경영의 이익이 발생하게 된다.

대량생산의 이익이 기업의 생산설비가 일정한 때 발생하는 규모의 경제를 뜻하는 데 비하여, 대규모 경영의 이익은 생산설비의 확대 또는 동일 기업에서 플랜트 수의 증가를 포함한 규모의 경제를 의미한다.

파워가 강한 브랜드를 구축하기 위한 필요조건이 바로 '규모(量)'다. 규모의 경제를 발휘해야 비용효과적이라는 점은 상식이다. 여기서 가장 중요한 포인트는 지속적인 규모consistent scale라는 점이다. 소비자들이 언제 마트를 가더라도 항상 매대 위에 그 브랜드의 상품이 놓여 있어야 인지도가 높아지고 기억에서 잊혀지지 않는다. 다른 브랜드로 대체하는 것을 미연에 방지하여 계속해서 우리 브랜드에 묶어놓아야 한다.

어디서나 자주 눈에 띄어야 소비자들이 브랜드를 알아보게 마련이다. 지금까지의 지역단위 농특산물브랜드는 바로 이 '규모'를 갖추지 못해 인지도 확보에 애를 먹었다. 전국 단위 브랜드가 농특산물 파워브랜드 구축의 열쇠가 될 수 있다.

농특산물은 그 특성상 유통 및 물류비용이 크고 수확량에 따른 가격진폭이 크며 공급과 수요가 비탄력적이기 때문에 개별생산자 단위의 시장대응이 어렵다.

개별농가단위의 시장대응은 농특산물이 가지는 특성 때문에 시장의 가격변동구조에 노출될 수밖에 없어 안정적인 영농계획 및 활동을 어렵게 한다.

그러므로 생산자가 조직화하여 출하물량의 규모화를 실현하고 산지유통조직의 공동선별 및 공동계산을 통해 시장가격변동에 대응할 수 있는 출하시스템을 확립하고, 소비자 유통업체 특성에 적합한 선별 및 포장을 통하여 부가가치를 창출해야 한다.

생산자 수취가격이 증가한다면 경쟁력 있는 산지유통조직 및 브랜드경영체로 변신할 수 있다.

국내외적으로 경쟁력 있는 농특산물 산지유통조직 및 브랜드경영체는 조직화 · 규모화를 바탕으로 공동선별 및 공동계산 제도를 실시하여 부가가치를 창출하고 있다.

또한 생산과정의 체계적 기술지도를 통한 고품질 농특산물 생산, 출하 및 상품화 과정에서 품질검사 시스템 강화, 소포장 활성화 등을 통하여 부가가치를 증가시키고 있다.

복숭아 브랜드 햇사레의 성공비결은 뭘까? 햇사레가 출시되기 전 경기지역에서만 여러 브랜드가 난립하는 상황이었는데, 소비자들에게 어필하기 위해서는 '선택과 집중' 전략이 필요하다고 판단한 농협 경기지역본부가 경기도를 넘어 인접한 생산지를 묶어 덩치를 키운 것이 주효했다. 농협은 복숭아로 유명한 경기도 장호원 지역과 충북 음성 지역의 복숭아를 '햇사레'라는 단일 브랜드로 묶고 공동 선별기준을 엄격히 적용한 것은 물론 출하 전 자율검사제와 APC(산지유통시설)별 공동 검품을 통해 소비자의 신뢰를 확보했다. 아울러 '규모의 경제'를 실현하여 유통업체 위주의 시장에서 생산자의 목소리를 높일 수 있도록 하였다. 햇사레는 국내를 넘어 일본과 대만으로까지 수출하고 있다.

뉴질랜드 키위 브랜드 제스프리는 2004년부터 제주도 농민들과 계약하여 제스프리 브랜드를 붙인 키위를 생산하고 있다. 세세한 작업 매뉴얼을 알려주고 매년 서너 차례의 품질검사를 한 뒤, 기준을 통과한 키위만 사들인다. 제스프리는 이런 식으로 이탈리아, 프랑스, 일본에서도 키위 농사를 짓고 있다. 뉴질랜드의 수확기는 북반구의 봄에 해당하는 4월부터 시작되는데 가을이 되면 팔 물량이 없어지므로 북반구의 생산기지 덕에 1년 내내 수출국의 소비자들에게 제스프리 키위를 팔 수 있게 되었다.

한 해 우유 생산량 140억L, 연 매출 14조 원(약 160억 뉴질랜드달러). 세계 최대 낙농협동조합인 뉴질랜드의 '폰테라'는 최근 브라질에 시범목장 운영을 시작했다. 남미시장 확대를 위해 해당 지역에서 신선한 우유를 직접 생산하려는 것이다. 이 회사는 뉴질랜드 낙농업자 1만 1,000여 명이 주주인 협동조합이다. 이미 중국과 인도에도 자체 목장을 두고 있다. 수출 국가만 140여 개국이고 세계 유제품 거래량의 3분의 1을 차지하는 거대 조합이다. 그런데 왜 굳이 다른 나라에까지 목장을 만드는 걸까. 이 회사 무역 전략 담당 매니저 세라 페틴슨은 "지속적으로 다양한 제품을 공급해야 해당 시장을 더 확대할 수 있기 때문"이라고 설명한다.

세계 파워 농특산물브랜드들은 이렇게 품질관리 노하우와 브랜드 인지도를 발판으로 해외 생산기지를 점차 넓혀가고 있다. 강한 브랜드만 가지면 해외의 농토에서 자국의 농특산물을 생산할 수 있고, 반대로 해외 생산기지에서 생산물량을 조달할 정도의 규모가 되어야 강한 브랜드가 된다. 일종의 선순환이다.

최초의 전국 단위 공동브랜드 K-멜론이 전국 농가의 주목을 받고 있다. 12개 시 · 군의 23개 농협, 1,100여 명의 농업인이 뭉쳐 2010년에 출범시킨 브랜드다.

농협중앙회가 K-멜론 출범을 준비하기 시작한 것은 2009년이다. 당시 농협은 브랜드 인지도 제고 및 농특산물브랜드 성공을 위한 전략 방안으로 '전국 단위 브랜드'를 설정하였다.

브랜드파워는 무엇보다 먼저 브랜드 인지도에서 나온다. 어디서나 자주 눈에 띄어야 소비자들이 브랜드를 알아보게 마련이다. 지금까지의 지역단위 농특산물브랜드는 바로 이 '규모'를 갖추지 못해 브렌드 인지도 확립에 애를 먹었다고 분석하였다.

시범사업 대상으로 멜론을 삼은 것은 시장이 작아 통제하기 쉽고 실패해도 손실이 비교적 적어 위험부담이 덜했기 때문이다. 멜론 농가는 전국에 2,700여 곳 정도여서 조직을 묶기가 비교적 수월할 것으로 판단하고 추진하기 시작했다.

결과는 대성공이었다. 2010년 처음 출시돼 114억 원의 매출을 올렸는데, 2011년에는 200억 원을 훌쩍 넘을 것으로 예상돼 처음 예상과는 달리 매우 순조롭게 진행되고 있다. K-멜론의 '파워 농특산물브랜드' 성공 공식을 살펴보자.

첫째는 교육이었다. 농협중앙회 안재경 품목연합추진 팀장은 "워낙 재배 농가가 적어 제대로 된 농업정책의 시혜를 입은 적이 없는 품목이었다"며 "생산기반도 약하고 유통체계도 잡히지 않아 개선할 여지가 많았다"고 말하며 직접 전국을 돌며 설명회를 열었다. 2,700여 곳 농가 중 1,200여 농가가 "같이 해보겠다"고 합류하였다. 이들은 시 · 군별로 모여 1년에 여덟 차례, 한 번에 세 시간씩 품질관리 교육을 받았다. 농협중앙회의 멜론 재배 전문가 나종대 품질관리 국장이 1년에 100여 차례의 교육을 직접 맡았다. 나종대 국장은 멜론을 제대로 키우기 위한 일자별 매뉴얼도 제작해 배포했다. 멜론이 자라는 기간은 보통 110일로 매뉴얼에는 씨 뿌리기 40일 전부터 어떻게 밭 관리를 해야 하는지부터 시작해서 150일간의 재배방법이 꼼꼼히 기록되어 있다.

둘째, 선별작업의 엄격성이다. K-멜론 조합원들은 자기가 알아서 멜론을 수확할 수 없다. 각 지역 조합 담당자들이 출하기에 샘플을 채취해 일정 당도 이상이 나와야 수확 허가를 내준다. 당도가 12브릭스(당도 단위) 이상인 멜론은 상급, 13브릭스 이상은 특급으로 출하된다. 12브릭스가 안 되는 멜론은 브랜드를 달지 못하고 이름 없이 그냥 시장에 출하된다. 이 과정에서 농협 직원과 농민들 사이에서 말다툼이 오가기도 할 정도로 민감한 부분이다. 하지만 브랜드파워가 장기적으로 강화되기 위해서는 품질 및 이미지 관리가 중요하기 때문에 어쩔 수 없다고 설득하면 결국 알아듣는다. 2010년에 조합원이 생산한 전체 멜론의 60% 정도만 K-멜론을 달고 출시됐다.

이렇게 되자 자연히 당도를 높이려고 자구책을 마련하는 농민들이 늘었다. 2010년에 12브릭스를 넘은 멜론이 겨우 25%밖에 되지 않은데 충격을 받은 한 생산농가는 70만 원짜리 양수기를 두 대 사서 비가 오면 바로바로 물을 빼내고, 농협에서 나눠준 매뉴얼을 그대로 지켜 멜론을 키운 덕분에 2011년에는 12브릭스 이상 멜론이 75%로 늘었다.

셋째, K-멜론은 조합원들의 파종 시기와 생산량도 통제한다. 조합원들이 제값 받고 멜론을 팔 수 있도록 해주기 위해서다. 조합원들 모두 멜론을 비슷한 시기에 심으면 수확기에 멜론 값이 폭락한다. 예전에는 출하량이 몰리면 멜론 8kg 한 상자를 1만 원대를 받고 팔기도 하고, 반대로 출하량이 적을 땐 한 상자가 8만 원대로 치솟기도 하는 등 가격의 불안정성으로 인하여 생산농가 및 소비자들의 불만이 높았다. 이를 방지하고 생산농가는 안정적으로 가격을 받고, 소비자들도 1년 내내 적당한 값에 멜론을 즐겨야 멜론시장이 더 커지게 된다는 구조적 문제해결을 추구하였다.

넷째, 아무 농업인이나 K-멜론 사업단에 참여할 수도 없다. 품질관리 교육에 많이 빠지거나 재배일지를 작성하지 않으면 K-멜론 브랜드를 달 권한을 빼앗는다. 2010년 K-멜론 사업을 시작하기로 했던 농민 1,280여 명 중에서 260여 명이 규칙을 지키지 않아 제명됐다. 대신 140여 명의 농민이 "나도 K-멜론 사업을 해보고 싶다"고 새로 손을 들었다. 이렇게 역동적으로 신진대사가 활발해져야 브랜드가 활성화된다. 고여 있는 물은 썩기 마련이기 때문이다.

마지막으로 홍보마케팅의 강화를 들 수 있다. 브랜드 가치를 키우기 위해서 연간 4억 원 정도의 적은 예산이지만 전국 단위 마케팅도 펼친다. 케이블 채널에 광고를 내보내고, 농협 하나로클럽에서 주말마다 시식회를 한다. 아울러 국내 최초의 전국 단위 브랜드라는 점을 적극 활용하여 무료 PR활동에 적극적으로 임한다. 마케팅 커뮤니케이션의 초점은 두 가지로 나뉜다. 전국 단위 브랜드처럼 규모의 경제를 살리는 것이 한국농특산물이 가야 할 미래방향이라는 점과 이제는 멜론도 수입과일이 아니라 수입산 못지않은 당도를 가진 국산과일이라는 점이다.

11. 우리가 기억할 단 하나의 법칙은

브랜드 마케팅 컨설턴트인 알 리스Al Ries는 이 분야의 세계적인 베스트셀러를 여러 권 펴냈다. 그는 책에서 수많은 법칙을 제시하였는데, 문제는 이것을 다 기억할 수 없다는 사실이다. 이 법칙들 안에는 단순함의 법칙도 있는데, 스스로 법칙을 위배하고 있다고 볼 수도 있다.

구분	마케팅 불변의 법칙	브랜딩 불변의 법칙	인터넷 브랜딩 불변의 법칙
1	선도자의 법칙(Leadership)	확장의 법칙	양자택일의 법칙
2	영역의 법칙(Category)	축약의 법칙	양방향성의 법칙
3	기억의 법칙(Mind)	홍보의 법칙	보통명사의 법칙
4	인식의 법칙(Perception)	광고의 법칙	고유명사의 법칙
5	집중의 법칙(Focus)	단어의 법칙	일원성의 법칙
6	독점의 법칙(Exclusivity)	신빙성의 법칙	광고의 법칙
7	사다리의 법칙(Ladder)	품질의 법칙	지구촌의 법칙
8	이원성의 법칙(Duality)	업종의 법칙	시간의 법칙
9	정반대의 법칙(Opposite)	이름의 법칙	자만심의 법칙
10	분할의 법칙(Division)	외연의 법칙	분산의 법칙
11	원근의 법칙(Perspective)	동료의 법칙	변화의 법칙
12	계열 확장의 법칙(Line Extension)	포괄성의 법칙	
13	희생의 법칙(Sacrifice)	회사의 법칙	
14	속성의 법칙(Attributes)	서브 브랜드의 법칙	
15	솔직성의 법칙(Candor)	형제의 법칙	
16	단독의 법칙(Singularity)	모양의 법칙	
17	예측 불능의 법칙(Unpredictability)	색상의 법칙	
18	성공의 법칙(Success)	국경선의 법칙	
19	실패의 법칙(Failure)	일관성의 법칙	
20	과장의 법칙(Hype)	변경의 법칙	
21	가속의 법칙(Acceleration)	사망의 법칙	
22	자원의 법칙(Resources)	단일성의 법칙	

이렇게 많은 법칙을 기억할 필요도 없고, 기억할 수도 없다. 우리가 기억해야 할 단 하나의 법칙은 바로 집중의 법칙law of focus이다. 제품의 구조가 아무리 복잡하더라도, 시장의 Needs가 아무리 복합적이라도, 하나의 단어에 초점을 맞추는 것이 가장 효과적이다.

Simple is strong!
Simple is smart!
Simple is sensible!

브랜드 마케팅에 있어서 가장 강력한 전략은 고객의 기억 속에 '하나의 단어'를 심는 것이다. 그 단어(브랜드)는 기억의 연상망을 점화시키는 전기에너지다.

지역브랜드	포지셔닝 키워드	농특산물브랜드	포지셔닝 키워드
서울	머리 首, 최고	하이서울	High(최고)
광주(光州)	빛	룩스코(Luxko)	빛
함평	나비	나르다	나비 날다
안성	편안함	안성마춤	고객만족

국내 지자체의 경우 지역브랜드 콘셉트와 농특산물 콘셉트가 서로 맞지 않는 경우가 많을 뿐만 아니라 간접적으로 약하게 적용하는 경우도 많다. 함평군을 예로 들어보면, 농특산물 공동브랜드는 '함평천지'이고, 문화상품 브랜드는 '나르다'이다. 그러나 이러한 브랜드들보다 가장 널리 알려져 있는 함평나비축제를 활용하여 저비용고효율의 브랜드를 개발한다면 '함평나비' 하나로 통합하는 것이 적절할 것이다.

광주광역시는 '빛(光)'이라는 아주 강력한 키워드를 선점하고 있음에도 불구하고 이를 제대로 살리지 못하고 있다. 광주의 경우 빛고을 빛의 도시를 내세우고 있으면서도 정작 밤거리는 어둡고 도심 어디에도 빛을 활용한 문화 또는 관광자원이 없는 실정이다.

광산업공동브랜드인 룩스코Luxko는 광주지역 중소·벤처 광산업체의 생산제품에 대한 품질을 보증하고 공동으로 국내외 마케팅을 전개함에 있어 인지도를 향상시키고자 지난 2003년부터 광주광역시, 한국광산업진흥회, 한국광기술원, 한국전자통신연구원 호남권연구센터에서 공동 참여하고 광산업공동브랜드관리협의회에서 운영·관리하는 광주지역 광산업을 대표하는 프리미엄 제품 공동브랜드로서 국내를 비롯, 미국·일본·중국·유럽연합EU 등에 상표등록을 하고 지역 중소 광산업체의 시장 진출을 지원해 오고 있다. 그러나 7년이나 지난 2011년에 와서야 광산업공동브랜드 Luxko 제1호 제품으로 글로벌광통신(주)의 Dry Core Cable을 지정하였을 정도로 지지부진하였다.

12. 생산자가 아닌 소비자를 만족시키는 농업으로 다시 태어나야 한다

오늘날 비즈니스에서 직면한 문제는 상품의 부족이 아닌 고객의 부족이다. 세계적인 마케팅 대가 필립 코틀러는 "이미 시장은 과잉경쟁으로 이어진다. 고객을 끌고 가격을 낮추기 위해 각 경쟁사들이 노력하고 이는 다시 각 업체의 수익성 악화로 이어진다. 마케팅은 바로 가격 이외의 요소에서 어떻게 경쟁할 수 있을 것인가에 대한 해답을 제공한다. 과잉생산으로 인해 마케팅은 어느 때보다 더욱 중요해졌다"고 말한다.

그런데 마케팅에 대해서 말도 많고 관심도 많고 책도 많지만 아직까지도 잘못 알고 있는 사람들이 많다. 많은 사람들이 아직도 마케팅을 제품을 판매하기 위한 영업 및 홍보라고 생각한다. 마케팅은 종종 영업과 혼동된다. 그러나 현대경영학의 아버지라고 불리는 피터 드러커는 "판매와 마케팅은 동의어가 아니며 서로 보완적이지도 않다. 오히려 반대의 의미를 가지고 있다. 이상적인 마케팅은 판매 혹은 영업을 불필요한 것으로 만드는 것이다."라고 설파하였듯이 마케팅과 영업은 반대되는 개념이다. 미국 모터사이클 브랜드 할리 데이비슨은 영업이익률이 20%에 달한다. 모터사이클 업체 가운데 단연 선두다. 호그HOG : Harley Owner's Club 회원들이 주변 친구들에게 할리를 구매하도록 안내하는 영업사원과 홍보요원 역할을 하므로 영업비용을 거의 쓸 필요가 없었기 때문이다.

마케팅은 제품을 판매하기 위한 현명한 방법을 찾는 분야가 아니라 고객의 문제가 무엇인지 발견하고 진정한 고객 가치를 창조하는 분야이다. 고객의 문제를 해결하고 고객을 더 나은 상태가 되도록 돕는 것이다. 영업은 업체가 이미 제품을 갖고 있을 때 시작된다. 그러나 마케팅은 제품이 존재하기 전에 시작된다. 마케팅은 고객이 어떤 니즈를 갖고 각 업체가 어떤 가치를 제공할 것인가에 대해 고민하는 것이 과제다. 생산은 회사의 제품 제조부서이고 마케팅은 회사의 고객 제조부서이다.

마케팅에서 물건을 파는 사람은 크게 '셀러Seller'와 '마케터Marketer'로 구분된다. 셀러는 단지 물건을 파는 사람이고, 마케터는 고객의 문제

판매(Sales)	마케팅(Marketing)
만들어진 상품을 파는 것	팔릴 수 있는 상품을 개발 · 구매(purchase)되도록 하는 것
사후 대응(Reactive) 은행의 Teller 역할	사전 기획(Proactive) 은행의 Banker 역할
Product에서 출발	Consumer에서 출발
Maker의 관점(제품판매자) 월급은 사장이 준다.	고객의 관점(구매조력자) 월급은 고객이 준다.
Push(Product Out)	Pull(Market In)
우리가 팔려는 것은 무엇인가?	고객이 구입하려는 것은 무엇인가?

를 해결하는 사람이다. 은행의 텔러Teller와 뱅커Banker가 크게 다른 것과 마찬가지다. 문제를 해결하기 위한 상담(카운슬링 혹은 컨설팅)과정은 필수적이다.

현재 한국 농특산물시장은 생산기술의 발달과 수입농특산물 증가 등으로 인하여 전반적인 공급과잉상태가 구조적으로 고착화되고 있다. 따라서 생산 쪽의 문제보다는 안정적 판로 확보가 가장 중요한 과제가 될 수밖에 없다. 생산자조직 및 산지유통조직의 마케팅은 목표시장에 적합한 원물 수집체계, 소비자 유통업체가 요구하는 물량공급체계, 선별 및 포장화 작업 등이 복합적으로 이루어져야 활성화될 수 있다. 또한 소비지의 유통업체와 소비자 선호는 끊임없이 변화하므로 이를 신속하게 파악하여 생산단계에 피드백시키는 과정도 필요하다.

구 분	흐 름	원 리	출발점	힘의 원천
현재방식	(원료공급자) → 생산농가 → 가공업자 → 도소매유통업자 → 소비자	밀어내기 (push)	생산농가	생산자 (나 없이 못 산다)
개선방안	(원료공급자) ← 생산농가 ← 가공업자 ← 도소매유통업자 ← 소비자	끌어당김 (pull)	소비자	소비자 (고객이 왕이다)

소비자 유통환경은 기존 농수산물도매시장을 중심으로 한 유통체계에서 대형유통업체 중심으로 재편되면서 농특산물의 고품질화, 규격화, 소포장화, 지속적 공급체계 등을 요구하고 있어 이러한 경향이 점차 가속화되고 있다.

그러나 대다수의 생산자조직이나 산지유통조직은 소비지 마케팅 활동을 바탕으로 한 조직화 과정, 생산과정, 출하 및 상품화 과정 등 '끌어당김' 형태가 미약하고 단순히 수집된 농특산물을 개별선별 및 포장하여 도매시장에 출하하는 '밀어내기' 형태를 띠고 있다. 당연히 밀어내기 식으로 출하된 농특산물은 소비지 시장의 취향을 만족시키지 못하고 신뢰를 얻기 힘들 수밖에 없다.

따라서 생산자조직이나 산지유통조직이 브랜드 마케팅에 대한 전문성이나 마케팅 계획 수립 시스템을 구축하는 것이 최선이겠으나, 그 단계까지 가기 전이라도 소비지 유통업체와 MOU를 체결하는 등 안정적인 판로 확보는 물론 마케팅능력배양에 대한 간접경험을 시도하여야 한다.

농촌 선진화를 위한 비전과 전략을 세우고 세계로 나아가기 위해서는 생산자를 만족시키는 농업이 아니라 소비자를 만족시키는 농업으로 다시 태어나야 한다. 저렴하고 질 좋은 농업상품을 원하는 소비자를 만족시키지 못한 농업은 결코 지속가능하지 않다. 소비자를 만족시키지 못하는 농업은 망한다는 시장원리를 깨달아야 한다.

13. 현 지역기획의 문제점과 개선방안

최근 농특산물 유통시장의 변화는 대형유통업체를 중심으로 농특산물 산지 직구매가 확대되면서 기존 중간상인이 담당하던 수급조정 및 상품화 기능이 산지로 이전되고 있다. 이에 따라 주산지 간 경쟁이 촉발되어 농특산물 판매를 단순한 '출하' 개념에서 '마케팅' 개념으로 전환하도록 요구하고 있다.

생산된 것을 출하 · 판매하는 개념에서 시장이 요구하는 것 즉 팔릴 것을 마케팅하는 개념으로 바뀌기 위해서는 기획능력이 배양되어야 한다. 그러나 지역브랜드를 도입하여 마케팅을 추진하는 데 있어서 지역브랜딩 전략에 대한 공무원과 주민의 이해부족이 문제점으로 대두되고 있다.

문제점	개선방안
하드웨어 중시	소프트웨어 중시
관주도	관+민 협치
비체계적이며 단기적(프로모션 관점)	체계적이며 장기적(자산관점)
획일적이며 따라하기	차별화된 개성과 매력
전문성 부족	전문가 운영(지자체는 지원만)

지역브랜드 마케팅 기획에 있어서 첫 번째 문제점은 하드웨어를 지나치게 중시한다는 점이다. 농촌정책의 대부분이 무분별한 도로 건설, 획일적인 주택 개량과 같은 하드웨어적 측면에 치우쳤듯이, 브랜드 마케팅에 있어서도 생산설비 구축 등 하드웨어에 집중하고 있다. 이와 같은 토목건축사업 위주 개발은 농촌의 아름다운 경관과 지역적 특성을 파괴하는 결과를 가져왔다. 이러한 개발정책은 이제 소프트웨어 중심의 개성화 정책, 문화 정책으로 바뀌어야 한다. 브랜드 마케팅에 있어서도 개성과 매력을 창출할 수 있는 소프트파워에 더 많은 노력

을 경주해야 한다.

둘째, 한국의 지역기획 실정을 주체의 관점에서 살펴보면, 민간 주도의 지역기획 전략을 펼치고 있는 서구 선진국과는 상황이 매우 다르다. 한국에서는 민간 주도가 아닌 관 주도의 정책이 주를 이루고 있다. 1970년대에 실시된 새마을운동부터 줄곧 그래 왔다. 그러나 21세기 들어 관선이 아닌 민선 지자체장 아래에서는 민과 관이 균형을 이루어야 한다.

셋째, 브랜드자산구축은 단시일 내에 이루어지지 않는다. 브랜드의 정책결정부터 집행에 이르기까지 전략적이면서 체계적이어야 함에도 불구하고 장기적인 비전을 갖고 지속적으로 추진하는 경우가 많지 않다. 지자체장이 바뀌면, CI나 브랜드슬로건 등 브랜드부터 바꾸려고 한다. 이래서는 차별화된 브랜드자산이 구축될 리 만무하다. 장기적 관점에서 일관성 있는 브랜드 관리가 적극 요구된다

넷째, 자신만의 차별화된 지역기획을 추진하기보다는 다른 지자체들의 유행을 좇는 경향도 발견할 수 있다. 2000년 이후 전국 지방자치단체의 상표등록건수가 매년 평균 1천 건 이상 등록되고 있다는 것은 전략적 선택과 집중 원칙에서 벗어나 있음을 의미한다. 또한 대부분 지자체들의 CI가 동일 주제, 동일 형태를 보이며 천편일률적으로 만들어졌다. 예를 들면 지역의 이미지를 주로 강, 산, 해에 바탕을 두다 보니 개발된 CI들은 오히려 차별성이 별로 없이 지역의 정체성을 희석시키는 부작용을 초래했다. 지자체 공동브랜드나 지자체 캐릭터들이 대부분 실패했다는 점도 이런 면에서 살펴볼 수 있다. 지역축제 역시 마찬가지다. 지역 여건에 대한 면밀한 고려 없이 '남이 하니까 나도 한다'는 식이다 보니 이름은 달라도, 프로그램은 유사한 모방행정에 그치고 있다는 지적이다. 돈 벌자고 한 브랜드사업이 오히려 혈세낭

비를 초래하고 있는 것이다.

다섯째, 지역브랜드 관리 담당자의 전문성이 떨어진다는 점이다. 법학, 행정학, 공학 등 비전공자들이 대부분이고, 담당업무 근속기간이 2년 이하로 짧은 편이다. 게다가 재교육이나 전문기관의 자문횟수도 연간 1회에도 못 미쳐 전문성 확보에 있어 문제점으로 드러났다. 이처럼 업무담당 기간이 길지 않고 담당자가 자주 바뀌게 되므로, 개발 이후에도 활용이나 지속적인 연계, 갱신, 관리가 제대로 이루어지기 어려운 실정이다. 전문성 강화를 위하여 중앙정부에서도 홍보분야는 '계약직'으로 특채하는 경우가 일반적이다.

또한 브랜드 개발을 총괄하는 부서와 특산물브랜드 관련업무 부서가 분리되어 있어 특산물브랜드 관련부서에서 실무적인 행정업무는 추진하고 있지만, 총괄부서에서 브랜드경영 차원에서 관리하는 데 어려움이 있다. 즉 기획부서와 집행부서가 이원화돼 있어 효율적인 브랜드경영이 이뤄지지 못하는 문제점이 드러나고 있다. 일반기업에서는 이런 문제를 해결하기 위해서 '브랜드매니저 제도'를 두고 있다.

마지막으로 지방자치단체장의 인식수준을 들 수 있다. 지자체의 CEO인 단체장의 브랜드에 대한 관심과 이해가 절대적으로 중요함에도 불구하고 지역브랜드를 단지 네이밍이나 포장디자인 수준 혹은 광고홍보 차원으로 인식하는 문제점을 지적하지 않을 수 없다.

대부분의 지역브랜드가 단체장의 지시에 따라 개발되었으나 일단 개발되고 난 후에는 담당직원 한두 명에게 맡겨진 채 부수적인 업무로 취급되고 있는 실정이다. 또한 개발부서와 관리부서가 대부분 상이한가 하면 브랜드별로 여러 부서에서 분산관리돼 통합운용의 효과를 살리지 못하고 있다.

Tip

브랜드관리 10계명

무형자산으로서의 브랜드자산을 제대로 육성하고 강력한 자산으로서의 가치를 유지할 수 있게 하기 위한 전략적 브랜드 관리가 더 절실하다고 할 수 있겠다. 브랜드중심의 기업경영을 위한 방안을 제시하면 아래와 같다.

[1] 브랜드의 핵심가치를 명확히 하고 이를 보존하라. 브랜드가 소비자에게 무엇을 의미하는지를 이해하고, 그 브랜드의 의미와 소비자의 욕구에 부합하는 제품을 만든다.

[2] 브랜드중심으로 기업조직을 개편하고 브랜드중심 문화를 창달하라.

[3] 기업성과지표로 브랜드자산을 활용하라. 브랜드자산 진단 - 평가 - 관리 시스템을 구축한다.

[4] 브랜드 간의 구조와 체계를 명확히 하라. 브랜드 계층구조와 브랜드 포트폴리오를 효과적 · 효율적으로 관리한다.

[5] 대표브랜드(간판스타)에 집중하라. 철수해야 할 브랜드는 과감히 정리한다.

[6] 마케팅커뮤니케이션을 통합하고 일관성을 유지하라. 목표시장 내에서 브랜드를 명확하고 적절하게 포지셔닝한다. 모든 마케팅 프로그램을 동원하여 소비자가 원하는 편익을 효과적으로 제공하고자 노력한다. 소비자와의 커뮤니케이션에 있어서 일관성을 유지한다.

[7] 고객과의 관계를 구축하라.

[8] 자신만의 독특하고 고유한 브랜드스토리를 만들어라. 브랜드에 대한 신뢰도, 호감도, 전문성을 심어준다.

[9] 트렌트변화를 읽고 브랜드를 새롭게 하라. 디자인, 생산, 마케팅, R&D에 있어서의 혁신을 유지하고, 브랜드 이미지의 일관성을 유지한다.

[10] 브랜드전문가를 양성하라.

사례 보졸레 누보

보졸레 누보! 엄청나게 복잡하고 어려워 외워도 또 까먹는 와인이름들을 몰라도 이 이름은 대부분 기억하고 있을 것이다. 전 세계에서 1초에 1병씩 팔리는 히트상품이 바로 보졸레 누보다. 세계에서 가장 비싼 와인 중 하나로 꼽히는 '로마네 콩티'와 같은 부르고뉴 와인은 장기숙성할수록 품질이 좋아지는 '피노누아(Pinot noir)' 품종이다.

그런데 부르고뉴 전역에서 잘 재배되는 피노누아가 유독 보졸레 지역에서만 잘 자라지 않는다. 석회질의 보졸레 토양엔 오히려 피노누아와 정반대의 싸구려 가메이(Gamey) 품종이 잘 자란다. 오랜 숙성은커녕 장기 보관조차 힘들다.

한마디로 보졸레는 나 홀로 '천덕꾸러기' 신세였다. 보졸레 누보는 프랑스 보졸레 지역에서 생산되는 와인인데, 이곳에서는 햇포도로 와인을 담가 맛보는 풍습이 있었다. 보졸레 누보도 막걸리처럼 기본적으로 고급술은 아니다. 장기 숙성이 불가능한 가메이 품종으로 만든 탓에 '그해 만들어, 그해 마신다'는 싸구려의 이미지가 강했다.

그러나 1951년 11월 13일 보졸레 지역의 포도주 농장 경영자 '조르주 뒤뵈프(Georges Duboeuf)'는 이 싸구려 와인을 남들과 다른 입장에서 보면서 새로운 가능성을 찾아냈다. '장기숙성이 안 되면 단기에 승부를 보자'는 생각에서 마을 사람들을 모아놓고 와인의 단점을 극복할 수 있는 마케팅 전략을 수립한다.

9월에 포도를 수확한 뒤 첨가물을 넣어 겨우 석 달 숙성시킨 보졸레 누보는 깊은 맛을 즐기는 프랑스에서는 인기가 없는 싸구려 품목이다. 하지만 갓 생산한 햇포도주의 신선함을 장점으로 내세워 전 세계에 동시 판매하는 전략을 폄으로써 명성을 얻었다.

보졸레 누보 한 병의 값은 2유로에서 8유로, 2천5백 원에서 만 원 정도다. 그러나 우리나라 백화점에선 평균 2만 원에서 4만 원 사이의 가격에 팔리고 있다. 호텔에서 벌어지는 보졸레 누보 파티는 입장료가 15만 원에서 20만 원에 이른다. 아시아 와인 강국 일본에서는 우리나라보다 9배 정도 많은 보졸레 누보가 소비되며, 와인의 기쁨을 나누는 문화로 정착되어 보졸레 누보 온천까지 생겨났다. 보졸레 누보 주요 수요국인 일본과 한국의 와인 애호가들을 위해 대한항공은 보졸레 누보 특별기를 편성할 정도다.

가격으로만 치자면 싸구려 술임이 분명한데도, 예전에는 프랑스 고급와인으로 착각하고 먹었다면, 이제는 고급와인이 아님을 알면서도 열광하며 수입해 마시는 까닭은 무엇일까? 그것은 즐거움이라는 가치를 제공해 주기 때문이다.

이와 같이 마케팅의 대표적인 성공사례로 손꼽히는 비결을 살펴보자.

첫 번째 비결은 일정한 출하일(매년 11월 셋째 주 목요일, 1986년까지는 11월 15일이었음)을 정해 수요자들의 관심을 끌어 모은 후 동시에 출하하여 제품의 값어치를 올리겠다는 획기적인 이벤트 마케팅 전략을 세웠다.

아울러 브랜드 마케팅 강화를 위해 보졸레 와인 브랜드를 '보졸레의 햇포도주'라는 의미를 가진 보졸레 누보로 정하여 신선한 맛을 강조했다. 이 전략은 대성공을 거둬 보졸레 누보 바람을 일으키게 된다. 또 한 가지 성공비결로는 상품의 다양화에서 찾을 수 있다. 현대 소비사회에서 트렌드를 선도하려면 상품의 종류가 풍부해야 한다. 그래야 소비자들이 제품에 자기 개성을 투사할 수 있고, 많은 이야기를 만들어낼 수 있다.

보잘것없는 제품을 세계적인 와인으로 만든 것은 제품에 대한 특성을 면밀히 성찰한 후 제품에 걸맞은 훌륭한 브랜드 마케팅을 펼친 결과였다.

제3장

지역브랜드 개발

1. 브랜드는 판촉이 아니라 자산이다

지역브랜드는 지역 자체와 마찬가지로 세세만년 이어져야 한다. 따라서 지역브랜드 개발 시 브랜드유산brand legacy을 최우선으로 고려해야 한다. 올림픽이나 월드컵 개최 후 경기장 활용이 중요한 것처럼 브랜드 개발이 지역에 어떤 유산을 남길 것인지를 가장 먼저 고려해야 한다. 단기적 성과에 급급해서 유산이 없는 브랜드를 개발하는 것은 바람직하지 못하다. 브랜드유산을 경영의 관점에서 말하자면 브랜드자산brand equity이라고 부를 수 있다. 브랜드유산이나 브랜드자산은 지역발전에 대한 장기적 비전을 바탕으로 전개하지 않으면 변경해야 하는 상황에 처하게 된다. 따라서 원대한 비전과 장기적 안목을 가진 브랜드 개발은 브랜드유산을 남길 수 있게 된다.

하지만 현실은 이와 반대로 생산농가의 브랜드에 대한 인식이 단기적인 데 머물고 있다는 한계상황에 커다란 문제가 있다.

대기업도 예전에는 브랜드자산 개념 없이 판촉개념으로 접근하였

구 분	삼 성	LG
프로모션 관점	삼성 전자동 세탁기 삼성 히트 세탁기 삼성 사랑이라는 이름의 세탁기 삼성 손빨래 세탁기 삼성 신바람 세탁기 삼성 카오스 세탁기 삼성 파워드럼 세탁기 삼성 수중강타 세탁기 삼성 디지털 세탁기 삼성 인버터 세탁기	LG OK 세탁기 LG OK 세탁기 – 여유만만 LG 카오스 세탁기 LG 통돌이 세탁기 LG 터보드럼 세탁기 LG 대포물살 – 터보드럼 세탁기 LG 디지털드럼 세탁기 LG 누드 세탁기 – 통돌이 세탁기 LG 인터넷 세탁기 – 터보드럼 LG i-@ble 세탁기
자산관점	하우젠	트롬

다. 그러다가 이러한 전략의 비효율성을 절감하고, 세계적인 브랜드들과의 경쟁 속에서 살아남고 강력한 브랜드를 구축하기 위해서는 브랜드를 자산으로 만들어야 한다는 것을 현장 속에서 깨닫고 전략을 변경하였다.

이처럼 대기업에서는 브랜드로열티가 기업수익 창출의 원천으로 자리 잡고 있는 추세이나, 아직까지 농업인은 브랜드를 자산적 개념이 아닌 단순한 판촉의 개념으로 접근하는 경향이 강하다.

따라서 브랜드화를 단순히 판촉방법으로 보지 말고 브랜드를 자산화하려고 하는 중장기적 자세가 요망된다. 단기적 매출증대보다는 소비자의 마음속에 영원히 남는 브랜드를 만들어낸다는 장기적이고 일관성 있는 전략을 추진해야 한다.

이름만 자산이 되는 것이 아니라 포장디자인 역시 강력한 브랜드자산이 될 수 있다. 포장(包裝) 디자인은 포(包)와 장(裝)의 기능 차원을 넘어서서 3차적 기능으로 브랜드자산으로서의 기능과 역할을 수행해야 한다.

구 분	개 념	내 용
1차적 기능	포(包)	내용물 보호를 통한 신뢰성 확보
2차적 기능	장(裝)	아름다운 디자인을 통한 매력창출
3차적 기능	브랜드(資産)	독특성과 일관성을 통한 브랜드자산

제품패키지 디자인은 단순히 내용물을 보호하거나 아름다운 외관에 그치지 않고 엄청난 가치를 지닌 브랜드자산이 될 수 있다. 브랜드자산이 된 용기디자인의 사례를 살펴보자.

코카콜라 병은 단순히 탄산음료를 담는 용기(容器)가 아니다. 이것은 시사주간지 타임의 표지를 장식하기도 했고 할리우드 유명 영화의 주인공이 되기도 했다. 또한 러시아나 중국 등 사회주의 국가에 들어갈 때의 상징적 가치를 생각해 보면, 미국 혹은 자본주의의 민간외교관 역할을 수행하기도 한다. 더 나아가 코카콜라 병은 현대문명 자체를 의미하는 하나의 아이콘이 되었다.

바나나맛 우유

요구르트

박카스

코카콜라

앱솔루트 보드카

프링글스

국제적인 브랜드 가치 조사기관에 따르면, 세계에서 브랜드 가치가 가장 높은 브랜드는 코카콜라로서 그 가치만 해도 40조 원이 넘는다. 이 가치 가운데 '콘투어 병'이라 불리는 코카콜라 병의 가치가 최소 4조 원이 넘을 것이라는 게 업계의 추산이다. 콘투어 병은 코코넛 모양을 본떠 만든 코카콜라 특유의 병으로 1915년에 만들어진 이후 코카콜라의 상징이 됐다.

1894 1899 1900 1910 1915 1923 1937 1957 1961 1975

가공우유 상품으로는 처음 연 매출 1,000억 원을 넘은 빙그레 '바나나맛 우유'도 용기의 중요성을 실감하였다. 각종 바나나 우유를 컵에 쭉 따라놓고 맛을 구별하라면 할 수 있는 사람이 거의 없다. 그러나 대부분의 소비자들은 수류탄 모양의 용기에 담긴 바나나맛 우유를 가장 맛있고 가장 뛰어난 가공우유로 믿는다.

소비자들에게 바나나 우유를 왜 좋아하는지 물어본 결과, 1위는 바나나 우유의 독특한 용기 모양 때문이었다. 1974년에 출시한 빙그레 '바나나맛 우유'는 1990년대 들어 매출이 늘지 않자, 고민 끝에 다른 모양의 용기에 담은 바나나맛 우유를 출시했다. 결과는 실패였다. 결국 '항아리 모양 용기에 들어 있지 않은 바나나맛 우유는 빙그레 바나나맛 우유가 아니다'라는 사람들의 고정관념을 확인한 셈이었다.

브랜드이름만 확장이 가능한 것이 아니다. 용기도 가능하다. 바나나맛 우유가 아니라 딸기맛 우유도 이 수류탄 용기에 담겨 있으면 신뢰를 받는다.

빙그레의 바나나맛 우유는 가공우유 분야에서 시장점유율 80%를 차지한다. 연 매출이 1,100억 원인데 그 가운데 무려 1,000억 원 정도가 바로 수류탄 용기의 공이라는 게 빙그레 측의 계산이다.

한국에서 마시는 요구르트는 65~80mL의 조그만 용기에 담아 팔리고 있다. 1971년 야쿠르트가 작게 만들어 시장에 내놓은 이후 '요구르트는 작은 용기에 담긴 것'이라는 고정관념을 깰 수 없었기 때문이다. 한국야쿠르트도 브랜드 가치 5,000억 원 가운데 약 1,500억 원 정도를 용기의 몫이라고 계산한다.

동아제약은 박카스의 브랜드 가치를 약 2,000억 원으로 추정하는데 그 가운데 병의 가치만 700~1,200억 원으로 본다.

2. 농특산물 구매 시 중요하게 생각하는 이름

브랜드이름은 브랜드의 인지와 의사소통의 기본이 되는 브랜드의 핵심적 요소이다. 특히 중요한 것은 브랜드이름이 그 브랜드가 무엇이고 무엇을 할 수 있는지에 대한 연상을 일으킬 수 있다는 점이다. 다시 말하면 브랜드이름이 사실상 브랜드개념의 핵심을 형성한다.

꽃
– 김춘수

내가 그의 이름을 불러 주기 전에는
그는 다만
하나의 몸짓에 지나지 않았다.

내가 그의 이름을 불러 주었을 때
그는 나에게로 와서
꽃이 되었다.

내가 그의 이름을 불러준 것처럼
나의 이 빛깔과 향기에 알맞는
누가 나의 이름을 불러다오
그에게로 가서 나도 그의 꽃이 되고 싶다.

우리들은 모두
무엇이 되고 싶다.
나는 너에게 너는 나에게
잊혀지지 않는 하나의 의미가 되고 싶다

좋은 브랜드이름은 브랜드의 자산가치를 높여주는 이름이다. 그런데 농특산물은 그 특성상 지명을 중시할 수밖에 없다. 왜냐하면 산지(원산지)가 제품을 낳은 토대이기 때문이다. 실제조사결과 소비자는 물론 유통업자 모두 다 농특산물이 어디에서 나온 것인지를 가장 중시하는 것을 알 수 있다.

지역의 이름을 활용하는 데 있어서 가장 효과가 큰 분야는 바로 농특산물 분야이다. 왜냐하면 설명적인 이름이나 많은 광고 없이도 고유한 요소만으로 상당한 브랜드 인지도와 선호도를 형성할 수 있기 때문이다. 이때 지역의 기호적 의미를 활용하는 것이 매우 중요하다. 그 지역의 특성이나 이미지가 제품의 특성이나 브랜드가 추구하는 이

〈농특산물 구매 시 중요하게 생각하는 이름〉

소비자		유통업자	
지역명	47.4%	지역명 이용	40.9%
영양성분 강조한 이름	43.5%	영양성분 강조	27.1%
일반적 이름	9.2%	자연이미지 강조	25.4%
		일반적인 것	6.6%

조사 : 이정희, 2001년 7월 소비자 700명, 중도매인과 경매사 500명

미지와 유사하다면 상당히 좋은 이름이 될 수 있다.

보성녹차, 안성마춤, 불가리스, 보졸레 누보Beaujolais Nouveau, 에비앙, 스톨리치나야Stolichinaya 보드카, 버드와이저Budweiser 맥주, 산타페Santa Fe 캔커피 등도 모두 지명을 활용하였다.

브랜드에 지명을 붙이는 몇 가지 유형을 나누어볼 수 있다.

구 분	유 형	사 례
지명 직접표현	지명+제품명	안동사과, 당진쌀, 나주배, 서산6쪽마늘
	지명+성질표시+제품명	음성청결고추, 봉화복수박
	지명+브랜드+제품명	제주삼다수, 임실N피자치즈
	브랜드+지명+제품명	임금님표이천쌀, 대왕님표여주쌀
지명 간접표현	지역 명소활용	일출봉 감자, 달래강 옥수수, 천등산 참깨, 백마강 단무지
	약어 활용	K-멜론

지명을 붙이는 방법은 크게 지역명을 직접 표현하는 방법과 지역의 특성을 나타내는 산이나 강 이름을 붙이는 간접방식으로 나뉜다. 여기서 또다시 상품의 이미지를 쉽게 전달할 수 있는 성질표시이름을 결합하는 경우와 단순히 지역 이름만을 붙이는 경우로 나뉜다.

이 중에서 가장 흔한 작명법은 지역명칭과 제품명칭만을 표시하는 가장 단순한 브랜드 개발 방법이다.

대부분 농특산물 상품이 지역명만 쓰고 있어 소비자들의 구매력을 높이는 데 한계가 있다. 단순히 지역명만을 쓰는 브랜드작명법은 재배지역의 다변화 및 기후변화로 인하여 점차 많은 한계를 노정하고 있다. 생산농가 입장에서 보면 차별된 개념 없이 원산지명 위주로 탄생한 브랜드 난립을 통제할 수 없어 자신의 브랜드 가치를 저하시키는 요인이 되기도 한다. 또한 소비자들은 지명 이외에 구매상품에 대한 보다 자세한 특성 정보를 요구하고 있는 실정이다. 브랜드이름에 제품 속성이나 성질이 반영되지 않아 지속적인 품질관리 및 마케팅에 어려움을 주고 있다.

이에 대한 대안으로 지명+브랜드+제품명의 방식이 선호되고 있다. 임금님표이천쌀은 예전부터 임금님께 진상했던 좋은 쌀 또는 최고의 쌀이라는 이미지를 내포한다. 임실N치즈피자라는 브랜드이름에서 'N'은 Natural(자연)을 의미한다. 임실군 입장에서 보면 한국 최초의 피자생산지라는 지역상징을 포기할 수 없는 상황에서 단순한 지명상표인 '임실치즈'와 차별화하고 인지하기 쉬우며, 상품의 혜택을 살리기 위한 것이었다. 또한 발음 나는 대로 하면 '임실엔 치즈, 임실엔 치즈피자'가 되어 '임실에는 치즈, 임실에는 치즈피자'로 들릴 수 있는 장점이 있다.

지명을 간접활용하는 방법 중 지역명소를 활용하는 경우 스토리텔링을 통해 감성적인 이미지를 전달할 수 있다. 예를 들어 백마강 단무지의 경우, 단순히 부여라는 지명을 넘어서서 백마강과 얽힌 백제이야기로 이끌어갈 수 있다.

'K-멜론'의 경우 K는 Korea로서 대한민국이라는 지역의 총칭을 의미한다. 멜론은 '수입농특산물'이라는 일반적 통념을 깨고 국산과일임을 알려나가기 위해서 만든 이름이다.

3. 맨 땅에서 시작하면 힘이 많이 든다

브랜드구축의 첫 번째 관문은 뭐니 뭐니 해도 브랜드 인지도다. 뭘

하려고 해도 고객들이 알아줘야 할 것 아닌가? 그래서 고객에게 브랜드이름을 알리기 위해 엄청난 돈을 들여서 광고도 하는 것이다.

브랜드이름을 알리는 가장 효과적인 방법은 무엇일까? 그것은 바로 이미 널리 알려진 이름을 가져다 쓰는 것이다. 애플컴퓨터의 이름을 보라. 애플Apple 즉 사과라는 이름을 모르는 사람이 있겠는가? 남들이 MITS 앨테어 8800, Commodore pet, IMSAI 8080, Radio Shack TRS-80 등의 이름을 컴퓨터 브랜드로 사용할 때, 스티브 잡스는 현명하게도 '사과'라는 이름을 가져다 붙였다. 업계는 물론 세상으로부터 큰 관심을 끈 것은 당연한 일이다. 이것을 소위 '너훈아 전략'이라 이름붙일 수 있겠다. 세상에 아주 널리 알려져 있는 브랜드 '나훈아'를 가져다 자기의 브랜드로 활용함으로써 일거에 브랜드 인지도를 확 끌어올리는 마케팅 전략이라 할 수 있다.

국내에서 성공한 농특산물브랜드만 보더라도 이러한 전략의 효율성은 입증된다. 안성마춤, 임금님표이천쌀, 제주삼다수, 제주한라봉, K-멜론 등은 모두 여기에 해당한다. 안성마춤 브랜드는 이미 수백 년 전부터 명성을 날린 유명한 이름이다. 안성시는 지역 농특산물 공동브랜드이름으로 단지 이것을 그대로 채택하여 사용했을 뿐이다.

지역적 특색을 살린 브랜드의 대표적 사례인 '임금님표이천쌀'도 마찬가지다. 임금님표이천쌀의 브랜드파워는 맨 땅에서 시작한 게 아니다. 이미 조선시대부터 임금님 진상미로 명성을 떨친 이천쌀의 강력한 스토리텔링이 있었기 때문에 가능한 일이었다.

제주삼다수의 경우에도 세계적인 브랜드를 키워 나가기 위해서는 국내외에 잘 알려진 제주의 이미지를 활용하는 것이 소비자 인지도를 높일 수 있었던 요인이다. 특히 외국 수출의 경우 제주의 이미지가 유리하며 삼다수라는 이미지를 마케팅이나 광고 측면에서 적절히 사용하면 효과를 높일 수 있다는 제주지방공사의 판단에 따라 제주삼다수로 결정됐다. 브랜드 개발 배경 및 목표를 만들고 네이밍, 로고마크, 라벨 디자인 개발, 광고기획 및 광고물 개발, 소비자 기억이 용이하고 친숙한 제주도민만의 특색을 표현했다. 또 청정 제주 자연이 만들어내는 화산암반수라는 제품 포지셔닝을 통해 플라스틱 및 수지재질로 용기 전체가 투명한 제주삼다수를 개발했다.

제주삼다수로 인해 제주도의 청정이미지를 부각시키는 효과는 물론 제주도 자체를 홍보하는 역할로까지 이어졌고 새로운 부가가치를 창출하고 있는 지자체 특산물의 효자 브랜드로 자리매김하고 있다. 또한 연간 5만여 명에 달하는 관광객이 제주삼다수 공장을 방문, 견학함으로써 새로운 관광명소로 떠오르고 있다는 사실은 고무할 만한 일이다.

브랜드의 소비자 반응, 독창성, 우수성 등이 입증됐고 제주지역의 청정한 환경조건과 한라산 지하 420m에서 뽑아 올린 약알칼리성 화산 암반지하수로 부드럽고 맛이 좋아 국내외 어느 유명 샘물보다도 뛰어난 품질을 인정받음으로써 국내 먹는 샘물시장PET 부문에서 부동의 1위 브랜드로서의 위치를 확고히 하고 있다.

제주산 고급 감귤 품종인 '한라봉'은 처음 일본에서 들여왔을 때 '부지화'나 일본어인 '데코봉'으로 불렸으나 제주 오름 이름을 딴 '삼배봉' '월라봉' 등 '쟁쟁한' 후보들을 제치고 뽑혔다. 한라봉 머리가 위로 솟은 모습이 한라산 백록담을 닮기도 했거니와, 제주도 하면 한라산이라는 기존의 명성을 그대로 활용함으로써, 브랜드 인지도 제고에 돈을 쓸 필요가 거의 없었다. 왜냐하면 한라산을 모르는 한국인은 거의 없기 때문이다.

멜론하면 망고나 바나나처럼 외국과일로 생각하기 쉽다. 이름부터 멜론melon이라는 외국어이니 더욱 그렇다. 한국 소비자들의 멜론에 대한 이미지는 '수입농특산물이다', '맛에 비해 가격이 비싸다'라는 이미지가 강한 편이다. 그런데 망고나 바나나와는 다르게 멜론은 국내에서 생산되는 국산과일이다. '우리나라 농특산물이네. 생각보다 그렇게 비싸지 않네'라는 이미지를 만들어가야만 국내에서 생산된 멜론의 판로가 활성화될 수 있다.

이를 위해서 브랜드이름을 'K-멜론'이라 하였다. 여기서 K는 무엇보다도 Korea를 의미한다. 이 밖에 으뜸King of melon, 달콤함Kiss의 의미도 내포하고 있다.

일단 당면한 문제해결의 관점에서 볼 때, K-멜론은 상당히 성공하였다고 말할 수 있다. 하지만 브랜드이름은 인간, 시간, 공간의 관점에서 전략적으로 접근해야 한다. 인간적인 관점에서는 타깃고객의 범위(성별, 연령, 라이프스타일 등)를 어디까지로 결정할 것인지, 공간적 관점에서는 지리적인 범위(지역, 수출국가, 전 세계 등)를 어디까지로 결정할 것인지, 시간적 관점에서는 유효기간의 범위(단기, 중기, 장기, 영원)를 어디까지로 결정할 것인지 정해야 한다. 이 중에서 시간적 범위는 최소한 30년 이상의 장기적 관점에서 접근하는 것이 바람직하다. 하지만 K-멜론은 국내는 물론 세계적으로도 등록상표로서 지적재산권을 행사할 수 없는 이름이다. 이 점에서 뉴질랜드의 '제스프리'나 미국의 '선키스트' 같은 세계적 농특산물브랜드와 다르다.

이와 같이 맨 땅에서 시작하면 브랜드파워를 높이기 위해서 많은 힘을 들여야 하고, 이미 유명한 것을 활용하면 힘을 들이지 않고도 힘을 높일 수 있다. 맨 땅에서 시작하면 힘이 많이 든다. 이러한 사고방식은 광고홍보예산이 크게 제한된 지자체에서 적극 활용해야 할 브랜드전략임을 명심하자.

4. 전략적 3C를 고려한 브랜드

강력한 브랜드가 되기 위해서는 전략적 3C(경쟁차별성, 고객관련성, 기업적합성)를 동시에 고려하여 다음과 같은 네 가지 핵심기준을 설정할 수 있다.

구 분		핵심기준	
전략적 3C	경쟁(Competition)	차별성(Differentiation)	기억용이성 (Memorability)
	기업(Company)	적합성(Fitness) / 확장성(Flexibility)	
	고객(Consumer)	관련성(Relevance)	
제품범주(Category)			

출처 : 김형남(2010), 전략적 브랜드관리 매뉴얼.

차별성Differentiation, 고객 및 사업 관련성relevance, 기억용이성memorability, 그리고 확장성flexibility의 머리글자를 따서 '도레미파'라고 부른다.

첫째, 차별성Differentiation 기준이다. 이름을 선택할 때는 먼저 경쟁자의 제품을 연상시키는 것은 아닌지를 확인하는 것이 중요하다. 법적인 문제는 말할 것도 없거니와 마케팅 측면에서도 매우 중요하다. 왜냐하면 제품의 이름이 오히려 경쟁제품의 매출을 증가시켜 줄 수 있기 때문이다. 소비자들은 어떤 이름을 모방상표로 생각하게 될 때 모방상표에 대해서는 한 차원 낮은 것으로 인식하게 되고 모방의 원천이 된 상표를 매우 좋은 제품으로 여기게 된다.

둘째, 고객 및 사업 관련성relevance 기준이다. 최고의 네이밍은 특정 카테고리를 장악하는 것이다. 브랜드 네임의 완성은 카테고리의 점령이다. 브랜드명은 제품의 종류를 연상시키는 데 중요한 역할을 할 수 있고, 이러한 연상효과가 뛰어난 브랜드명은 소비자의 인지와 기억에도 유리하다. 사용자User에 대한 명확한 표현은 마케팅 전략에서 매우 중요하다. 쩸제미, 아가방, Capteen, 2030카드, 여우통장 등 이름만 들어도 타깃이 누구인지 알 수 있도록 고객관련성 높은 이름을 개발한다.

셋째, 확장성flexibility 기준이다. 21세기 들어서 산업 간의 경계가 무너지고 융합화가 트렌드이기 때문에 기업브랜드네이밍이 경우에는 더욱 더 확장성이 중요해진다. 만일 네임이 주는 의미 또는 연상이 제한적인 경우 브랜드 확장이 어려울 수 있기 때문이다.

마지막으로 넷째, 기억용이성memorability 기준이다. 브랜드 마케팅은 결국 기억의 게임이다. 소비자들은 어떤 영역에 대해 약간의 경험과 지식만 있어도 자신이 옳다고 생각한다. 자신이 잘못 생각하고 있다는 사실을 인정하는 경우란 거의 없다. 적어도 자기 마음속에서만큼은 그렇다. 결국 마케팅은 제품의 싸움이 아니라 인식의 싸움인 것이다. 인식의 결과는 기억이므로 기억이 브랜드 마케팅의 핵심변수가 된다.

기억과 정체성의 관계에 대해서 두 편의 영화를 보도록 하자. "유바바는 이름을 빼앗아 지배하는 마녀야. 하지만 네 진짜 이름을 잊어버리면 안 돼. 진짜 이름을 잊어버리면 돌아가는 길을 찾을 수가 없게 되니까." 일본 미야자키 하야오 감독의 애니메이션 '센과 치히로의 행

방불명'에서 하쿠가 치히로에게 한 말이다.

영화제목에 나오는 센과 치히로는 두 명이 아니라 동일인이다. 마녀 유바바는 치히로의 이름을 빼앗고 센이라는 새 이름을 부여한다. 센이 치히로라는 본명을 기억하지 못하는 한 유바바의 지배에서 벗어날 수 없다. 또 하쿠는 자신의 이름을 기억하지 못해 유바바의 하수인으로 살았지만, 그를 사랑하게 된 치히로가 이름을 불러주자 자신을 되찾는다.

미국 크리스토퍼 놀란 감독의 '메멘토'에서 단기기억상실증short-term memory loss에 걸린 주인공 레너드는 끊임없이 자기 정체성을 의심할 수밖에 없는 존재이다. 10분마다 기억을 상실해 버리므로, 중요한 자료는 몸에 문신을 한다. 그에게 자기 존재를 확인할 수 있는 방법은 기억을 대신할 사진과 메모, 문신들뿐이다.

레너드는 그래야 잊지 않기 때문이다. 그의 손목에는 '새미를 기억하라'는 문신이 새겨져 있다. 새미에 관한 기억에서 레너드는 자신의 과거를 생생하게 되살린다. 자기 정체성을 확인하고, 자기를 정당화시키기 위한 조작이 일어난다. 만약 그 자료들이 왜곡된 것이라면 그 자신 또한 스스로 왜곡한 존재가 될 것이다.

두 편의 영화에서 말하고자 하는 것은 '나는 기억한다, 고로 존재한다'이다. 인간은 기억하는 만큼 보이고 느끼고 생각하고 상상한다. 기억은 자신의 정체성이며 존재 그 자체이다. 나는 곧 기억이고, 기억이 곧 나다. 기억은 자기 정체성의 확인에 필수적인 요소다. 기억하지 못한다면 자신이 누구인지, 남과 어떻게 다른지 알 길이 없다. 그러나 기억되는 내용이 자신도 모르게 취사선택된다는 점에서 왜곡이 불가피하기 때문에 기억은 종종 인간관계와 소통을 왜곡하는 장애물이 되기도 한다. 인간은 모든 것을 기억하지는 못한다. 자기에게 중요한 것은 기억하고, 불리한 것 혹은 불필요한 것은 상실하며 살아간다. 이것이 시간적 존재인 인간의 운명이다. 물론 여기에서 존재한다는 것은 생물적인 생존이 아니라 주체적 인간으로서 정체성을 지님을 뜻한다.

지역 및 주민의 정서를 외면한 외래어 남용은 농특산물브랜드에서 실패의 지름길이다. 서울 성동구는 자체 브랜드인 '소레인Sorain'을 개발했지만, 1년도 안 돼 폐기하는 바람에 브랜드 개발비와 상품구입비 등 총 4억 9,500만 원만 날렸다. 성동구는 구청 1층에 10평 규모의 전시관을 마련, 패션 · 생활용품에 소레인 상표를 부착했다. 지역제조업체와 손잡고 넥타이 · 스카프 · 지갑 · 핸드백 · 찻잔 · 우산 등 26개 품목, 61종을 판매했다. 하지만 가격정책과 마케팅 전략의 실패로 판매가 지지부진하자 문을 연 지 10개월여 만에 폐업했다. 사업개시 후 폐업하기 전까지의 판매실적은 4,000여 만 원. 한 달에 400만 원 정도의 수익을 올린 셈이다. 그나마 판매액의 상당부분은 구청직원들이 구매한 것으로 알려졌다. 일반시민, 지역주민으로부터 철저하게 외면당한 이유에는 여러 가지가 있겠지만, 소통의 최일선에 있는 브랜드이름이 전혀 먹혀들지 않았기 때문이다.

국적불명의 무분별한 외래어 사용은 지역주민의 공감을 얻는 데 실패하기 쉬우며 브랜드 가치를 높이지 못한다는 것을 보여준다. 지방자치단체가 수익사업을 위해 지역브랜드를 개발했다가 오히려 막대한 손해를 입은 경우에 해당하는 이런 사례는 전국적으로 비일비재하다. 충남 서천의 'Amenity Seochon'과 같은 지역브랜드의 경우 무슨 의미인지조차 파악하기 힘든 어려운 단어를 사용했으니 소통에 성공할 수 없는 것은 너무도 당연하다 하겠다.

지명 이외에 정서적으로 한국인에게 친숙하며 부르기 좋은 이름을 붙여 소비자의 호감을 끄는 브랜드들도 많다. 예를 들어 맑은 청, 이맑은 김치, 동구밖 참외, 온누리 햇쌀, 메뚜기표 청결미 등의 브랜드를 붙이고 있다. 메뚜기표 청결미는 철원지역의 청정성과 환경보전형 농업에 의해 생산된 쌀이라는 이미지를 나타내고 있다.

농특산물에서 많이 사용되는 키워드를 분석해 보면 다음과 같다.

키워드	빈도	키워드	빈도	키워드	빈도	키워드	빈도
청결	26	마을	11	골드	7	들	6
참	24	나라	9	뜰	7	땅	6
맑은	21	빛	9	일품	7	산	6
맛	18	아침	9	찬	7	생명	6
황토	18	우리	9	촌	7	이슬	6
해	17	햇살	9	푸른	7	자연	6
황금	14	고향	8	햇	7	그린	5
청정	13	으뜸	8	가을	6	사랑	5
하늘	12	좋은	8	골	6	토종	5
고을	11	고장	7	드림	6	향기	5

그렇다면 굿뜨래 같은 성공사례는 어떻게 설명할 수 있을까? 굿뜨래는 영어의 'Good'+우리말의 '뜰에'를 합성한 브랜드이름이다. 굿good과 같은 영어단어는 초등학생도 다 알 정도의 단어인데다 일상생활에서도 아주 빈번하게 사용하는 말이다. 이러한 경우에는 위에서 지적한 Sorain이나 Amenity와 같은 어려운 단어와 달리 생활단어로서 차원이 다르다. 거기에 우리말과 결합하여 한국적 정서를 높였다는 점을 고려할 필요가 있다.

5. 원석을 찾아 보석으로 가공하라

원석을 찾기 위해서는 먼저 광맥을 발견해야 한다. 광맥을 발견하기 위해서는 기업의 생산과정이나 소비자의 구매과정과 같이 일련의 흐름 속에서 파악하는 것이 효과적이다. 마케팅의 기본인 시장세분화의 틀로부터 브랜드네이밍에 접근한다. 시장세분화Segmentation → 타기팅Targeting → 포지셔닝Positioning의 흐름 속에서 포지셔닝을 확고히 할 수 있는 브랜드명을 개발하게 된다. 이와 같이 세분화된 포지셔닝 콘셉트를 담고 있는 브랜드이름은 적어도 그 시장 안에서만큼은 매우 강력하다.

브랜드네이밍은 브랜드정체성을 밝히는 과업이기도 하므로, 소비자 측면뿐만 아니라 공급자 측면에서의 육하원칙도 고려해야 한다.

구 분	공급자(생산 측면)	소비자(소비 측면)
누가	누가 만든 거다	누가 쓰는 거다
언제	언제 만든 거다	언제 쓰는 거다
어디서	어디서 만든 거다	어디서 쓰는 거다
무엇을	무엇으로 만든 거다	무엇으로 쓰는 거다
어떻게	어떻게 만든 거다	어떻게 쓰는 거다
왜	왜 만든 거다	왜 쓰는 거다

출처 : 김형남(2010), 전략적 브랜드관리 매뉴얼.

먼저 생산과정에서의 광맥을 살펴보자. 소비자가 제품을 가장 쉽게 이해하는 방법은 제품의 성질을 그대로 기술하는 것이다. 그러나 상표법에서는 "그 상품의 산지(産地) · 품질 · 원재료 · 효능 · 용도 · 수량 · 형상(포장의 형상을 포함) · 가격 · 생산방법 · 가공방법 · 사용방법 또는 시기를 보통으로 사용하는 방법으로 표시한 표장만으로 된 상표는 상품의 식별력이 없는 상표로 등록되지 않는다"고 규정하고 있다. 하지만 그것을 약간 변형하거나 조합하게 되면 성질표시를 살리면서도 상표등록이 가능한 이름을 개발할 수 있게 된다. 예를 들어 '살로만든'이라는 이름은 햄제품의 전형적인 성질표시에 해당한다. 하지만 '살로우만'이라는 이름은 그 성질은 살리면서도 식별성을 갖춘 브랜드가 된다.

구 분	공급자(생산 측면)	사 례
누가	누가 만든 거다(제조자)	학사농장, 참진이슬로(眞露), 산소주(斗山), 강성원 우유, 제주삼다수, K-멜론
언제	언제 만든 거다(시기)	햇반, 보졸레 누보, 1865, 아침마루, 햇사레, Sunkist
어디서	어디서 만든 거다(산지)	횡성한우, 나주배, 보성녹차, 하늘아래첫동네, 뜨라네
무엇을	무엇으로 만든 거다(원료, 성분)	코카콜라(코카잎, 콜라열매), 살로우만, 새우깡, 양파링, 아스파(아스파라긴산), 무파마(무+파+마늘), 초록매실, 헬씨올리고(올리고당), 쌕쌕오렌지(Sac과립), V-8, 17차, 한방딸기, 황토수박
	무슨 모양이다(형상)	꼬마김치, 꼬깔콘, 네모난 물, 꿀꽈배기, 꿈틀이, 스크류바, 초록매실, 빨개면, 워터젤리
	무슨 성질이다(소리, 맛, 향)	사각사각배
어떻게	어떻게 만든 거다(생산 및 가공방법)	참나무통 맑은소주, 수타면, 갈아만든 배, 햇살담은 조림간장
왜	왜 만든 거다(효능)	아름찬, 헬리코박터 프로젝트 윌

출처 : 김형남(2010), 전략적 브랜드관리 매뉴얼.

이번에는 소비과정에서의 광맥을 찾아보자.

구 분	소비자(소비 측면)	사 례
누가	누가 쓰는 거다	임금님표, 주부9단, 모드니에, 앙팡
언제	언제 쓰는 거다	아침에 주스, 2% 부족할 때, 하루야채, Timeless Time담배, 겨울 이야기, 입맞춤
어디서	어디서 쓰는 거다	노래방 새우깡, 장에는 GG, 바크로비
무엇을	무엇으로 쓰는 거다	팡이제로(곰팡이제로), 노비드(No+비듬), 살사라진
어떻게	어떻게 쓰는 거다	껍질째 먹는 안심사과, 한스푼, 하나로 샴푸, 오뚜기 3분요리
왜	왜 쓰는 거다	안성마춤, 행복두배, 싱글벙글, 케토톱(캐내십시오), 백세주, 컨디션, 시린메드 치약, 안타민

출처 : 김형남(2010), 전략적 브랜드관리 매뉴얼.

광맥찾기를 통해 원석을 찾아냈으면 이제는 보석으로 반짝반짝하게 갈고 다듬어야 한다. 브랜드네이밍은 사실 그렇게 어려운 일이 아니다. 누구나 쉽게 작명할 수 있다. 기법 자체도 더하고 빼기 식으로 단순하기 때문이다. 원석을 보석으로 가공하는 방법은 다음과 같다.

구 분		내 용
4칙	4칙연산 기법	더하기, 빼기, 곱하기, 나누기 등 가장 기본적인 가공기법
5감	청각화 기법	소리를 활용한 기법
	시각화 기법	형태와 색상을 활용한 기법
3간	의인화 기법	의인화(인간)하여 관계성을 극대화하는 기법
	시공간 기법	시간과 지리적 공간을 활용하는 기법
문/비문	수사학 기법	설득에 관한 화술을 응용하는 기법
	기호숫자 활용	문자가 아닌 기호나 숫자를 활용하는 기법
파격	역발상 기법	일반상식을 뒤집어 파격적으로 접근하는 기법

출처 : 김형남(2010), 전략적 브랜드관리 매뉴얼.

4칙연산 중 더하기 기법은 비교적 이해하기 쉽기 때문에 브랜드효익을 전달하는 데 효과적이며, 가장 손쉬운 결합방식이기 때문에 많이 활용된다. 하지만 상표등록의 문제가 많이 발생하므로 변형을 요구하는 경우가 많다.

빼기 기법은 뒷말을 생략하여 발음용이성과 시각적 독특성을 추구하는 방식이다. 단순히 생략만 하는 경우도 있지만 대부분 뒷부분의 변형을 시도하는 경우가 많다. 브랜드콘셉트를 표현하는 키워드를 원

구 분	항 목	사 례
4칙연산 기법	더하기	청해진미(청해진+미), 다이어트라, 청정원, 풀무원, 바다원, 살로우만
	빼기	팡이제로(곰팡이제로), 강호박(건강호박)
	곱하기	봉봉, 쌕쌕, 바로바로
	나누기	짜파게티(짜장+스파게티), 라우동(라면+우동)
청각화 기법	소리, 음향	사각사각배
시각화 기법	색상, 모양	황금들녘, 하늘그린, Blue Diamond
의인화 기법	인명	파스퇴르 우유, 강성원 우유
	의인화	닥터유(Dr.You), 미스터피자(Mr.Pizza), 꽃을 든 남자
시공간 기법	시간	2% 부족할 때, 아침에 굿모닝
	지명	보성녹차, 안성맞춤, 불가리스, 보졸레 누보, 파리바게뜨
	공간	자연의 왕국
수사학 기법	이야기	맑은물 이야기, 꽃을 든 남자, 2% 부족할 때, 갈아만든 사과, 미녀는 석류를 좋아해, 햇살담은 조림간장
	Pun	아침햇살(쌀), 기린아, 홍의장군, 한우백년, 토종비결, 종로복떡방, 도드람, 마니커
기호숫자 활용	기호	꿈&들
	숫자	2080치약, V8, 1876
역발상 기법	내용	Poison(毒 향수), Opium(아편 향수), Dead(담배), Charlie(남자이름의 여성향수), 놀부(한정식)
	형식	Olleh(Hello)

출처 : 김형남(2010), 전략적 브랜드관리 매뉴얼.

형에 가깝게 살리면서 어감만의 변화를 꾀하기 때문에 콘셉트 전달에 매우 효과적이다.

곱하기 기법은 서로 동일한 두 개 이상의 단어를 결합하거나 변형 결합하는 기법을 말한다. 주로 단어에 변칙적인 지수를 곱하거나 반복을 통해 리듬감을 주게 된다.

나누기 기법은 두 개 이상의 단어를 결합하면서 사족을 생략하는 기법이다. 오버랩 기법으로서 두 개 이상의 단어를 결합할 때, 앞단어의 뒷부분과 뒷단어의 앞부분에 공통성이 있어서 이것을 서로 겹치기 하여 새로운 신조어를 개발하는 방식이다.

청각화 기법이란 소리를 활용하여 변형하거나 연결하는 기법을 말하며 시각화 기법은 색상이나 모양 등을 활용한 시각화를 통해 기억용이성을 높일 수 있다. 의미보다는 시각적 효과에 초점을 둔다.

의인화기법은 상품을 의인화하여 소비자에게 친밀감을 줄 수 있는 효과적인 기법이다. 캐릭터화를 통하여 시각적 임팩트를 덧붙일 수도 있다. 지명을 활용한 작명법은 지역의 특성이나 이미지가 제품의 특성이나 브랜드가 추구하는 이미지와 유사하다면 상당히 좋은 이름으로 가장 효과가 큰 분야는 바로 농산물 분야이다.

현대의 수사학은 문장법에 가까운 의미로 쓰인다. 수사학의 중요 분야는 직유, 은유, 환유, 활유, 과장, 돈호, 대조, 점층, 반복, 도치, 반어, 완곡, 수사의문, 영탄법 등이 있다. 수사학 기법은 제품의 특성과 속성을 구문이나 문장 식으로 길게 표현하는 기법으로 소비자들이 제품의 특성 및 속성을 쉽게 인지할 수 있도록 하는 기법이다.

기호숫자 활용은 문자 이외의 숫자, 기호, 기타 부호 등을 사용하여 독특한 호기심을 유발하여 기억용이성을 높이는 기법으로 주로 젊은

층을 타깃으로 한다. 또한 숫자는 과학적인 연구성과를 연상시키므로 전문브랜드의 이미지 구축에 용이하다.

역발상 기법은 통상적으로 사용되거나 인식되고 있는 고정관념을 뒤집어 정반대의 관점에서 이름을 짓는 방식이다. 이러한 기법은 사회로부터 커다란 사회적 화제를 불러일으킴으로써 순식간에 전국적인 인지도를 획득할 수 있는 좋은 기회이기도 하다. 예를 들어 크리스찬 디올의 향수 쁘와종(Poison)은 프랑스의 수많은 사회단체들로부터 거친 항의를 받기도 하였지만 오히려 매출은 증가하였다. 그러나 역발상이 지나쳐 소비자들이 역겨울 정도의 반응을 보인다면 심각한 타격을 입을 수 있다는 점에서 매우 조심해서 사용해야 한다.

6. 껍데기도 알맹이만큼 중요하다

일찍이 시인 신동엽은 '껍데기는 가라'고 외쳤다. 실제로 대다수 농부들은 알맹이를 중요시하지 껍데기는 포장일 뿐이라고 무시하기 십상이다.

하지만 현대 감성사회는 껍데기가 알맹이만큼 중요한 시대다. 이는 비단 공산품뿐만 아니라 농특산물도 마찬가지다. 대형 유통점과 셀프 서비스가 범람하는 오늘날에는 눈에 잘 띄고, 호기심을 유발하는가와 같이 결국 구매의욕을 증진시킬 수 있는 포장디자인의 역할이 강조되고 있다. 왜 포장이 내용물만큼 중요해졌는지, 포장 시에는 무엇이 전략적으로 중요한지, 고려해야 할 요소들은 무엇인지를 파악하여 고객을 사로잡는 농특산물 포장디자인 전략을 펼쳐야 한다.

농업은 1차산업이다? 우리는 별 의심 없이 학교에서 배운 대로 그것이 진리인 양 받아들이고 있고 현재도 학교에서는 그렇게 가르치고 있다. 1차산업이란 수렵, 어로, 채취 등을 말한다. 즉 산에서 멧돼지를 잡고, 물가에서 물고기를 잡고, 나무에 열린 열매를 따는 것인데, 멧돼지나 물고기나 열매는 농부가 노력해서 키운 것이 아니라 저절로 생긴 것을 말한다. 만약 이러한 1차산업적 특징이 농업의 본질이라면, 땅이 크면 클수록 농업강국이 될 것이다. 그러나 세계 최고의 농업강국인 네덜란드의 땅은 남한보다도 작지 않은가? 과연 현대 농업이 그러한가? 현대 농업은 '1차+2차+3차 산업 = 6차산업'이다. 농경사회에서의 농업과 산업사회에서의 농업, 그리고 지식정보화사회에서의 농업, 그리고 감성사회에서의 농업은 본질적으로 다르다. 농경사회에서는 알맹이가 99% 중요했다면 지식정보화사회에서는 껍데기가 30% 이상, 감성사회에서는 50% 이상 중요해진 것이다. 인간의 감성을 만족시켜주는 관념 기능(미적가치)이 풍부한 제품들이 사회가 발전할수록 소비자가 선호하는 상품이 된다는 것은 이미 잘 알려진 사항이다. 이러한 감성 기능이 바로 디자인의 상품화인데 특히 포장디자인은 별다른 투자나 시간이 소요되지 않는 효과적인 방안 중에서 가장 강력한 도구가 되고 있다.

1870년만 해도 오트밀은 말과 스코틀랜드의 방랑자들이 먹는 음식이었다. 하지만 1890년에는 진미이자 영양식 · 맛있는 간식으로 자리잡았다. 변화의 비밀은 무엇일까? 그것은 바로 포장이었다. 더 정확하게 말하면 퀘이커오츠Quaker Oats의 둥글고 편리한 용기가 오트밀에 대한 인식을 완전히 바꾼 것이다.

토마스 하인Thomas Hine의 『토털 패키지The Total Package』라는 책에서 "포

包	감싸다		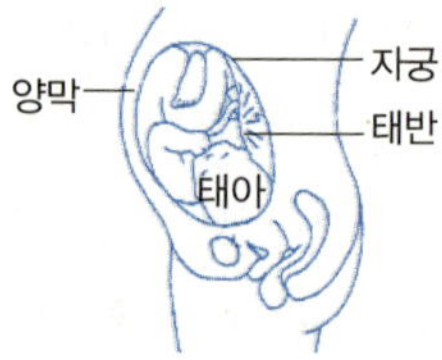
裝	모두 갖추다, 꾸미다, 옷을 차려 입다(女 화장, 미장).		

장은 개성을 지녔다. 포장은 신뢰를 낳고 상상력을 불러일으키며 상품을 날개 돋친 듯이 팔리게 만든다"고 주장하였다. 토마스 하인이 인용한 연구 결과를 보면 "소비자는 상점을 돌아다니는 1,800초 동안 3만 개의 품목을 살핀다. 디자이너가 고객에게 깊은 인상을 남길 시간은 0.6초밖에 안 된다"고 한다.

포장디자인이란 무엇인가? 포장(包裝)은 포(包)와 장(裝)의 합성어이다. 포(包)는 산모가 태아를 품고 있는 모습을 형상화한 문자이고 장(裝)이란 옷을 갖추어 꾸미는 것을 의미한다. 따라서 포장(包裝)이란 물건을 감싸고 보호하며(包) 그것의 모양새가 아름답도록 치장(裝)한다는 뜻이다.

포장디자인은 상품의 파손과 오손을 막고 운반, 보관, 소비의 편의를 제공하기 위해서 고안된 1차 기능부터 구매자와 직접 커뮤니케이션하는 최후의 미디어, 침묵의 판매원 역할을 하는 2차적 기능을 지니고 있다. 사회가 발전하면서 1차적 기능보다 2차적 기능이 더욱 중요해짐에 따라 미국에서는 포장산업이 자동차산업에 다음가는 거대한 산업으로 발전되어 가고 있다. 포장디자인은 브랜드, 디자인, 마케팅, R&D 등 네 가지가 복합적으로 어우러진 매우 강력한 판매무기이다.

1) 포장의 3요소

(1) 보호성

① 내용물에 따라 다양한 방법으로 제품의 생산부터 운반, 사용, 폐기되는 단계까지 제품을 비, 충격, 곤충, 미생물 등으로부터 보호해 주기 위해 제품의 화학적 · 생물적 · 물리적 성격을 파악하여 보호하는 기능을 말한다.

② 고려사항 : 제품의 특성, 운반수단, 수송조건, 운반환경, 보관기간과 방법, 취급조건 등

(2) 편리성

① 오늘날에는 판매촉진을 위해 편리한 포장, 내용물을 쉽게 끄집어낼 수 있는 포장 등이 판매상의 강조점이 되어 포장의 편리성이 중시되고 있다.

② 포장의 편리성은 소비자, 생산자 측면의 편리성으로 나눌 수 있다. 소비자 입장에서는 포장을 쉽게 개봉하고 보관성을 좋게 하며 사용하기 편리한 단위로 포장하는 것이 편리성이고, 생산자 입장에서는 상품의 포장을 신속 · 간편하게 하고, 수송 · 보관 · 하역 시에는 효율적으로 이동할 수 있게 하는 운송성 측면의 편리성이 생산자 입장의 편리성이다. 하지만 요즘 같은 때에는 소비자 입장에서의 편리성이 더욱 중요하다고 할 수 있다.

③ 고려사항 : 형태, 시간, 장소, 취급, 준비, 선택, 분류 등

(3) 심미성

① 제품의 상품성에 있어서 적절한 디자인은 가장 경제적이고 효과

적일 수 있지만 감성적인 만족을 갈구하는 현대사회에서는 시각적으로 다양한 조화를 이루어 제품의 특성을 강조하여 구매욕구를 자극해야 한다.

② 시각적인 요소들을 통해서 제품의 속성을 강조하고, 제품의 개성을 상징화할 수 있어야 하며, 독특한 색상의 제품을 보고, 계속 사용하면서 소비자의 잔상에 오래 남는 기능이 있어야 한다.

③ 고려사항 : 이미지 차별화, 내용물의 정보전달(생산이력서), 가치전달, 구매욕구자극 등

2) 포장디자인의 유형분류 : 심미성과 편리성에 따른 분류

구 분		심미성	
		High	Low
편리성	High		
	Low		

(1) 심미성 高, 편리성 低

① 상품 자체를 패키지로 만든 수박

② 대포장 내에 소포장용으로 한 번 더 분류 포장한 마늘

③ 명절 등에 심미적 목적을 위해 종이 등으로 장식한 과일

④ 싱싱함을 소비자에게 전달하기 위해 일부러 잎사귀를 하나씩 남기고 수확한 한라봉

(2) 심미성 高, 편리성 高

① 씻지 않고 밥을 지을 수 있으며 캔을 따로 디자인하여 담아 보관

성을 높인 쌀

② 당도를 표시하고, 즉석에서 체크할 수 있도록 당도체크기계를 설치한 과일

③ 필요한 정도씩만 살 수 있고, 깔끔하게 담기도록 디자인한 선물상자(과일, 고기와 생선)

④ 얼른 홍시를 먹고 이동하기 편하도록 전용 캔에 따로 담은 얼린 홍시

⑤ 한약이나 음료수 상자처럼 들고 이동하기 편하고, 선물용으로도 알맞은 디자인의 상자에 담긴 쌀

(3) 심미성 低, 편리성 低

① 비록 끈으로 묶여 있기는 하지만 들고 가기 불편하고 진열 시에도 용이하지 않으며, 심미적으로도 보기 좋지 않은 형식의 배추와 마늘

(4) 심미성 低, 편리성 高

① 커피믹스처럼 한 번에 필요한 양만큼 적게 쓰고 처리하기도 편하게 만든 고춧가루

② 성장 시부터 포장하기 편하게 만든 인큐베이터 호박

③ 필요한 만큼만 사서 씻지 않고 먹을 수 있도록 만든 야채

④ 손잡이가 달린 상자에 간편하게 담을 수 있도록 한 고구마

3) 좋은 포장디자인의 전략과 전술

(1) 고객의 관점

① 포장의 디자인에 대한 소비자의 반응테스트는 사전에 실시할 것

② 보는 사람(고객)의 관심과 주의를 끌 수 있는 색채를 계획할 것

③ 식료품의 포장은 청결하게 해서 식욕을 돋우게 할 것

④ 개봉 또는 재포장이 용이할 것, 포장 후 처리나 재이용이 간단할 것

(2) 기업의 관점

① 기업이미지와 부합되게 할 것

② 브랜드자산의 관점에서 장기적으로 일관성을 유지할 것

③ 제품의 특성을 모양Shape / 재질 등에 의해서 충분히 강조할 것

④ 제품의 특징을 색채Color에 의해서 강조할 것

⑤ 모양Shape / 재질과 색채는 아름답고 매력적으로 할 것

⑥ 획기적 포장디자인의 경우 반드시 특허청에 특허 및 의장등록을 할 것

(3) 경쟁의 관점

① 무조건 울긋불긋하게 하지 말 것

② 경쟁상품과 명확하게 차별화되는 색채와 디자인을 고안할 것

다시 한 번 강조하지만, 농업은 1차산업이 아니라 6차산업이다. 특히 현대 자본주의 감성사회에서 농부가 돈을 벌기 위해서는, 즉 고객이 농특산물을 구매해 주기 위해서는 시장market의 욕구와 취향을 빠르게 파악하고 이에 맞추어야 한다. 특히 농특산물 구매의 대부분을 차지하는 여성 그리고 어린이들의 욕구에 초점을 맞추어 포장디자인을 개발하는 것만이 사랑받는 길이 될 것이다.

7. 상표등록의 원칙

상표법 제1조에는 "이 법은 상표를 보호함으로써 상표사용자의 업무상의 신용유지를 도모하여 산업발전에 이바지함과 아울러 수요자의 이익을 보호함을 목적으로 한다"고 명시되어 있다. 상표법에 의한 보호를 받기 위해서는 특허청에 상표를 등록해야 한다.

상표등록의 원칙은 다음과 같다.

기 준	내 용
등록주의	상표권이라는 권리는 등록에 의하여 발생한다.
선출원주의	동일 또는 유사한 상품에 사용할 동일 또는 유사상표에 대하여는 가장 먼저 출원한 자에 한하여 등록을 허락한다.
심사주의	상표가 심사에 합격함으로써 상표권이 설정된다.

출원에서 등록까지의 과정은 다음과 같다.

상표권은 설정등록에 의하여 법률적 효력이 발생한다. 상표권자는 지정상품에 관하여 그 등록상표를 사용할 권리를 독점한다.

상표권의 효력이 미치는 지역적 범위는 속지주의 원칙상 대한민국 영토 내이다. 시간적 범위는 등록일로부터 10년간의 존속기간을 가지며 10년이 되기 1년 전 갱신등록 출원에 의하여 계속 연장되므로 반영구적인 권리이다.

등록상표보호범위는 상표등록출원서에 첨부한 상표견본에 의하여 정하여진다. 지정상품의 범위는 출원서의 지정상품란에 명시된 상품에 의하여 정해진다.

상표권자는 상표권의 존속기간 중 등록상표의 지정상품과 동일상품 구분 내의 상품을 추가하는 등록출원을 할 수 있다.

상표권의 소멸은 상표권의 포기, 상속인의 부재, 존속기간 만료 뒤 갱신등록 불이행, 취소심판심결의 확정, 무효심판심결의 확정 등 다섯 가지 원인으로 소멸된다.

상표등록의 요건은 구비하였다 해도 다음에 해당하는 상표등록출원은 상표등록을 받을 수 없다.

국기 - 국장 - 훈장, 인종 - 종교 - 고인과의 관계 허위표시, 공공단

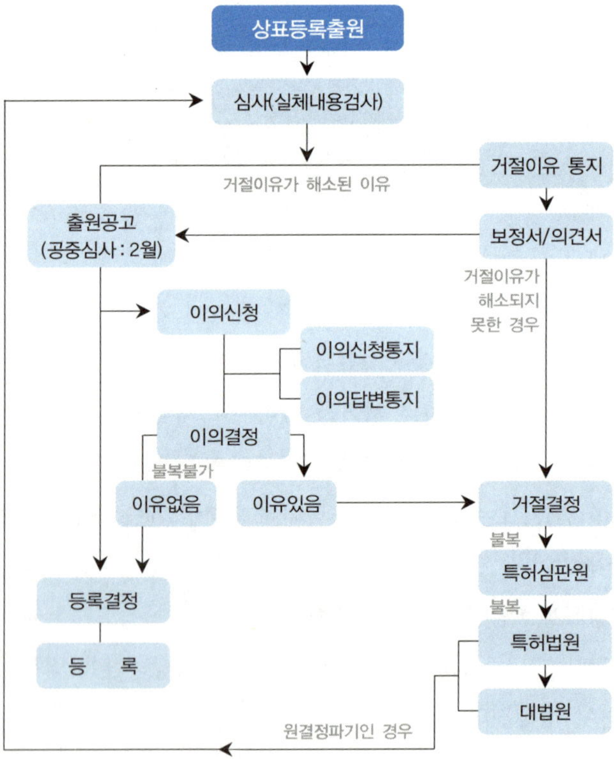

체의 표장, 공공질서에 반하는 상표, 박람회의 표장, 저명한 타인의 명칭, 선등록상표와 동일 또는 유사한 상표, 등록소멸 후 1년 내 출원, 주지상표, 저명상표, 품질의 오인 또는 수요자 기만 등에 해당하는 이름은 상표등록을 받을 수 없다.

브랜드를 자산의 관점에서 관리하기 위해서 기본적으로 필요한 것이 법적인 상표등록이다. 어느 상품 하나가 시장에서 좋은 반응을 얻으면 곧바로 복제품이 등장한다. 이를 Me-Too브랜드라고 부른다. 이는 시장에서 히트한 브랜드를 가능한 한 유사하게 모방하여 무임승차하려는 전략으로 연구개발 비용과 마케팅비용 등은 안 들이고 단기적인 판매수익만 챙기려 하는 전형적인 장사꾼 마인드에서 비롯된 것이다. 우리나라의 경우 패널티보다는 수익가능성이 높기 때문에 특히 더 심하다고 볼 수도 있다. 브랜드 권리화의 중요성을 보여주는 사례를 보자.

히트브랜드(원조)	· 갈아만든 배, 해태음료
Me-Too브랜드(복제품)	· 갈아넣은 고향배, 광동제약 · 갈아넣은 배, 신송식품 · 갈아마시는 배, 삼립식품 · 갈아먹는 배, 한미약품 · 갈아부순 배, 산가리아 · 갈아서 넣은 배, 삼미식품 · 갈아서 만든 배, 다향식품 · 갈아서 만든 배, 삼진인삼종합 · 갈아서 만든 생배즙, 영우식품 · 갈아서 만든 참배, 우성식품 · 갈아서 시원한 배, 유한양행 · 골라서 갈은 배, 동원산업 · 곱게 갈은 배, 명진종합식품 · 먹어봤나 갈은 배, 비락 · 썰어서 갈은 배, 온누리식품 · 안방갈아넣은 배, 삼호식품

해태음료는 과육이 포함된 신개념의 음료를 개발하여 '갈아만든 배'라는 성질표시descriptive name 이름을 붙였다. 이 상품이 히트를 치자, 복제품이 우후죽순처럼 쏟아져 나왔으나 해태음료에서는 막을 방법이 전혀 없었다.

한국의 조미료시장은 상당히 흥미로운 브랜드 마케팅 연구대상이다. 조미료 하면 미원으로 여겨질 정도로 막강한 브랜드파워를 보유하여, 삼성그룹의 창업주인 이병철 회장도 끝내 미원을 이기지 못한 것을 아쉬워했다는 소문이 돌 정도였다.

제일제당은 절치부심 끝에 '다시다'라는 혁신적인 제품과 브랜드이름으로 맞서 결국에는 미원의 아성을 무너뜨리고 만다. 이에 대상에서 다시다를 공략하기 위하여 맛나, 감치미 등을 출시하였으나 성공을 거두지 못하자 분말 형태의 조미료가 아닌 액상 형태의 조미료로 차별화 전략을 구사한다. 여기에 브랜드명을 '진육수'로 정하고 대대적으로 광고를 전개한다. 어느 정도 시장에서 호의적 반응을 보이기 시작하자, 제일제당에서는 다시다를 보호하기 위하여 Fighter Brand인 '진국육수'라는 이름의 상품을 출시하여 액상 조미료 시장 자체의 물을 흐려놓는다.

대상으로서는 진육수라는 브랜드명 자체가 상표권으로 보호를 받지 못하였기 때문에 유사상표인 진국육수를 사용하지 못하도록 강제할 수 없었던 것이 큰 약점으로 작용했다.

이처럼 품질이 제각각이어서 품질관리가 되지 않는 제품군에 유사한 이름들이 난무하게 되면 결국에는 함께 죽는 공도동망의 길을 걷게 된다.

그렇다면 Me-Too브랜드 및 복제품을 효과적으로 차단하기 위한 방법은 오로지 특허제도를 적절히 이용하는 길밖에 없다. 상품의 기능성은 특허권이나 실용신안권을 취득하여 보호받는 것이 바람직하고, 상품의 디자인은 의장권으로, 그리고 브랜드(상표)는 상표권을 미리미리 확보하여 자사제품에 대한 보호장치를 마련해 놓아야만 한다.

전략적 브랜드관리를 전개하는 데 있어서 효과적인 브랜드전략도 필요하지만, 브랜드자산의 권리화를 위한 상표의 법적보호권 확보도 그에 못지않게 중요하다.

브랜드자산의 권리화는 상표의 출원등록으로만 끝나는 것이 아니다. 출원 전단계부터 전략적 검토를 거쳐 출원을 하는 출원전략이 필요하고, 등록 후에는 권리를 행사하고 권리침해를 방지하는 측면에서 권리행사전략이 필요하다.

8. 상표부등록 요건

상표 간의 유사여부를 판단하기 이전에, 상표 자체로 상표등록이 되지 않는 이름들이 있다. 이러한 이름들은 출원을 해도 등록이 되지 않으므로 출원 전에 상표부등록 요건에 해당하는지 확인할 필요가 있다.

보통명칭, 관용상표, 성질 표시(원산지 표시, 원재료 표시, 품질 표시, 효능 표시, 용도 표시, 수량 표시, 형상 표시, 가격 표시, 생산 · 사용 · 가공방법 표시, 시기 표시), 현저한 지리적 명칭, 흔히 있는 명칭, 간단하고 흔한 표장, 식별력 없는 상표 등은 상표의 등록요건에 해당하지 않는다.

상표법 제6조 및 제7조에서는 등록받을 수 없는 상표(부등록요건)에 대해 규정하고 있다. 특허청의 상표담당 심사관은 이러한 상표법 규정에 따라 상표의 등록여부를 결정하게 된다. 따라서 상표를 선정하는 경우 미리 선정한 상표가 상표법에 규정된 아래와 같은 등록을 받을 수 없는 상표에 해당하는지 여부를 확인한 후 등록신청(출원)하는 것이 바람직하다.

예외적으로 상기 상표법 규정에 의해 등록을 받을 수 없는 상표에 해당하는 경우라도 식별력 있는 부분(추가적인 단어, 캐릭터, 도형, 로고 등)과 결합할 경우에는 상표등록이 가능할 수도 있다. 다만, 이러한 방법으로 등록받은 경우라도 등록을 받을 수 없는 단어부분에 대하여는 상표권의 효력이 제한될 수 있음에 유념해야 한다.

1) 보통명칭

보통명칭이란 거래업계에서 보통명칭인 동시에 일반수요자에게도 보통명칭이거나 일반수요자에게는 보통명칭이 아니어도 거래업계에서 일반적으로 지칭되는 명칭이다.

그러나 일반수요자에게는 보통명칭이지만 거래업계에서는 보통명칭이 아닌 것은 보통명칭이 아니다. 그리고 보통명칭인 상표라도 보통으로 표시하는 방법만으로 표시하지 않고 특수한 방법으로 표시한 표장이다.

또는 그 보통명칭이 부기적 사항으로 상표의 주요부분으로 볼 수 없고 그 나머지 부분에 의하여 식별력이 있을 경우에는 그 상품의 보통명칭만으로 된 상표가 아니기 때문에 상표등록을 받을 수 있다.

Car(자동차), Blue Gean(의류), 정로환(위장약), Corn Chip(옥수수 건과자), 호도과자(과자), Copier(복사기), 호마이카(가구), 쇠주(소주), Aspirin(해열진통제), Jeep(박스형 소형승용차)

2) 관용상표

처음에는 특정인의 상표였던 것이 주지저명의 상표로 되었다가 상표권자가 상표관리를 소홀히 하여 거래업계에서 자유롭게 관용적으로 사용하게 됨으로써 자타상품의 식별력을 상실한 상표를 말한다.

정종(청주), 인단(구중청량제), Tex, Lon, Ran(직물), 깡(과자), Lite (맥주), 초코파이(과자)

3) 현저한 지리적 명칭

지리적 명칭이 지정상품과 특수한 관계가 있지 않다고 하더라도 일반수요자에게 현저하기만 하면 상표등록을 할 수 없다.

국가명, 수도, 시, 군, 구, 주 등 각 나라의 행정구역 명칭, 그리고 현저하게 알려진 고적지, 관광지, 번화가 명칭 등과 이들의 약칭을 당해 상품의 표지로 사용하는 경우로서 Hollywood, Fifth Avenue, 銀座, Napoli, Niagara, Manhattan, Heidelberg, Oxford, Vienna 등이 이에 해당한다.

Vienna Line(안경), 뉴욕(과자), Rochas Paris(향수), Georgia(유리), London Town(식당), Finlandia(가구)

4) 흔히 있는 명칭

흔히 있는 성 또는 명칭이란 자연인의 성씨 또는 법인이나 단체의 명칭이 다수 존재하고 있는 것으로서 김씨네, 이씨상사, 서울 회사, 한라산 회사 등이 이에 해당한다.

President(전자기기), 김씨네(가구)

5) 간단하고 흔한 표장

간단하고 흔히 있는 표장이어야 한다는 두 가지 요건이 동시에 충족되어야 한다. 그러나 간단하기는 하지만 흔히 있는 표장이 아니거나 흔히 있는 표장이지만 간단하지 아니한 표장은 상표등록을 받을 수 있다.

M90(살충제), Beta(비디오테이프), V8(야채병), 3M(걸레, 세탁기), E Print(인쇄기)

6) 식별력 없는 상표

일반적으로 사용되고 있는 구호, 표어, 인사말, 인칭대명사나 유행어 등 수요자가 누구의 업무에 관련된 상품을 표시하는지 식별할 수 없는 상표로써 봉쥬르, Thank You, I Love You, Merci, I can do, 믿어주세요, 기술혁신 등이 이에 해당한다.

인류를 아름답게, 사회를 아름답게(화장품), 부적(신사복), Believe

It or Not(박물관), Drink in the Sun(과일주스), It's Magic(가스레인지), Mr. 토스트(토스트용 식빵)

상표부등록 요건으로 가장 많이 지적받는 것이 상품의 성질표시 상표이다. 상품의 성질표시는 원산지 표시, 원재료 표시, 품질 표시, 효능표시, 용도 표시, 수량 표시, 형상 표시, 가격 표시, 생산 · 사용 · 가공방법 표시, 시기 표시 등으로서 상표의 등록요건에 해당하지 않는다.

7) 원산지 표시

해당지역과 무관한 조직이나 사람이 그 지역에서 생산되고 있는 것으로 일반수요자에게 인식될 수 있는 경우가 이에 해당한다.

금산(인삼), 대구(사과), 영광(굴비), 남원(목기), Vienna(안경), 울릉도(오징어), 한산(모시), Sarvar(온천염)

그러나 지리적표시제나 지리적표시단체표장을 통하여 해당지역의 생산자를 보호하는 제도가 있다.

8) 원재료 표시

당해 상품의 주원료 또는 주요부속품, 주요부품, 주요 중간재 등은 물론 그 보조품이나 보조부품 등이라 하더라도 그 상품에 품질, 성능 및 효능 등에 영향을 미칠 수 있는 것으로서 현실적으로 사용되고 있거나 장래에 사용될 수 있다고 인정되는 경우가 이에 해당한다.

콩(두부), Wool(양복), Steel(금고), Silk(블라우스), 알미늄(창문), 삼인단(인단), MFP(치약), Steelflex(기계(축이음)), Filet-O-Fish(식품(샌드위치))

9) 품질 표시

당해 상품 품질의 상태, 특성 또는 우수성 등을 직접적으로 표시하는 경우가 이에 해당한다. 상품의 품질표시에는 상품의 품위와 등급의 표시, KS마크 등과 같은 품질표시, 미감의 표시도 포함한다.

특급소주(소주), Elegance Boutique(의류), Sheer Elegance(의류), 모시메리(의류), Hitec(기술상품), Travel Lodge(호텔), Green, Bio, 무공해, 청정(환경상품), 생명수(먹는 샘물), 고소해(과자), Special(전기, 전자), 순정(純正)(화장품), Complete(비누), lacem(유리섬유), 하이런닝(의류(러닝셔츠)), Worldwin(의류), Best Food(식품(마요네즈)), Golden Lite(교통신호기), Excel(승용차), 삼성전자(수원도매센터), HiCom(정보제공업), Adaptive(스킨로션, 화장품)

10) 효능 표시

당해 상품의 객관적인 특성, 성능 및 효과 등의 표시뿐만 아니라 주관적인 만족감, 쾌감, 안락감 등도 그 상품의 표지로 사용하는 경우가 이에 해당한다.

잘나(약품), 달고나(사탕), 맛좋아(과자), 고소해(과자), 원터치(전자레인지), 보들보들(화장품), 생명물(음료), 윤이나(샴푸), 우아미(비누, 세제), Quick Copy(복사기), Quick Service(심부름), Worldwin

(야구용품), Speed Copy(복사기), Wooami(가구), No More Tears (비누, 세제), Condition(샴푸), Flex Control(전기면도기), Chem-Dry (세척업), Automelt(전기아크용접기), Ace(트럼프, 목제완구), 바이오패취(붕대, 의료용 밴드), Ultra-proof(면직물)

11) 용도 표시

당해 상품의 사용목적, 사용처, 수요계층 등을 그 상품의 표시로 사용하는 경우로서 다목적, 다용도, 전천후, 필수품, 편의품, 레저용, 학생용, 프로용, 남성용 등의 상표는 등록할 수 없다.

베이비(의류), 학생(가방), 프로(운동용품), Goodman(운동용품), Kickers (축구화), Recopy(복사기), 홈비디오(비디오), 숙녀(핸드백), Memorex (타자리본), 아모레 베이비(비누, 세제), Electrodyn(기계(동력)), Styropor(폴리스틸렌수지), ComputerVision(브라운관), Diet Coke(음료 (홍차, 커피)), Diet Coca-Cola(음료), 상가록(서적), Family Card(크레디트 카드), Truck Lite(트럭용 전구)

12) 수량 표시

거래사회에서 사용되거나 사용될 수 있는 당해 상품의 개수, 크기, 규격 등을 수량의 단위나 기호 등으로 그 상품에 표시하여 사용하는 경우가 이에 해당한다.

80Kg(쌀), 3꾸러미(일반상품), L-860(비디오테이프)

13) 형상 표시

당해 상품의 외형, 모양, 크기, 규격, 색깔, 무늬, 구조 등을 그 상품의 표지로 사용하는 경우가 이에 해당한다.

Slim(일반상품), 500문(신발), 소형컴퓨터(컴퓨터), 둥근표(연필), 사각표(연필), System 12(전기기구), Pop Mode(의류(블라우스))

14) 가격 표시

거래사회에서 현실적으로 유통되고 있는 가격과 가격표시로 인식되고 있는 단위 및 기호 등을 그 상품의 표지로 사용하는 경우가 이에 해당한다.

100원짜리(오이), 100달러(일반상품)

15) 생산 · 사용 · 가공방법 표시

당해 상품의 생산, 제조, 가공, 조립, 재배 양식 및 Push, Pull, Switch, Combination 등 그 사용방법을 그 상품의 표지로 사용하는 경우가 이에 해당한다.

훈제(햄), 조립(책상), 정밀가공(시계), 수제(구두), 양념통닭(통닭), Higher Vacuum Industry Co(진공증착기계), Gold Blend(커피)

16) 시기 표시

당해 상품의 생산, 가공시기나 사용시기 또는 판매시기 등을 그 상품의 표지로 표시하는 경우가 이에 해당한다.

> 전천후, Four Season(타이어), 식전, 식후(약품), 봄, 여름, 가을, 겨울, Summer Shirt(의류), 크리스마스 케이크(케이크), 생일 케이크(케이크)

9. 상표의 유사여부 판단

상표의 유사여부를 판단하는 기준은 칭호(소리), 외관(모양), 관념(의미) 등의 세 가지다. 먼저 칭호의 유사를 보자. 언어는 근본적으로 음성적 기호이다. 일반적으로 언어란 청각적 기호인 음성을 형식으로 하고 의미를 내용으로 하는 언어기호 즉 음성언어를 말한다. 따라서 상표의 유사에서도 칭호의 유사가 가장 중요하다.

칭호유사라 함은 비교대상이 되는 두 개 상표의 호칭이 서로 유사하여 듣는 사람으로 하여금 동일상표로 혼동을 일으키는 것을 말한다.

상표의 칭호는 실제 거래할 때 경험에 비추어야 하며 일반수요자는 외국문자로 된 상표를 영어식으로 읽는 것이 보통이다.

동일한 음절수에 자음의 배열은 같고 모음만 다를 경우, 1음절 정도의 차이가 나는 2상표가 음조에서 약간 차이만 나는 경우, 긴 음절수에서 1음절만 다를 경우 등 음감이 유사한 경우에 칭호유사라 할 수 있다.

{Tri-Ary ↔ Try}, {Zenn ↔ Zenna}, {Accuhaler ↔ Acular}, {Armex ↔ Amax}, {Liquid Crystal ↔ Crystal}, {Louis Feraud ↔ 루이스가구}, {Biogarde ↔ Gade}, {Biogink ↔ 징코}, {Efexor ↔ Effectsal}, {Houston Rockets ↔ Rocket}, {Master Cuisine ↔ Chefmaster}, {St Michael ↔ Michael's}, {Super Vis ↔ Super Visco}, {Totomama ↔ mama}, {Oilily ↔ O'leary}, {다솜방송 ↔ 도서출판 솜}, {신라촌 ↔ Shilla, 신라}, {Crefa ↔ Crespa}, {Piacere ↔ Acer}, {Teflon ↔ Techron}, {The Lion King ↔ 라이온}

둘째, 외관의 유사를 보자. 외관유사라 함은 비교대상이 되는 두 개의 상표가 시각적으로 서로 유사하여 일반수요자가 상품출처에 대해 혼동을 일으키는 것을 말한다. 외관의 유사판단에는 격리적 관찰방법이 중요하다. 즉 시각적으로 인상을 끄는 부분이 부각되어 있을 경우에는 그 부분이 식별의 요체를 형성하므로 이 부분을 격리하여 요부관찰에 의한 유사판단을 하는 것이 필요하다.

{Tetramycin ↔ Terramycin}, {Revillon ↔ Revlon}, {Harris ↔ Harig}, {Nike ↔ Nikke}, {Skin Dew ↔ Dew Skin}, {캐포렉스 ↔ Kepodex}, {Shabel, Chabel ↔ Chanel}, {HappyFriend ↔ Happyland}

셋째, 관념의 유사를 보자. 관념의 유사라 함은 비교대상이 되는 두 개 상표의 의미나 뉘앙스가 비슷하여 서로 혼동되기 쉬운 것을 말한다. 즉 일반수요자가 직감적으로 상품출처의 혼동을 일으킬 우려가 있는 경우이다.

관념의 유사여부 판단은 그 상표 자체에 대한 유사판단만을 해서는 안 되고 그 상표를 사용할 상품 및 그 수요계층과의 관계 등을 종합적으로 검토하고 판단하여야 한다.

관념유사는 의미가 유사한 한글과 외국문자의 관계에서 많이 발생한다. 해당 지정상품의 수요계층이 하나의 상표를 보고 그 의미로 인하여 다른 상표를 쉽게 연상함으로써 서로 혼동하는 경우 관념유사라 할 수 있다.

양자의 의미가 다르다 할지라도 일반수요계층에서 유사한 의미를 가진 것으로 직감하는 경우에는 관념유사라고 할 수 있다.

반면에 양자가 동일 또는 유사한 의미를 가진다 하더라도 그 상품의 수요계층이 그 의미를 사전을 찾아보지 않고 직감적으로 인식하지 못할 때는 관념유사라고 할 수 없다.

{왕 ↔ King}, {평화 ↔ Peace}, {Golden Spike ↔ Golden Spur}, {Victor ↔ Victory}, {Royal Pacific ↔ Royal}, {삼진수랏상 ↔ 수라}, {Climacel ↔ Climather}, {찡구짱구 ↔ 짱구}, {G-Joys ↔ Green-Joys}, {Germa 한방옥 ↔ 한방옥}, {Jeep Casual ↔ Jeep}, {Mamabel ↔ Mama}, {S-Yard ↔ Schoolyard}

Tip

기억하기 쉬운 브랜드네이밍 기법

브랜드이름은 상품구매에 큰 영향을 미치게 된다. 특히 소비자의 머릿속에 기억되고 의사소통의 핵심수단이 됨으로써 성공여부를 좌우한다. 따라서 좋은 이름이란 고유한 의미를 지니고 있으며, 제품의 이점을 표현해 줌으로써 브랜드 콘셉트를 알기 쉽게 표현해 주며, 경쟁제품으로부터 쉽게 식별될 뿐만 아니라, 차별화되게 해준다.

농산물 브랜드는 소비자들의 관심을 유발하면서 기억에 오래 남을 수 있도록 개발해야 한다. 수많은 브랜드가 매스미디어에 노출되고 있지만 소비자들의 기억에 남아 있는 것은 많지 않다. 일반적으로 좋은 상표명으로서 갖추어야 할 농특산물브랜드의 요건에는 다음과 같은 바람직한 특징을 포함하는 것이 좋다.

1. 관심 혹은 호기심을 끌 만큼 이름이 특이한 경우

향수이름에 Poison이나 Charlie는 특이한 것이다. 은행의 이름으로 Tomato Bank나 Red Wagon Bank는 First Federal보다 관심을 끈다. Zap Mail이 Speedy Mail보다 더 기억하기 좋다.

숫자나 기호로 되어 있어 그 의미를 직접 파악하기 어려운 이름은 특이한 만큼 어원에 대한 갖가지 스토리들이 넘쳐난다. 소비자들 스스로 생성해 내기도 한다. SK텔레콤의 이동통신브랜드 TTL은 Time to love, The twentieth life 등 다양한 의미로 해석되고 있다.

'1865'라는 칠레산 와인의 이름은 '18세부터 65세까지 즐겨 마시는 와인', '18홀을 65타에 칠 수 있게 해주는 와인', '1865년산(産)으로 헷갈릴 수 있는 와인' 등의 이야깃거리로 다양하게 활용되고 있다. 하지만 이 이름은 칠레의 와이너리 산 페드로(San Pedro)가 자사의 설립연도를 따서 정한 것일 뿐이다. (농특산물 : 꿈 & 들, 100% Pure, 2%부족할 때, 껍질째 먹는 안심사과, 청해진미 완도전복(청해진))

2. 운, 두운, 동음이의어, 유머와 같은 흥미요소를 가진 경우(음성요소)

Coca-Cola, Toys-R-Us, Nyx & Nox, I.N.V.U와 같은 이름들, 그리고 The Mad Butcher 같은 이름은 기억하기 쉽다. 같은 음의 반복이나 독특한 철자 그리고 재미있는 표현은 일상적인 진부함과는 거리가 멀기 때문에, 기억해 내는 데 강한 단서가 된다. (농특산물 : 우리누리, 토종비결, 과일마을, 누들푸들, 짜요짜요, 싱글벙글, 한우백년)

3. 그림 혹은 이미지를 연상시키는 경우(시각요소)

물먹는 하마, Apple, Rabbit, Cougar 같은 이름이 Pledge, Bold, Tempo 같은 이름보다 기억하기 쉽다. 시각적인 이미지가 추상적인 개념보다 기억해 내기 쉽기 때문이다.

특히 동물 이미지는 기억에 큰 도움이 된다. 광고계에 3B라는 말이 있는데 Beauty(미인), Baby(아기), Beast(동물)는 사람들의 관심과 주의를 집중시킨다.
빨간펜같이 색상이 연상되는 이름이면서 자신들의 경험(빨간색으로 밑줄을 쳐본 경험)이 결합된 이름은 강력하게 기억할 수 있다. 공부할 때 중요한 부분은 강조하는 경우가 많다. 한스푼 같이 머릿속에 그림이 그려지는 이름도 기억하기 쉽다. (농특산물 : 얼음골 사과, 황금들녁, DMZ, Sunkist, 하늘그린)

4. 이름이 어떤 의미를 가질 경우(의미요소)

MCI나 Metrecal 같은 의미 없는 이름보다는 Sprinter, Slender같이 의미를 내포하고 있는 이름이 더 잘 기억된다. 그러나 덜 사용되는 단어의 경우가 회상(recall)이 아닌 재인(recognition)에서는 더 유리하다는 것이다. (농특산물 : 임금님표, 안성마춤, Sweetio, Tropicana)

5. 이름이 어떤 감정을 유발하는 경우

인간의 감정적 측면은 기억에 영향을 미친다. Joy, My Sin, Obsession, Caress, 초코파이 정(情), 엄마손, 아기사랑 등과 같은 이름은 기억제고에 도움이 된다. (농특산물 : 동구밖 과수원길, 첫 눈에 반한 딸기, 단양팔경, 별그리고)

6. 이름이 단순한 경우

다른 조건이 같다면 음절이 짧을수록 기억하기 쉽다. 이름을 기억하고 싶은 동기가 별로 없는 일반소비자의 경우에 특히 그렇다.

Bic, Dash, Bold, Zic, Si 같은 이름은 기억하기 쉽다. 일반적으로 쓰기 어렵고, 발음하기 어려운 단어일수록 기억하고 사용하기도 어렵다. (농특산물 : 맑은 청, Dole)

사례 제스프리의 프리미엄 브랜드 성공전략

제스프리는 세계 키위시장 점유율이 30%로 1위이며 연간매출액이 1조 5,000억 원을 넘어선 글로벌 파워브랜드다. 2위인 칠레업체와 판매량에서 무려 13배 차이가 난다.

키위라는 이름의 유래부터 살펴보자. 원래 Chinese gooseberry 또는 mellonettes 등으로 불렀으나 1959년 미국 수출시장의 관세문제로 인해 기존이름을 더 이상 쓰기 어렵게 되자 뉴질랜드과일이라는 뜻의 Kiwifruit라는 이름이 붙었다.

먼저 뉴질랜드 키위 브랜드의 역사를 살펴보면 다음과 같다.

- 1904년 중국산 참다래(Chinese gooseberry) 종자 도입
- 1905년 최초로 재배 시작
- 1910년 처음으로 열매를 수확
- 1924년 Green Kiwifruit 품종의 하나인 Hayward의 재배에 성공
- 1950년 베이오브플린티 전역으로 키위재배 확산
- 1952년 최초 영국 수출
- 1959년 Kiwifruit로 최초 명명
- 1988년 뉴질랜드 마케팅보드(NZKMB) 결성, 해외 수출창구 단일화
- 1997년 Zespri 마케팅자회사 설립 및 브랜드 도입
- 1998년 Zespri Gold Kiwifruit 최초 수출
- 1999년 Zespri Gold Kiwifruit의 최초 해외 재배(이탈리아, 프랑스, 미국, 일본 등)
- 2004년 뉴질랜드 Kiwifruit 백주년 기념의 해(한국 제주도에서 골드키위 재배 시작)

제스프리의 성공요인은 규모화와 품질관리, 브랜드 마케팅 투자와 지속적인 연구개발(R&D)을 들 수 있다.

1. 생산농가 조직화 및 규모화

제스프리는 2,700명의 키위재배 농가가 모여 세운 생산자 협동조합 형식의 회사로서 뉴질랜드에서 생산되는 모든 키위의 독점 수출권을 가지고 있는 마케팅 회사이자 브랜드이름이다. 키위 수출 농가에 주는 보조금은 끊어지고 칠레 등 저렴한 가격의 경쟁제품으로 인

하여 존폐위기에 처하게 되자 1997년 수십 개의 영세 협동조합을 이루고 있던 농민들이 뭉쳐 제스프리라는 마케팅 회사를 만들었다.

프리미엄 브랜드를 키우려면 우선 규모(scale)를 확보해야 하다. 여기서 가장 중요한 포인트는 지속적인 규모(consistent scale)라는 점이다. 소비자들이 언제 마트를 가더라도 항상 매장에 그 브랜드의 상품이 놓여 있어야 인지도가 높아진다. 전 세계 7개국(이탈리아, 프랑스, 중국, 일본, 한국, 칠레, 호주)에 자회사 및 라이선스 생산농가를 두고 일 년 내내 kiwifruit의 생산 및 공급을 하고 있다.

2. 품질관리

Zespri 출범 초기에는 모든 재배 농가가 독점적인 Zespri의 위치에 대해 협조적이지는 않았으나 지속적인 성장과 이익의 분배를 통해 재배 농가의 신뢰를 얻었으며 이를 통해 더욱 확고한 협조체제를 구축하였다.

제스프리는 시스템 운영에서 가장 중요한 점은 판매 가격 및 원가 수익금에 대해 격주로 발행되는 제스프리 소식지를 통해 농가에 배포한다. 소식지에는 각 주에서 수확된 물량, 각 나라별 판매 현황, 물류비, 포장비, 마케팅비용 현황, 전 세계 과일시장 현황 등이 소개된다.

크기와 당도·신선도에 따라 수매 가격을 정해 놓고 이를 보장해 줌에 따라 농민들은 더 높은 가격을 받기 위해 품질관리에 투자하기 시작했다. 수매가를 알 수 없을 때는 투자를 줄이고 품질 낮은 키위를 생산하는 농민들도 있었지만 투자를 하면 더 나은 보상을 받는다는 걸 알면서 품질도 자연스럽게 향상되었다.

3. 브랜드 마케팅 투자 및 수출창구 단일화

제스프리사가 설립된 이후 수출 창구를 일원화함으로써 물류비를 줄이는 한편 표준화된 품질관리를 실시할 수 있게 됐다. 또한 해외 수출지사를 설립함으로써 국가별 키위 판매량과 가격조절이 가능해졌다. 이러한 단일 수출 창구의 최대이점은 국제시장에서 뉴질랜드 수출업자들 간의 상호 경쟁을 최소화하는 것이다.

전 세계 과일시장 중에서 키위시장은 불과 0.25%로 작기 때문에 급속히 하락할 수도 있고 증가할 수도 있다. 따라서 매년 매출의 7%를 마케팅비용으로 투자하는 것도 성장의 비결이다. 제스프리를 알리는 동시에 키위라는 과일이 얼마나 영양가가 풍부한지를 알리는 데 힘썼다. 키위 껍질을 벗기는 것을 귀찮아하는 소비자들에게 키위 먹는 간편한 방법을 알려주기 위해 '키위 전용 숟가락'을 제작해 보급하기도 했다.

제스프리는 값싼 칠레 키위의 공격을 막아내는 길은 프리미엄 브랜드로 승부를 겨루는 것뿐이란 걸 농민들은 알았다. 브랜드 없는 농산물은 싸게 취급받으므로 어떻게 고급 브랜드화할 것인지가 가장 큰 과제였다. 따라서 브랜드의 가치를 유지하기 위해 생산량도 제한했다. 1998년 세계 처음으로 출시한 골드키위가 큰 인기를 끌자 재배 신청 농가가 급증했다. 그러자 매년 일정량의 재배권을 농민들에게 팔아 생산을 관리했다. 생산량이 급증하지 못하도록 한 것이다. 시장 수요가 충분치 않은데 생산량이 급증하면 가격이 폭락하게 마련이므로 프리미엄 브랜드를 유지하기 위해 생산량을 통제하고 있다. 제스프리 전체 생산량에서 골드키위가 차지하는 비중은 25% 수준이다.

4. 지속적인 R&D

사실상 뉴질랜드 키위 역사는 혁신의 역사에 다름 아니다. 지속적인 R&D를 통해 새로운 시장 개척에도 힘쓰고 있다. 제스프리는 매년 마케팅비용의 20%인 약 200억 원 이상을 R&D 연구비로 사용한다. 처음에는 중국에서 들여온 구스베리 종자를 그린키위로 개량하였으며, 11년에 걸친 품종 개량 끝에 1998년 골드키위를 개발하였다. 그 이후 '레드키위' 등 지속적으로 혁신상품을 선보이고 있다.

신품종개발 및 과일의 당도만 연구하는 것이 아니라 포장방법의 개량, 과일 취급방법의 개량에 대한 연구 등이 포함되어 있다. 소비자들의 가장 큰 불만요소였던 껍질 벗기는 문제를 해결한 껍질째 한입에 먹을 수 있는 '키위베리'도 개발 중이고, 이 밖에도 더욱 다양한 종류의 키위를 계속해서 개발하고 있다.

이러한 신제품개발과정은 마치 최첨단산업인 휴대폰시장을 보는 것 같다. 처음에 아날로그 휴대폰에서 디지털 휴대폰으로, 2G에서 영상통화가 되는 3G 휴대폰으로, 또다시 스마트폰으로 거듭 진화와 혁신을 하는 것이 전자산업뿐만 아니라 농업에서도 그대로 적용되고 있는 것이다.

제4장

지역브랜드 홍보

1. 공동브랜드 홍보가 오히려 해를 끼친다

지방자치단체 즉 지방정부의 행정서비스는 기본적으로 공공서비스Public Service다. 공중Public이란 언론, 사원, 고객, 지역주민, 주주, 정부, 국회, 행동주의자 단체, 동종업자 등을 말한다. 따라서 정부의 활동이란 바로 PRPublic Relations에 다름 아니다. 개념이 이러할진대 홍보가 제대로 이루어지지 않으면 지자체가 효율적인 행정을 수행할 수가 없다.

따라서 지자체가 제대로 정착하고 발전하려면 언론, 지역주민, 의회, 중앙정부, 민원인 등 공중들과의 관계를 증진시키는 홍보전략을 다양화·전문화해야 한다.

'정책은 곧 홍보다'라는 말이 있다. 정부정책은 기업전략과는 다르게 국민의 호응과 참여 없이 일방적으로 밀어붙일 수 없다. 왜냐하면 정부의 의사결정자를 뽑는 사람들은 국민이기 때문이다.

아무리 좋은 정책이라도 국민과 소통하지 않으면 참여를 유도할 수 없고 성공할 수 없기 때문이다. 바야흐로 지자체가 무엇을 하려 할 때는 주민설득이 전제되지 않으면 되는 일이 없다. 계몽주의 시대는 끝났다. '나를 따르라', '이것이 지원정책이니 고마운 줄 알고 그냥 받기나 해라' 식의 일방적 행정서비스는 난관에 봉착할 수밖에 없다.

서구에서는 이미 모든 정책을 발표하기 전 주민설득을 어떻게 할 것인지가 가장 중요한 어젠다가 되었다. 아무리 좋은 정책도 한두 명이 반대하면 그날로 휴지통에 처박혀버리기 때문이다.

지방자치제가 본격적으로 출범한 이래 지방자치단체는 정책 발표 후 일정 변경 소동, 각종 이벤트 행사의 부실, 지역주민 반발로 쓰레기

처리장 설치 무산, 나 홀로 행정이 빚은 대소동, 지방의회와의 대립 등 많은 문제점을 노출시켜 왔다.

이러한 모든 일들이 바로 PR의 과제다. 지방자치단체의 대민 홍보의 문제점은 단기적이고 간헐적인 홍보, 행정 비밀주의, 매스컴 기능에 대한 그릇된 개념, 비전문적 홍보 등을 들 수 있다. 그런데 PR을 Publicity로만 이해하고 접근하였기 때문에 이러한 문제에 대한 해결책을 찾아내기 어려웠다. 지방자치단체 홍보현황을 분석해 보면 주로 기사분석, 기자관리 및 보도자료 작성이 주를 이루고 있다.

각종 행사, 오픈 하우스 등 이벤트의 주관에 대해서는 매우 비중이 낮은 편이고 조직과 관련된 쟁점의 파악과 업무관리의 관련성도 떨어지는 편이다. 또한 지역사회기관 및 국민관계 증진을 위한 접촉업무와 각종 이해관계 집단과의 접촉도 매우 낮다.

그리고 홍보의 전문성 부족을 예로 들 수 있다. 중앙정부의 경우 민간 홍보전문가를 계약직으로 고용하는 것이 보편화되어 있는 반면에 지방정부는 아직까지 그렇지 못한 실정이다. 한편 위기관리에 대한 마인드가 매우 약해 위기상황에 대처하기 위한 프로그램이나 매뉴얼을 제대로 가지고 있지 않으며 대처훈련도 부진하다.

정부는 정책을 홍보하기 위하여 엄청난 비용의 광고를 집행하기 힘들다. 결국은 국민세금이기 때문이다. 따라서 효율적인 정책홍보를 위해서는 효과적인 브랜딩 작업이 필요하다.

최근 들어 정부에서 강력한 홍보수단의 하나로 '브랜드이름짓기'에 골몰하고 있다. 미소금융(기획재정부), 히든챔피언(지식경제부), 희망사다리(교육과학기술부), 보금자리주택(국토해양부) 등의 이름은 정책을 알리는 데 아주 큰 효과를 발휘하였다. 많은 장관들이 우리도 미소금융처럼 멋진 이름 없나? 하고 주문할 정도다. 이 모든 것은 일반 국민이 정책의 내용을 쉽게 알도록 하며 친근감을 주기 위한 것으로 매우 바람직하다.

이와 같이 PR업무도 이제는 브랜드 마케팅 중심의 PR로 패러다임이 전환되어야 한다.

'서울우유, 남양우유, 매일우유, 파스퇴르우유 등 네 가지 우유 중에서 기업특징이 가장 다른 하나는 어디일까? 선키스트, 돌Dole, 델몬트, 제스프리 중에서 공동브랜드는 무엇일까?'라고 묻는다면 소비자들은 제대로 답하기 어려울 것이다. 아마 모두 다 일반기업으로 생각할 것이기 때문이다.

그런데 서울우유, 선키스트, 제스프리는 협동조합 공동브랜드이다. 만약 소비자들이 이러한 사실을 분명하게 알고 있다면 제품판매에 도움이 될까? 아니면 오히려 공동브랜드라는 것을 숨기는 것이 매출에 더 효과적일까? 아마도 지금처럼 공동브랜드임을 드러내지 않는 것이 더 나을 것이다.

지자체 공동브랜드인 테즈락(부산시), 쉬메릭(대구시) 등도 성공하지 못했고, 중소기업청 공동브랜드였던 귀족(신발), 가보로(가구) 등도 역시 실패하였다. 왜 그럴까?

지자체 공동브랜드라는 홍보가 브랜드에 도움을 주기는커녕 해가 되는 이유는 크게 두 가지다. 첫 번째 이유는 규모의 영세성에서 오는 불신 때문이다. 생산농가 입장에서는 '뭉치면 살고 흩어지면 죽는다'라는 관점에서 뭉쳤겠지만, 소비자 입장에서는 '얼마나 못났으면 혼자서 못하고 뭉칠까', '이해관계가 서로 다른 사람들끼리 뭉쳐서 제대로 될까', '왠지 규모가 영세하여 믿음이 가지 않는다' 등 규모에서 오는 신뢰성을 얻지 못하는 점을 들 수 있다. 왜냐하면 한국 고객들은 뭐든지 큰 것을 선호하며 큰 것을 신뢰하는 성향이 있기 때문이다. 따라서 영세성의 간접표현인 공동브랜드라는 이름은 신뢰성을 떨어뜨리게 된다.

두 번째 이유는 공공부문 특히 지자체에 대한 신뢰도의 저하를 들 수 있다. 지자체들은 자신이 보증한다는 전략이 소비자들의 신뢰도 제고에 긍정적인 메시지로 여기는 것 같지만 반드시 그렇지는 않다. 지자체 공동브랜드 두부보다 풀무원 두부를 더 선호하는 현대의 소비자들이라는 점을 객관적으로 바라본다면 지자체라서 믿을 수 있고, 기업이라서 믿을 수 없다고 생각하지 않을 것이다. 오히려 기업이 영리를 추구하기 때문에 제품판매에 대한 책임감을 더 가지고 있다고 생각하는 소비자도 많다. 그만큼 공공부문의 무사안일, 복지부동 등 부정적인 면을 사리사욕 없는 공공의 이익을 우선한다는 긍정적인 면보다 더 크게 생각하는 소비자들도 많은 편이다.

심지어 공공기관 종사자들 특히 대통령까지도 공공부문은 민간부문을 배워야 한다고 질책할 정도로 공공부문의 경쟁력이 저하되어 있는 실정이다.

공공부문에 대한 불신과 비효율이 사부문 시장을 키워가고 있으며, 사적 부문이 커질수록 국민들의 부담은 증가하게 된다.

Public Sector	Private Sector
수돗물 불신	정수기, 먹는 샘물
공교육 불신	사교육 시장
경찰 불신	사설 경비업체

잉글하트(Inglehart, 1997)가 1990년에 세계 43개국을 대상으로 연구한 「세계가치조사World Values Survey」에 의한 신뢰에 대한 평가를 살펴보면, 한국은 39개국 중 19위로 1위의 스웨덴이 기록한 66점에 비해 절반수준인 34점으로 평가되고 있다. 5년 후에 실시된 1995년 결과에서도 1990년과 거의 대동소이한 결과를 보여주고 있다(Warren, 1999).

1995년 한국의 신뢰점수는 30점으로서 1990년보다 약간 감소했는데, 다른 나라들과 비교한다면 전체적으로 중간 순위를 유지하고 있는 것으로 나타나고 있다. 그러나 최고의 신뢰점수를 보이고 있는 노르웨이, 덴마크, 스웨덴 등 선진국과 비교할 때, 한국의 평균 신뢰점수는 과거와 같이 절반 이하의 수준에 불과하다는 것을 알 수 있다.

성경륭(2001)의 연구에서 보면 한국사회는 공적 신뢰와 제도에 대한 신뢰가 크게 결여되어 있는 것으로 보였고, 한국의 공적 · 제도적 신뢰는 사적 기구인 시민단체들에 비해 상대적으로 낮은 신뢰를 가지고 있다는 것을 보여주고 있다.

민선 지방자치단체장 가운데 뇌물수수 혐의, 직권남용, 인사비리 등 각종 부패와 비리에 연루되어 구속되는 사례가 속출하고 있다. 지방공무원의 업체 간 유착관계들은 셀 수도 없다. 이러한 내용을 뉴스를 통해서 수시로 접한 소비자들은 그 지자체장이 인증한 브랜드와 메시지에 대해 얼마만큼의 신뢰를 보낼지 의문이다.

따라서 지역브랜드 및 지역 농특산물브랜드 자체를 키우기 위한 노력을 집중하고, 그 주변에서 지자체 공동브랜드라든지 지자체 인증브랜드라는 것들은 최소로 축소해 나가야 한다. 제스프리, 선키스트 등이 언제 공동브랜드라는 것을 강조한 적이 있는가? 자체 브랜드파워를 증진시키기 위해 온 힘을 모아야 한다.

2. 하드웨어만이 능사가 아니다

지역브랜드 알리기나 지역행사를 제대로 못했다는 지적을 받게 되면 대다수의 공무원들은 예산타령하기 일쑤다. 물론 돈도 중요하지만, 돈이 전부는 아니다. 돈보다는 아이디어의 빈곤을 탓하는 게 맞을 것이다. 지자체의 사업추진방식을 보면 지나치게 하드웨어(설비 투자 등)에 집중하는 경향이 있는 것을 볼 수 있는데, 하드웨어가 잘 갖추어져도 소프트웨어가 제대로 작동하지 않으면 오히려 골칫덩어리로 전락하게 되고 나중에는 서로 책임 떠넘기기에 급급한 결과가 초래된다.

공무원들이 희망하는 관광개발의 방식은 시설위주의 외형적 개발에 너무 얽매인다는 것이다. 시설위주의 개발은 필연적으로 자연환경의 훼손을 초래하며 막대한 자본의 투자가 요구된다.

마늘은 전국 곳곳에서 재배하고 있는 대표적인 농특산물로 서산, 태안, 남해 등의 난지형 마늘과 단양, 의성, 삼척 등 한지형 마늘 등이 서로 최고라고 치열한 경쟁을 하고 있다. 대부분의 지자체에서는 마늘축제를 도입하고 있으나 형식과 내용 면에서 차별화된 경쟁우위를 찾아보기는 힘든 실정이다.

특히 남해군은 전국 생산량이 아주 많은 편은 아니지만 군민의 80% 가까이가 마늘농사를 지을 정도로 참여농가가 많은 편이다. 따라서 후발주자로서 마늘의 고장임을 홍보하고자 2005년 이래 전국 최초로 남해보물섬마늘축제를 개최하고 있으며, 국내에서 유일하게 수십 억 원을 들여 마늘박물관을 건립하였다.

그런데 엄청난 예산을 들여 마늘박물관을 건립하였지만, 해마다 유지비용을 대는 데도 버거운 실정이며, 애당초 목적이었던 홍보효과도 달성하지 못하고 있다.

남해 마늘박물관

옥토버 페스트

세계 3대 축제 중 하나이자 세계 최대의 맥주축제인 '옥토버페스트'를 앞두고 호텔 등 숙박시설이 부족하자, 독일 뮌헨의 한 스타디움에 방문객들을 위한 텐트촌을 임시로 조성하였다. 이 텐트촌은 축제 참가자에게 저렴한 요금으로 임대돼 비싼 호텔의 대안으로 떠오르고 있다.

경기도 양평군 신론리 마을축제는 녹색농촌체험마을의 대표적인 성공사례로 손꼽히는 곳이다. 이곳이 유명해지자 많은 관광객이 찾아오고 있지만 농촌경관을 해치는 대규모 숙박시설을 짓지 않고 관광객 유치의 묘안을 짜냈다. 마을 안 폐교를 인수해 200명을 동시에 수용할 수 있는 인성수련원을 만들었던 것이다.

하드웨어와 관련하여 담양 죽세공품 vs 롱거버거의 사례를 살펴보도록 하자. 각 지자체들은 지역특산물을 활용한 공예산업 진흥에 여러 가지 힘을 쏟고 있음에도 불구하고, 공예산업은 소비자로부터 외면받으며 계속해서 침체일로에 놓여 있는 실정이다. 지역특산물을 활용한 공예산업으로 대표적인 곳이 나전칠기로 유명한 경남 통영과 죽세공품으로 유명한 전남 담양 등이다.

담양은 예부터 우리나라의 대표적인 죽세공품 생산지로서 '죽향(竹鄕) 담양'의 명성을 지니고 있다. 죽세공품은 1970년대에 플라스틱 제품에 밀려 한때 사양화되었다가, 1980년대 후반부터 자연제품을 찾는 손길이 늘어나면서 활기를 되찾기 시작하였다. 그러나 최근 품질은 떨어지지만 값이 싼 중국 제품이 수입되면서 다시 어려움을 겪고 있다. 앞으로 값싸고 품질 좋은 제품을 개발하는 것이 담양 죽세 공업 발전의 과제로 남아 있다.

담양에서 죽물(竹物) 공예가 시작된 것은 400여 년 전 진소(眞梳, 참빗)를 만들면서부터다. 이 참빗이 대바구니를 비롯하여 죽부인, 대자리, 대발, 대침대, 대베개 등 700종류에 달하는 담양 죽세 공예품의 시초가 됐다고 담양의 향토지 '추성지(秋城誌)'는 기록하고 있다.

담양 죽물시장은 대구 약령시장과 더불어 국내에서 가장 오래된 300여 년의 역사를 간직한 장터로 2일과 7일 아침이면 온통 죽세공품 천지다.

담양군은 죽향 담양을 살리기 위해서 매년 담양대나무 축제를 열고 있으며, 1981년 국내에서 유일하게 죽세공 전문 박물관을 개관하였다.

하지만 지역경제 활성화에는 크게 못 미치고 있는 실정인 데 반하여 미국 바구니회사 '롱거버거'는 손으로 만든 수제바구니만을 갖고 1조 원의 매출을 기록하고 있으며, 8,700명의 직원과 판매원 7만 명의 고용을 창출하고 있다. 롱거버거의 1등 성공요인은 엄청난 장애를 극복하고 대기업의 회장이 된 인간승리의 드라마와 같은 스토리텔링 마케팅을 꼽지 않을 수 없다.

롱거버거의 설립자 데이브 롱거버거는 지진아로 난독증, 말더듬이 증세, 간질 등으로 고등학교를 졸업하는 데만 7년이 걸렸다. 그의 부모

님은 예전부터 바구니 같은 수공예품을 팔아 생계를 유지했지만 플라스틱이 나오면서 더 이상 팔리지 않는 물건이 되었고 사업을 접을 수밖에 없었다. 그러나 롱거버거는 사람들의 소득이 늘어나면 손으로 만든 수공예품 바구니를 다시 찾게 될 것이라는 믿음을 바탕으로 사업을 다시 시작하였다. 그가 처음부터 성공을 거둔 것은 아니다. 바구니를 만들기는 했지만 판매에 어려움을 겪게 되자 판매방식을 위탁판매에서 직접판매로 바꾸고 또한 바구니 쇼를 개최하여 바구니에 얽힌 스토리텔링 마케팅을 시도하였다. 즉 롱거버거 씨의 인간승리 스토리를 통하여 그가 어떤 사람이고, 그의 어머니는 무엇을 좋아하는지 등 집안 식구들에 대한 소개를 하기도 한다. 또한 바구니를 만들게 된 배경이라든지, 이 바구니는 부활절에 계란을 담는 것이고, 이 바구니는 자전거를 타고 피크닉을 갈 때 사용하면 좋고, 이 바구니는 빨래거리를 담아 놓을 때 쓸모가 있다는 콘셉트의 편안하고 진솔한 이야기를 전한다.

담양 대나무박물관

롱거버거 사옥

롱거버거는 계속해서 이야깃거리, 볼거리를 제공하고 있다. 롱거버거 사옥은 손잡이까지 달린 대나무바구니 그 자체다. 전국에서 이 독특한 건물을 보기 위해 오하이오 촌구석까지 관광객이 몰려들고 있다.

하지만 이 정도의 스토리텔링이 400년 역사의 죽향 담양에 없지 않을 것이다. 이보다 훨씬 다양하고 깊이 있는 이야깃거리를 발굴하여 상품화하지 못했을 뿐이다. 또 한 가지 담양 죽세공품의 문제점으로는 영세성을 들 수 있겠다. 동일한 소재를 접근하는 방식에 있어서, 양적으로는 영세성의 여부와 질적으로는 감성과 상상력의 여부가 성공을 좌우한다는 것을 확실히 깨달을 수 있다.

3. 농특산물 광고 vs 지자체장 광고

요즘 사람들이 많이 모이거나 유동인구가 많은 지하도와 지하철역, 길거리 전광판, 터미널 등에 가면 지자체 광고들이 봇물을 이루고 있다. 농특산물 판매와 관광객 유치를 통한 지역경제 활성화가 겉으로 내세운 목적이지만, 실제 목적은 지방자치단체장 홍보로 기우는 경우가 많은 실정이다. 광고판에는 한결같이 단체장의 얼굴과 이름 석 자가 실려 있는 것이 이를 증명해 준다. 그리고 단체장이 화면 전면figure에 크게 배치되고 지역이나 농특산물 이미지가 배경ground으로 깔린다. 이렇게 되면 사람이 강조돼 결국 단체장을 광고하는 것이나 다름없다.

그런데 재미있는 것은 광고모델로 등장하는 지방자치단체장들의 모습이 천편일률적으로 동일하여 실소를 자아내게 만드는 것이다. 정장차림에 두 팔 벌려 환영하는 모습이거나 한 손을 들어 특산물을 가리키는 구도가 똑같다. 이렇다 보니 '얼굴'을 알리는 데도 별로 효과적이지 않은 것 같다.

또 한 가지 의문이 드는 것은 홍보대사로 유명 인사를 영입해 놓고, 광고모델로 활용하지 않는다는 점이다. 홍보대사는 말 그대로 광고홍보에 이용하려는 목적하에 위촉하는 것인데 말이다.

일본에서는 볼 수 없는 이색적인 풍경 앞에서 기념 촬영을 하는 한 일본 관광객은 "제가 사는 야마구치 현에는 단체장이 나오는 광고가 없습니다."라고 말하며 "일본에서는 어느 지역을 돌아다녀도 각 지역의 단체장들을 이렇게 한자리에서 만나볼 수 없다"며 신기해 할 정도다.

광고에 들어가는 월단위 비용은 적게는 90만 원에서 많게는 300만 원이 넘고, 특히 비용이 많이 드는 환승역이나 유동인구가 많은 역에 한 지자체가 광고를 3개만 해도 연간 비용은 1억 원을 상회한다. 하지만 서울역 민자역사에는 자리가 없어서 못 들어갈 지경으로 눈에 잘 띄는 더 좋은 자리를 차지하기 위한 경쟁이 치열한 실정이다.

각 지자체가 이런 식으로 지출하는 광고예산이 통상 일 년에 10여 억 원에 달한다. 그렇지만 지자체장이 지역의 특산물 광고에 등장하는 것을 막을 방법이 없다. 상당수의 광고가 농특산물 광고인지 선거 포스터인지 헷갈리지만 어쩔 수 없는 것이다.

단체장 등장 광고는 단체장의 선거구에만 유포되면 불법, 해당 선거구를 포함하는 전국으로 유포되면 합법이기 때문이다.

광고가 소비자들에게 브랜드 인지도 제고와 신뢰감을 심어주고 지역특산품의 판매 증대로 이어지게 하기 위해서는 하루빨리 단체장이 광고모델에서 빠져야 한다. 법률적으로 강제할 수 없는 것이라면, 지역 언론들이 나서서 이러한 문제점을 제기하여 진정으로 지역경제 활성화에 올바른 길로 지역 여론을 유도해 가야 할 것이다. 특히 수입농수산물에 대응하여 순수 지역특산품을 널리 알리고 사랑받게 만들어 한국뿐만 아니라 국제적인 농특산물브랜드로 성장시켜 나가겠다는 목표의식을 가져야 할 것이다.

브랜드는 결국 기억의 게임이다. 소비자의 기억 속에 안착하기 위해서는 무엇보다 광고홍보가 절대적이다. 결국 커뮤니케이션은 목표고객target market에게 원하는 내용message을 어떻게media 효과적으로 전달하느냐 하는 문제다. 돈money은 이 모든 과정의 제약조건으로 작용하게 된다.

〈광고전략의 4M 모델〉

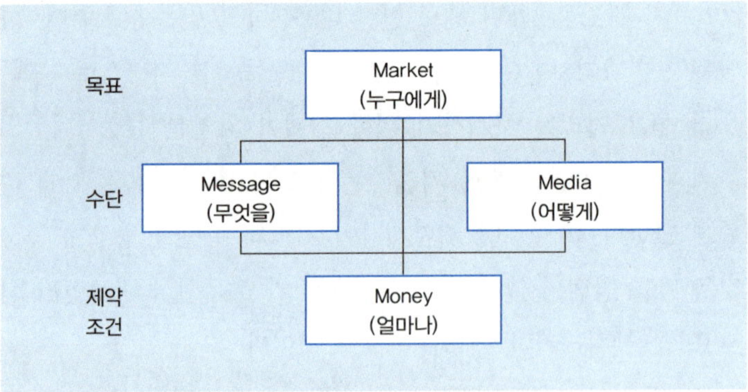

출처 : 김형남(2010), 전략적 브랜드관리 모형.

지역브랜드 담당자를 만나보면, 브랜드 알리기가 무척 어렵다고 하소연하는 경우가 많다. 지자체 농특산물브랜드가 무려 5,000여 개 이상이나 되니 그럴 법도 하다. 더군다나 브랜드 홍보를 위한 예산 부족으로 지속적인 브랜드 홍보가 턱없이 미흡하다. 브랜드의 충성도를 유지하기 위해서는 지속적인 홍보전략 등 사후관리가 중요한데 브랜드 홍보비가 전혀 없는 지자체도 있었다. 평균 광고비를 계산해 보니 지역브랜드의 경우 연간 10억 원 정도이고 농특산물브랜드의 경우 1.5억 원 정도에 불과하다. 설사 돈이 있다고 해도 주민세금이므로 홍보비를 일반기업처럼 큰 폭으로 늘릴 수도 없다. 이것이 저비용 고효율의 홍보전략이 절대적으로 필요한 이유다.

광고예산도 없는 마당에 조사예산도 부족하니 매체media에 대한 광고효과 분석 등 피드백이 없어 효과적인 커뮤니케이션 전략이 이뤄지지 못하고 있다.

그렇다면 방법이 없는 것일까? 방법은 낙숫물이 바윗돌에 구멍을 내듯이 힘을 분산하지 말고 단순한 반복에 의해서 한 곳으로 힘을 집중하는 전략이 요구된다. 브랜드 요소들을 단 하나의 핵심 메시지로 일관성 있게 조화를 이루도록 해야 하고, 단순하지만 강력한 주제와 소재를 집중적으로 알려나가야 한다. 또한 불특정 다수를 향한 광고보다는 잠재적 수요가 명확한 목표고객을 찍어서 집중 공략해야 한다. 일단 광고홍보 효과가 있다는 것을 확인해야만 계속해서 늘려나갈 수 있는 근거가 생기고 자신감도 생기기 때문이다. 각 지자체들이 브랜드 정체성을 명확히 하고 이에 적합한 커뮤니케이션 전략을 구축해 가장 효과가 큰 매체믹스를 선택하는 노력이 필요한 것으로 판단된다.

4. First & Best

경기 연천군의 지역 공동브랜드 '남토북수'는 쌀 · 포도 · 버섯 · 귤 등 연천 지역 농특산물의 대표 브랜드를 목표로 삼고 출발했지만 소기의 목표달성에 실패하고 광고홍보예산을 대폭 삭감하는 등 출구전략을 모색 중이다.

브랜드 출시 후 남토북수를 알리기 위해 4년 동안 신문과 TV 광고에 매년 5억 원씩 모두 20억 원을 투자했으나 인지도가 10%를 채 넘지 못했다.

연천군은 타 지자체들과의 경쟁에서 이기기 어렵다는 점을 자각하고 "차라리 농협이나 농식품부가 전국적으로 브랜드 관리를 해줬으면 한다"고 털어놓았다.

연천군의 사례에서 보듯이 각 지자체마다 브랜드 육성을 위해서 열악한 지방재정에도 불구하고 자체예산을 투자하는 등 열을 올리지만, 홍보비와 출하시설 등에 쓰는 비용에 비해 수익성은 턱없이 낮은 경우가 많다. 생산농가들도 공동브랜드에 무심한 데다 워낙 공동브랜드가 많아 시장에서 브랜드 가치를 인정받지 못해서다. 이렇게 되면 지역 공동브랜드는 돈 먹는 하마나 계륵처럼 이러지도 저러지도 못하는 골칫덩어리 신세로 전락하게 된다.

반면에 농협 최초의 전국 연합사업 브랜드인 'K-멜론'이 다큐멘터리로 제작돼 50분 동안 MBC 텔레비전을 통해 방송된다. 이것을 광고홍보비로 치면 수억 원이 넘고, 제작비까지 포함하면 수십 억 원이 넘는 효과다.

그런데 K-멜론은 10원 하나 지불하지 않았다. 그 이유는 무엇일까? 그것은 First & Best라는 기준 때문이다. K-멜론은 농협 최초의 전국 연합사업 브랜드라는 점에서 성공여부를 주목하고 있기 때문에 방송에서도 관심을 가질 수밖에 없었던 것이다.

12개 멜론 주산지의 23개 지역농협, 24개 공선출하회, 1,287명의 농업인이 참여해 만든 전국 연합브랜드로, 공산품 같은 균일한 품질관리와 시장교섭력 강화 등으로 농업인들의 수취가격을 크게 높여 농특산물 산지유통의 성공사례로 꼽히고 있다.

'국내 최초, 세계 최초'라는 타이틀은 광고홍보의 좋은 수단이 된다. 전국 최초 시 · 군 단위 연합 브랜드 '햇사레'(복숭아), 전국 최초 도 단위 연합 브랜드 '잎맞춤'(포도 · 배), 전국 최초 전국 단위 연합 브랜드 'K-멜론'(멜론) 등이 성공할 수 있었던 요인은 '전국 최초'라는 프리미엄을 등에 업고 저절로 홍보되었기 때문으로 이로 인해 브랜드 인지도가 높아질 수 있었던 것이다.

돈 없이 언론 홍보하는 법

① 기자를 우리 편으로 끌어들인다

기자는 접근하기에 너무 멀리 있는 존재가 아니라 좋은 제품을 알려주는 것을 사명으로 하는 사람이다. 따라서 적극적 · 긍정적으로 접근하라.

② 홍보창구를 단일화시킨다

직원 중 문장력과 섭외능력이 뛰어난 직원을 통해 홍보업무를 병행하도록 해야 한다. 여러 사람이 제각각 대응할 경우 기업이미지나 홍보내용의 통일성이 없어지므로 혼란을 야기하게 된다. 당연히 보도자료에는 홍보담당자의 이름과 연락처를 표시해야 한다.

③ 보도자료를 적극 활용한다

신상품 출시, 이벤트, 기업뉴스 등이 있을 경우 관련 매체 기자 리스트를 확보한 후 이메일 또는 우편을 통해 보도를 의뢰한다. 기사화되지 않더라도 주기적으로 계속해서 보내라. 신상품을 촬영한 사진처럼 관련 사진을 함께 보내면 더욱 효과가 있다.

④ 기자에게 제품 사용할 기회를 제공한다

제품의 품질에 자신이 있는 경우, 기자에게 직접 신상품 출시 사실을 알리고 제품을 보내주어 사용해 보도록 한다. 비싼 제품이라고 돈을 아끼지 마라. 보도자료와 같은 글은 거짓일 수도 있지만 제품은 거짓말을 하지 않는다.

⑤ 이슈마케팅을 통해 뉴스거리를 계속 만들어라

이석형 前함평군수의 관용차는 검정색 그랜저 등 고급 승용차가 아니다. 독일 폴크스바겐사의 뉴비틀, 이른바 딱정벌레다.

차량도 딱정벌레처럼 생긴 만큼 나비와 곤충 엑스포 홍보와도 딱 맞아떨어진다고 생각하고 있다. 하지만 이 외제 관용차를 두고 반론도 적지 않다. 아무리 홍보효과를 위한 것이라고 하지만 어려운 국내경기에 모범을 보여야 할 지자체까지 외제차 구입에 앞장선 것은 너무 한 것 아니냐는 지적이다. 이렇게 논란이 되는 것 자체가 언론에 크게 보도됨으로써 엄청난 광고홍보효과를 보고 있는 셈이다.

⑥ 장기적인 브랜드자산 구축을 원칙으로 한다

브랜드의 핵심가치를 명확히 할 수 있는 방향으로 모든 홍보기사의 중심을 잡는다. 언론홍보의 대상이 되는 각종 이벤트 역시 브랜드 가치와 관련이 있는 방향에 초점을 맞춘다.

5. 농업은 부업이고 관광업이 주업이다

최근 특별한 체험으로 고객에게 감동을 선사하는 체험 마케팅이 주목받고 있다. 범람하는 정보와 과열 마케팅으로 무감각해진 고객의 마음을 열기 위해서는 기대를 뛰어넘는 '감동'을 주어야 하기 때문이다. 체험 마케팅에 성공한 기업들은 감각, 감성, 관계, 지성, 행동 등 5대 체험요소를 효과적으로 관리해 즐거움Amusement, 배려Affection, 성취감Achievement의 감동을 선사하고 있다.

한국의 농가는 농업을 절대적인 주업으로 삼고 있음에 반하여, 일본의 농가는 농업이 하나의 부업일 뿐이다. 일본의 농가는 마을(町) 단위로 특화된 고부가가치산업을 활발히 전개하고 있어서 높은 생산성을 자랑한다. 한국의 농가는 상대적으로 생산성이 낮은 농업에 의존하는 비율이 너무나 높다.

대도시 오사카에서 고속열차와 택시로 약 2시간 걸리는 농촌마을 시가라키(信樂)는 전통적으로 도자기 굽는 마을이었다. 그런데 도예산업을 중심으로 마을의 산업구조를 재편한 결과 지금은 일본인들뿐만 아니라 외국인들도 즐겨 찾는 관광명소가 되었다.

주민들 대부분은 요장(窯場)이나 판매점 등 도예산업에 종사하거나 관광객을 위한 식당이나 기념품점 등 관광산업에 종사하면서 농업은 주말과 휴일에만 종사한다. 농업은 부업이고 관광업이 주업이 되었다. 이러다 보니 도시에서 귀농한 젊은 사람들이 꽤 많은 편이다.

최근에는 한국 농촌도 관광농업의 개념을 도입하고 있는 곳이 늘고 있어 환영할 만하다. 도농교류 활성화의 대표적인 프로그램인 그린투

어리즘은 농촌이 있어 도시가 있고, 도시가 있어 농촌이 있음을 확인시켜 주는 도시와 농촌의 상생 통로다.

농림수산식품부의 '녹색농촌체험마을' 사업에 선정된 후 그린투어리즘의 성공마을로 변신하게 된 경기 양평군 신론리의 도농 녹색교류를 살펴보자.

신론리는 여느 산촌마을과 비슷하게 옥수수 · 감자 · 콩을 심고 팔아 근근이 연명하던 경쟁력 없던 마을이었는데 전통적인 농사일과는 전혀 다른 길을 모색하기 시작했다.

다른 길이란 다름 아닌 농산품을 파는 것이 아니라 과정을 팔아 돈이 되게 하는 것이었다.

모심기, 장작패기, 전통방아 찧기, 초가집 짓기(통나무 운반, 황토흙 바르기, 초가지붕 씌우기, 용마루 엮기), 손두부 만들기, 강냉이 튀겨먹기, 송어 잡아 구워먹기, 부부 물지게 달리기, 새끼 꼬기, 옥수수 따서 가마솥에 쪄먹기, 고구마 캐서 모닥불에 구워먹기, 감자 캐서 전부쳐 먹기, 인절미 만들기, 수박 손으로 격파해 나눠먹기 등 볼거리 · 먹을거리 · 즐길거리를 직접 체험하게 한다.

감자의 눈이 어디에 있는지, 송어를 맨손으로 잡는 방법 등 생생한 현장학습을 수행하는 것이다. 한국 농촌의 대다수를 차지하는 노인들이 도시 아이들에게 옛날이야기를 해주는 것도 빼놓을 수 없는 내용이다.

자기 방 안에 갇혀 컴퓨터 게임만 하는 도시 아이들에게 전혀 새로운 경험을 제공함으로써 몸에서 즐거운 비명이 절로 나오게 하는 프로그램이다. 완성품이 아닌 과정도 상품이 되고 돈이 된다는 것을 알 수 있다. 한 부모는 체험후기에 "우리 아이가 다녀왔는데요, 너무너무

좋았고 재미있었다고 몇 날 며칠을 이야기하더군요"라고 적었을 정도다. 이쯤 되면 30~40대 부모들이 초·중학생 자녀들과 함께 14만 원(4인 가족 기준)을 지불해도 전혀 아까워하지 않는 것은 당연지사다.

6. 스토리텔링 vs 스토리셀링

저명한 미래학자 롤프 엔센은 정보화시대가 지나면 소비자에게 꿈과 감성을 제공하는 드림 소사이어티Dream Society가 올 것이라고 예견했다. 미래에는 사람들이 단순히 상품을 사는 것을 넘어 그 상품에 담긴 이야기에 부가가치를 지불하게 되므로, 스토리가 브랜드차별화의 핵심요소가 된다고 한다.

유형적인 것들이 비슷하면 무형적인 것들로 차별화해야 하고 무형적인 것들이 유사하면 유형적인 것들로 차별화해야 한다. 원래는 실체 실상이 큰 힘을 갖기 마련이지만, 세상이 바뀌어 관념 허상이 힘을 발휘하게 되었다. 생산기술의 보편화에 따른 대량생산은 비슷한 제품들이 시장에 넘쳐남으로써 실체가 힘을 발휘하기 어렵게 되었다.

소비자들이 '다르다'고 판단할 수 없을 정도로 비슷한 제품이 너무나도 많다. 이러한 상황에서 남보다 10개를 더 많이 만드는 것이 칭찬받을 일이 아니다. 오히려 팔리지 않는다면, 재고부담을 가중시키고 자원만을 낭비하는 셈이 되고 말기 때문에 질책사유가 된다.

그런데 브랜드 이야기는 소비자들이 브랜드를 이해하고 호감을 갖게 만드는 감성적인 설득의 힘을 가지고 있으며 오랫동안 기억하게 하며, 고객들 사이에서 입소문을 전파하는 데 효과적인 수단이다.

스티브 잡스의 스토리를 생각해 보면 브랜드 스토리가 상품 차별화에 매우 유용하며 모방이 불가능하다는 점을 쉽게 알 수 있을 것이다. 소비자의 구매요인이 제품의 기능 중심에서 감성 중심으로 이동함에 따라 스토리텔링 마케팅의 중요성이 과거보다 더욱 부각되고 있다. 이제 기업이나 지자체들도 단순한 상품 판매자가 아닌 훌륭한 이야기꾼이 되어야 한다는 말이다.

스토리텔링 마케팅이 각광받다 보니 상품에 얽힌 이야기를 인위적으로 가공하기 위해서 주로 작가한테 일을 맡기는 추세다. 스토리는 사건과 인물, 구성의 3박자가 제대로 맞아야 힘을 발휘한다. 따라서 작가들의 힘이 필요하다. 그러나 마케팅 개념이 없다면 '스토리텔링'은 단지 화법이나 문장구성 내지는 지어낸 소설이나 동화에 지나지 않는다.

최근 국내의 많은 기업이나 지자체에서 스토리텔링 마케팅을 도입하고 있으나 주목할 만한 이야기를 담은 상품은 부족하다는 의견이 적지 않다. 그 이유는 스토리텔링이 텔링telling에서만 그치고 셀링selling으로 이어지지 못하기 때문이다.

실제로 방문객을 끌어 모으고 매출을 끌어올리기 위한 스토리텔링이 성공하기 위해서는 고객의 감성에 꽂히는 셀링 포인트selling point가 분명해야 한다. 브랜드 역사를 지루하게 나열하는 식이거나 아니면 뜬구름 잡기 식의 공허한 소설이 아니라 고객이 브랜드 혜택benefit을 확실하게 느낄 수 있는 가치제안value proposition을 제공해야 한다.

브랜드가 성공하기 위해서는 매력적인 스타일도 중요하지만 감동적인 스토리가 훨씬 더 중요하다는 것을 명심하자. 스토리story가 스타일style을 이긴다.

스토리텔링이 지역특산물브랜드에 결정적으로 영향을 미친 사례는 많지만 대표적인 것이 '에비앙'이다. 프랑스 에비앙 생수의 성공 비결은 '1790년 프랑스의 한 귀족이 에비앙 지역에서 요양하며 3개월간 샘물을 마신 뒤 병이 나았다는 이야기를 퍼트리며 1826년부터 샘물을 병에 담아 팔게 됐는데, 이때부터 에비앙 생수가 유명세를 타기 시작했다'고 하는 브랜드스토리 덕분이다.

스토리텔링 마케팅의 효과는 관광 등 문화산업에서도 주목할 만하다. 20여 년간 갈고 닦은 남이섬을 강력한 지역브랜드로 만든 계기는 '겨울연가'라는 TV드라마다. 주인공이 거닐던 남이섬을 방문하면서 그 감동을 직접 체험해 보고 싶은 것이 사람의 마음이다. 지방자치단체 등 문화산업 주체들은 스토리와 체험이 있는 문화상품을 만들기 위해 노력할 필요가 있다. 최근 한국관광공사도 이러한 추세를 반영해 유명 관광지와 그곳에 얽힌 이야기를 결합한 다양한 한류상품을 기획한다고 하니 서로 연계하여 추진해 나갈 필요가 있다.

초정약수 vs 에비앙의 사례를 통해서 스토리텔링 vs 스토리셀링의 전략적 시사점을 생각해 보자. 먹는 샘물시장은 세계 물산업의 '황금알을 낳는 거위'다. 국제생수협회IBWA는 2008년 시장보고서에서 세계적인 음료 마케팅 전문회사 BMC의 자료를 인용, 세계 먹는 샘물 소비량이 1994억 l 에 달한다고 밝혔다.

세계 먹는 샘물시장에 후발주자로 합류한 한국도 약 8,000억 원 규모로 해마다 10% 이상 성장하고 있다. 세계 시장에 최고의 먹는 샘물 브랜드를 내놓을 때가 되었다. 충북은 대청댐, 충주댐, 수안보온천과 초정약수 등 매우 다양하고 풍부한 수자원 보고로써 먹는 샘물시장의 생산량 및 출하금액은 18% 수준으로 제주에 이어 전국 2위의 수준이다.

초정약수	에비앙
대한민국 충북	프랑스 동부 알프스 지역
세계 3대 광천수	광천수
지하 100m의 석회암층에서 솟아나오는 무균단 순탄산천으로 유리탄산, 칼슘, 마그네슘, 칼륨 등 함유	해발 4,800m의 알프스산에 내린 눈과 비가 15년간에 걸쳐 빙퇴석층을 통과해 만들어짐. 칼슘, 마그네슘 등 미네랄 함유
600년 역사	220년 역사
세종대왕	프랑스 후작(무명)
눈병 치유	신장결석 치유
	전 세계 130여 개국에서 1년 동안 약 18억 병의 물 판매

하지만 롯데칠성(아이시스), 석수&퓨리스(퓨리스), 동원샘물(미네라인) 등의 수원지로 사용될 뿐 충북의 지역브랜드는 매우 미약하다. 그중에서도 충북의 대표 브랜드인 '초정 광천수' 라는 600년 전통의 브랜드를 보유하고 있으나, 침체된 상태여서 이를 부흥시키기 위해 절치부심하고 있으나, 대안마련에 성공을 거두지 못하고 있다.

세계 최고의 먹는 샘물로 인정받고 있는 프랑스의 에비앙과 한국의 초정약수를 비교하여 현격히 부족한 점을 파악하여 향후 개선방안을 모색해 보자.

하지만 초정약수는 누구도 따라올 수 없는 두 가지 경쟁력을 지니고 있다.

첫째, 초정약수는 에비앙의 지하수 못지않은 약수(藥水)다. 세계광천학계는 초정약수를 미국의 샤스터와 영국의 나포리스와 함께 세계 3대 광천수의 하나로 꼽는다.

둘째, 초정약수에는 프랑스 에비앙보다 더 극적인 스토리가 있다. 『세종실록』에는 세종이 60일 동안 머물며 눈병을 고쳤다는 기록이 나온다. 『동국여지승람』에는 청주 동쪽 30리에 초수가 있어 이 물에 목욕하면 피부병이 낫는다는 기록이 보인다. 세조 또한 이 약수로 심한 피부병을 고쳤다고 한다. 초정약수의 약효는 7, 8월 삼복더위에 가장 뛰어나 민간에서도 복날과 백중날에는 물 받으러 오는 사람들이 십 리나 줄을 섰다고 전해지고 있다.

한국 역사상 가장 위대한 왕으로 추앙받는 세종대왕이 초정약수를 먹고 눈병을 치료하여 인류의 문화유산이자 세계에서 가장 과학적인 한글을 창제하였다고 하는 이야기 하나만으로도 에비앙 스토리를 압도하고도 남는다. 아니 비교 자체가 불가할 정도다.

하지만 지금의 초정약수를 보면 초라하고 어수선하고 조잡하기 이를 데 없는 낙후된 시골마을이 되었으며, 세종대왕 이야기도 초라하게 남아 있을 뿐이다.

그렇다고 이러한 문제점을 개선하기 위하여 삐까번쩍 도시개발을 하라는 얘기가 아니다. 에비앙 역시 간이역 규모의 작은 기차역에 내리면 이곳이 정말 세계적인 생수공장이 위치한 프랑스의 유명 휴양도시 에비앙이 맞나 의심스러울 정도로 한적하다. 그 이유는 에비앙 시 정부가 에비앙의 취수원을 보호하기 위해 주변지역의 개발을 비롯해 농업과 축산업을 법률로 막고 있기 때문이다. 에비앙은 광고도 요란스럽게 하지 않는다. 광고가 화려하면 오히려 청정 이미지가 손상될 수 있기 때문이다. 회춘(回春)을 의미하는 영어 단어 Rejuvenate를 변형시킨 Reju'evian'ate라는 문구와 젊게 살라는 'Live Young'이란 문구만을 광고에 사용한다.

따라서 초정리의 환경개선은 '청정'에 초점을 두어 진행해야 한다. 길거리, 건물, 간판, 공공디자인 등 모든 부문에서 '깨끗함' 하나에 올

인해야 한다. 또한 이천시가 임금님 진상품이라는 것을 활용하여 '임금님표'라는 브랜드를 개발하여 덕을 톡톡히 보듯이, 세종대왕을 적극 활용하여, 초정리를 찾는 고객들이 세종대왕이 된 듯한 느낌이 들도록 만들어야 한다.

7. 윤상현 배우 vs 지정환 신부

'임실 = 치즈'라는 공식이 성립되어 있다. 임실 치즈마을을 찾는 방문객은 연간 5만 5천여 명이며 85가구가 모여 사는 치즈마을 농민들이 올리는 소득은 18억 4,000만 원에 이른다. 이와 같이 놀라운 성과는 단순히 소젖을 짜 원유를 내다파는 1차산업이었다면 불가능했을 것이다. 원유를 가공하여 '치즈'라는 아주 독특한 식품을 만들어내고, 또 특별한 치즈체험 프로그램을 만들었기 때문에 가능했다.

임실군은 임실치즈의 브랜드를 통합적으로 관리하기 위하여 '임실N치즈'라는 브랜드를 개발하였다. 이 브랜드에 대한 인지도를 확대하기 위하여 대대적인 광고를 실시하였는데, 광고모델로 최고의 인기를 구가하는 윤상현이라는 값비싼 스타 모델을 활용하였다. 또한 지자체장인 임실군수가 나와서 임실군이 보증하는 브랜드임을 강조한다. 하지만 임실군의 역대 민선 군수 3명이 모두 비리로 구속되는 최악의 지자체로 악명을 떨치고 있다.

임실치즈는 커뮤니케이션의 방향과 주제, 소재를 완전히 잘못 잡았다. 요즘 수많은 브랜드들이 스토리텔링 마케팅을 하려 해도 이야깃거리가 없어서 억지로 꾸며내는 것이 태반인데, 임실치즈야말로 정말

윤상현 배우

지정환 신부

로 감동적인 가슴을 울리는 지정환 신부의 스토리텔링이 있지 않은가.

임실 치즈마을의 탄생은 1960년대로 거슬러 올라간다. 지정환 신부가 온 1959년에도 전북 전체에 개인 자가용은 하나도 없었을 정도로 임실은 가진 것이라고는 (지천에 깔린) 풀과 (일 없어 빈둥거리는) 시간밖에 없는 찢어지게 가난한 지역이었다. 하지만 1964년 임실 성당에 벨기에인 지정환(본명은 디디에 세스테벤스) 신부가 오면서 바뀌기 시작하였다. 전쟁을 겪고 아프리카보다 더 가난했던 한국 농민들의 삶을 나아지게 할 방법을 궁리하던 지정환 신부가 주민들에게 '산양을 키워 치즈를 만들어보자'고 제안한 것이다.

당초 주민들은 시큰둥했다. 지정환 신부가 애써 사다놓은 산양을 팔아치우는가 하면 치즈 제조법을 좀 배우다가도 그만둬 버리기 일쑤였다. 그렇게 3년이 갔다. 하지만 지정환 신부는 포기하지 않고 벨기에와 프랑스, 이탈리아까지 치즈제조 비법을 찾아 헤맨 끝에 마침내 임실 주민들과 함께 '한국 최초의 치즈'를 만들 수 있었다.

임실을 한국 치즈의 출발점이자 본고장으로 거듭나게 만들었다. 임실치즈를 만드는 곳이 큰 공장 4곳(지점이 150개나 되는 곳도 있다)을 포함해 모두 12곳이나 된다. 그들은 값싸고 질 좋은 외국산 수입치즈들의 홍수 속에서도 품질로 경쟁해 살아남았다.

임실 치즈마을은 2000년과 2006년 각각 한국 최초의 목장형 유가공 공장인 '숲골'과 '이플'을 세우고 현재는 인터넷 직거래 등을 통해 전국에 고급 치즈 관련 제품을 판매한다. 농식품부 관계자는 "'색깔 있는 마을'을 육성하기 위해 가장 중요한 것은 각 마을에 지정환 신부와 같은 핵심리더를 육성하는 것"이라며 "창의력과 전문성을 갖춘 이들이 지역의 잠재력을 파악하고 주민들의 참여를 이끌어내는 게 성공의 비결"이라고 강조했다.

임실N치즈가 브랜드경영에서 해야 할 가장 중요한 역할은 임실N치즈가 다른 피자 업체보다 무엇이 더 낫기 때문에 선택해야 하는지를 명확하게 전달해 주는 것이어야 한다. 막연하게 더 좋은 제품, 더 좋은 서비스를 제공하기 때문에 우리 것이 좋다고 해서는 설득력이 없다. 왜 좋은지를 소비자에게 논리적 · 감성적으로 증명해야 한다.

농특산물은 기본적으로 텃밭에서 생산하는 것이 가장 좋다. 당연히 농식품 역시 텃밭에서 생산한 농특산물을 가공한 것이 가장 맛있고 좋을 뿐만 아니라 환경적인 측면에서도 저탄소녹색경영의 핵심요소가 된다. 먼 거리에 있으면 물류비용과 운송에 따른 탄소발생이 수반되기 때문이다.

다른 피자는 유럽 등 해외에서 들여오지만, 임실N치즈피자는 국내에서 생산된다는 점을 강조할 필요가 있다. '치즈 = 국산'이 약점이 아니고 오히려 강점이라는 점을 어필해야 한다. 이는 'K-멜론'의 성공사례에서도 찾아볼 수 있다.

풀무원에 '원경선 원장'이 정신적 지주로 존재한다면, 임실N치즈에는 '지정환 신부'가 정신적 지주로 구심점 역할을 하고 있다는 점을 적극 알려야 한다.

임실N치즈피자 프랜차이즈에 오게 되면 벽에 걸려 있는 지정환 신부를 보면서 이야깃거리가 되도록 해야 한다. 찾아오는 손님들에게 물건이 아닌 의미까지 체험하게 하는 가치를 제공할 때 비로소 강력하면서 모방할 수 없는 브랜드 차별화가 된다. 지정환 신부의 50년 스토리를 누가 모방할 수 있겠는가?

임실치즈 스토리텔링의 핵심은 단순한 치즈공장의 성공이 아니라 임실 주민들의 새로운 삶이었다.

8. 농업과 문화예술의 만남

지금까지의 농업정책은 대부분 경제적 인자, 기업 의제, 산업 우선순위에 의해 결정되었다. 하지만 경제산업이 문화를 이끌어가는 시대가 가고 반대로 문화가 경제를 이끌어가는 21세기 감성사회가 도래하였다. 실제로 21세기 축제는 주민화합과 놀이문화의 의미를 넘어서서 지역경제를 이끌어내는 중요한 브랜드로서 가치를 지니고 있다. 따라서 미래농업은 예술과 문화산업에 접목해야 살아남을 수 있다.

농경사회	산업사회	지식정보화사회	감성사회
근육	기계	두뇌, 지식	꿈, 환상 상상력, 창조력
경제 ↕ 문화 (경제와 문화의 분리)	경제 → 문화 (경제가 문화를 이끌어감)		경제 ← 문화 (문화가 경제를 이끌어감)

한식세계화도 단순히 하나의 음식이 아니라 문화로 인식하고 있듯이, 먹거리가 문화영역의 하나라면 농산품은 자연과 농부가 손으로 빚어낸 작품이라고 할 수 있다.

농업과 예술, 문화를 접목하는 농촌에 색을 입히고 농특산물을 디자인하여야 마케팅 효과를 끌어올릴 수 있다.

농업, 농촌 지역 정책의 수립에서 예술의 융합, 문화와 농업의 접목 등을 통하여 농업의 위기에 대응해야 한다. 농업에 대한 혁신적인 예술 프로젝트의 개발을 장려하고, 농업과 농촌 문제에 대하여 디지털 예술가, 사진, 직물 아티스트, 건축가, 디자이너 등 예술가 참여 프로그램을 확산시켜야 한다.

구 분	사 례	비 고
공간		관광수요창출
1차 농특산물	  	가격프리미엄
2차 가공농식품		

유럽 농업예술축제와 같은 농업과 문화예술의 만남에 대한 시도는 유럽연합기금인 'Leader^{+}'의 지원을 받아 'Terre de Beauce'라는 단체에 의해 시작되었다. 2005년에는 거대한 유럽의 지도를 농지에 형상화하

였고, 이 표현은 농촌지역의 문화활동에 관심이 많은 유럽연합이 주관하는 Lead'Or라는 상을 수상함으로써 널리 알려지게 되었다.

생산농가들은 2005년도에 'pretes'라는 8개의 지역Chateaudun과 Cloy-sur-le-Loir 사이에서 예술가인 Tetsue Harada와 함께 유럽지도를 형상화하는 등의 축제를 만드는 데 공동으로 노력하였고, 이러한 만남과 협력의 결과, 주민들이 이해하기 쉽고 매우 감동적인 몇몇 작품들은 유럽의 대표작으로 선정되어 2만 5천 명 이상의 방문객이 이 작품들을 둘러보았다.

유럽 농업예술축제는 대자연 예술의 유럽축제로서 농업과 문화를 결합하는 것, 즉 자연과 예술의 본질을 유지하면서도 그들이 어떻게 서로 조화를 이룰 수 있는가 하는 것에 관심을 두고 많은 노력을 기울였고, 결국 이와 같은 일련의 축제를 통해 식물 문화의 다양성과 풍부함에 대해서 국민들의 관심을 이끌어내게 하였다.

한국 농업, 농촌의 난국을 타개하기 위한 전략은 바로 차별화 전략이다. 1차 농특산물을 1차적으로 접근해서는 차별화가 되지 않는다. 왜냐하면 농민은 누구나 다 1차산업적 접근을 하기 때문이다. 그래서 1차산업은 2차산업처럼, 혹은 3차산업처럼 접근해야 비로소 차별화가 된다. 농업과 과학기술, 공업을 접목한다든지 아니면 오락, 관광, 예술을 접목하는 것이 그것이다.

강진군의 영동농장영농조합법인은 농지 전체에 앰프를 설치하여 모심기 때부터 아침에는 모차르트 음악, 점심에는 전통 풍물을 모가 다 자랄 때까지 틀어주는 음악재배법으로, '그린음악 쌀'로 브랜드화 했으며 엄격한 품질검증체계를 도입, 연간 700t의 친환경 쌀을 생산하고 있다. '유기농그린음악쌀'은 미국 농무성USDA의 유기재배 인증인 국제인증을 획득하기도 했으며 제11회 친환경 유기농 무역박람회에서 은상을 수상했다. 덕분에 강진 전 지역에 친환경 쌀 생산을 앞당기고 강진 쌀의 질을 한층 높이는 계기를 마련했다.

청송군은 2011 청송사과축제의 일환으로 '사과밭 주인과 화가전'을 갖는다. 문화예술을 축제에 접목하여 농업과 예술의 만남 콘셉트로 추진하는 '사과밭 주인과 화가전'은 국내 유명화가 77인이 참여하여, 화가들은 세계 최고의 맛을 자랑하는 청송사과를 주제로 작품을 전시하고 사과밭 주인은 따뜻하고 평화로움이 묻어나는 일상의 언어로 화가들의 작품에 대한 평을 하여 함께 전시한다.

또한 축제기간 중에 화가들이 청송의 사과밭에서 누드크로키 행사를 갖고 스케치한 작품을 사과밭 주인에게 증정하는 행사도 갖는다.

쌈지농부는 디자인 트렌드를 주도하며 '홍대 앞'으로 대변되는 인디문화와 현대미술을 향한 아낌없는 지원을 통해 문화적 기업의 기반을 공고히 한 쌈지가 농사를 짓고 농특산물을 유통하는 농사 브랜드다. '뭔가를 만들고 일구는 것은 농사와 예술이 다르지 않다. 농사는 예술이다'는 생각을 가지고 파주 헤이리에 위치한 생태문화공간 논밭예술학교의 '예술적 농업활동'을 통해 문화예술과 농사의 통합적 전망을 모색하고 있다.

이제 농업은 예술로 돌파구를 뚫게 될 전망이므로 농부는 예술가로 거듭나야 할 시대에 살고 있다.

9. 특산물은 축제의 소재일 뿐

지역브랜드 홍보와 지역경제 활성화의 가장 효과적인 수단으로 지역축제가 각광받고 있다. 대부분의 지역축제는 마늘, 고추 등 지역농특산물을 소재로 하는 축제이다. 지역의 농수산업, 제조업 등 1, 2차 산업에 관광이라는 3차산업 요소를 결합함으로써 융복합화상품개발을 통한 경제적 이익을 극대화하려는 것이다.

1) 한국마늘축제

한국의 건국신화인 단군신화에 마늘과 쑥을 먹고 여인이 된 곰과 하늘의 아들인 환웅 사이에서 단군이 탄생한다는 이야기가 전해지고 있다. 또한 한국의 대표음식 김치의 핵심 식재료로 마늘은 뺄 수 없을 만큼 한국인에게 너무도 친숙한 농특산물답게 한국의 마늘축제는 서산육쪽마늘축제, 남해보물섬마늘축제, 단양마늘축제, 의성마늘축제 등 여기저기에서 열리고 있다.

남해보물섬마늘축제의 주요 프로그램은 마늘직거래장터, 노래경연대회, 마늘품평회, 마늘공예작품, 마늘음식, 마늘가공식품, 마늘3종경기, 마늘학술심포지엄, 마늘창작요리 경연대회, 마늘홍보대사 위촉, 마늘여행 스탬프 찍기, 마늘달인 선발대회(마늘 까기, 자르기, 엮기 등) 등이다. 그중 하이라이트는 마늘아줌마선발대회다.

서산육쪽마늘축제의 주요 프로그램은 마늘직거래장터, 육쪽마늘 6종 경기(마늘 빨리 까기, 마늘 빨리 따먹기, 마늘무게 맞추기 등), 마늘요리 경연대회, 600인분 마늘 비빔밥 만들기, 학술세미나, 마늘종합전시관 운영, 마늘입욕제 만들기 등이다.

대체로 4개의 마늘축제 프로그램들은 대동소이하다. 서산육쪽마늘축제는 3일 동안 5만여 명의 관광객이 찾아와 5억 원이 넘는 농특산물 판매실적을 내기도 했다. 또한 마늘캐기 체험 밭에서는 마늘 500접(750만 원)이 관광객들의 손에 쥐어졌고 먹거리 장터를 운영 3,000만 원의 수익을 올린 것으로 집계되기도 했다.

2) 미국 길로이 마늘축제

미국 캘리포니아주 길로이 시는 인구가 겨우 3만 명으로 미국산 마늘의 60~70%를 생산하고 있으며 지역산업을 활용하여 1979년부터 매년 여름 길로이 갈릭 페스티벌Gilroy Garlic Festival을 개최하고 있다. 단 3일간 열리는 축제기간에 방문객만 10만 명을 기록한 축제, 미국에서도 10대 축제에 손꼽히는 축제가 바로 길로이 갈릭 페스티벌이다. 매년 축제에서 마늘을 20톤 이상 소비하고 있으며, 150여 개의 지역기업이 참가하고 있다. 마늘로 만든 빵, 초콜릿, 아이스크림 등의 음식과 마늘 머그컵 등 다양한 기념품을 개발해 홍보 및 경제효과를 극대화하고 있다.

마늘축제로 길로이 시가 관광명소로 자리매김하면서 외국관광객을 포함하여 매년 200만 명이 이 지역에 방문함으로써 지역경제 활성화에 큰 기여를 하고 있다. 축제기간에만 마늘도시임을 느끼는 것이 아니라 평소에도 길로이는 지역 전체가 온통 마늘을 위해 만들어진 도시이자 마늘 하나로 도시 전체가 이미지 메이킹되어 있다. 길거리 상점에는 입이 쩍 벌어질 정도로 수없이 늘어선 마늘 가공품들을 볼 수 있다. 이런 요소들로 인하여 서산이나 남해보다 작은 도시에서 '세계의 마늘 수도'라는 당당한 타이틀을 가지고 있다.

메인이벤트로 볼 만한 것은 마늘요리 경연대회, 음악회, 아이들을 위한 오락 프로그램 정도다. 특히 요리경연대회는 지역방송사와 연계해서 유명 요리사를 초청하여 격을 높이고 여기에 직접 축제 관람객이 점수를 줘 '올해 최고의 요리사'를 뽑는다. 요즘 유행하고 있는 '나는 가수다', '슈퍼스타K', '위대한 탄생'과 같은 오디션 프로그램의 인기를 생각해 보면 될 것이다. 단연 길로이마늘축제의 간판이라 할 수 있다. 한국의 형식적인 마늘요리 경연대회와는 차원이 다르다. 여기서 중요한 점은 마늘을 1차산업 그대로 파는 것에 그치지 않고 마늘요리로 변화시켜 상품화함으로써 부가가치를 높여 비싼 가격에 판매하여 큰 돈을 번다는 것이다. 이 축제기간에만 약 4,500파운드(약 2,000kg)의 마늘이 소비됐다니 결코 적은 양이 아니다. 1979년 첫해부터 2007년까지 축제 수익으로만 700만 달러(77억 원)를 벌어들인 축제였다. 고품질 농특산물을 생산하고 이를 가공한 특산물과 기념품 체험을 연계해 부가가치를 창출함으로써 지자체 예산을 쏟아붓는 축제가 아니라 돈을 버는 축제다.

한국 지자체의 마늘축제는 관 주도의 성격이 아직은 강한 반면에 30년 이상 길로이 갈릭축제를 이끌어온 것은 철저히 지역 주민이다. 길로이 마늘축제 자원봉사자 수는 4,000명, 지역인구의 10%가 넘는 사람들이 직접 이 축제에 참여했다. 각종 마늘가공업체와 기업이 매년 이 축제를 적극후원하고 참여한다.

3) 제주감귤축제

제주감귤축제는 제주감귤 농협협동조합이 12월 초순에 개최하고, 1981년부터 30년 이상의 역사를 가진 제주의 대표적 지역축제이다.

제주감귤축제는 제주의 지역특산물인 제주감귤의 우수성을 널리 알려 수요를 창출하고 재배농가의 생산의욕 고취와 도민화합의 장을 마련하기 위해 개최하게 되었다. 축제행사프로그램으로는 감귤아가씨 선발대회, 품평회, 우수농가시상, 감귤장터, 감귤조리제품전시, 유명가수초청 등이 있다.

4) 프랑스 망통 레몬페스티벌

매년 2월이면 프랑스를 들썩이게 하는 레몬축제는 프랑스 남부의 망통Menton이라는 작은 도시에서 열린다. 1934년부터 시작된 이 축제에는 130톤에 달하는 레몬이 소요되며, 어린이들의 가장무도회로 시작된다. 비오베 공원Jardins Bioves에서는 매일 레몬과 오렌지로 만든 다양한 조형물들을 볼 수 있는데, 해마다 Asterix와 Tintin, Lucky Luke, 미키마우스, 피노키오, 이상한 나라의 엘리스 등 친근한 만화 주인공들을 주제로 내세워 레몬으로 이들을 묘사해 축제의 재미와 흥을 더해주고 있다.

온 마을에 퍼진 상큼한 레몬 냄새와 친근한 만화 주인공들로 인하여 유럽 전역에서 여행객을 불러 모은다. 레몬 생산농가를 비롯하여 정원사, 화가, 금속 가공업자 등 다양한 업종에 종사하는 사람들이 참여하여 시식회, 레몬 조형물 전시회, 퍼레이드, 어린이축제, 불꽃놀이, 고적대 행진 등의 프로그램을 펼친다.

제주감귤축제가 감귤의 홍보와 판매촉진을 목표로 하는 소위 관계자들만의 축제라면, 프랑스 망통의 레몬축제는 농특산물 축제에서 볼 수 없는 동화를 주제로 축제를 개최하여 인구가 3만인 도시에 축제 때는 30여 만 명이 참가하는 성공적인 축제로 자리매김하였다. 이는 그들이 단지 레몬판매만이 아닌 레몬에 동화를 결합시킨 상상력과 재미로 승부한다는 것이다. 모름지기 축제는 재미가 있어야 한다. 그래야 사람이 모인다. 하지만 농특산물만 잔뜩 진열해 놓은 축제에 무슨 재미가 있을 것인가? 프랑스의 망통레몬축제는 스스로 유명하고 재미있는 것을 만들어내기보다는 이미 유명하고 재미있는 것을 가져다 레몬으로 표현함으로써 남의 자산을 축제에 적절히 활용할 뿐이다.

제주감귤축제의 소재는 감귤이고 주제는 판촉인 반면에 프랑스 망통레몬축제의 소재는 레몬이지만 주제는 동화 속 상상력이다.

한마디로 남해나 서산의 마늘축제, 제주감귤축제가 생산자(공급자)의 이익을 우선하는 것이라면, 프랑스 망통레몬축제는 고객(관람객)이 무엇을 원하는지를 우선적으로 고려한다는 점에서 완전히 다르다.

규모가 큰 지역일수록 축제도 성공할 것이라는 생각을 하기 쉽지만 사실은 정반대다. 성공한 축제는 대부분 인구 3~5만 명 정도의 소규모 지역이다. 반면에 인구가 몇 십만 명을 넘어서는 지역에서는 성공한 축제를 찾아보기 힘들다. 왜냐하면 소규모 지역은 하나의 소재(품목)에 모든 노력을 집중하여 '지역 = OO축제'로 브랜드화하기가 쉽기 때문이다. 대표적인 사례로 함평나비축제와 길로이 마늘축제, 망통레몬축제 등을 들 수 있다. 길로이는 1년 내내 마늘의 도시인 반면에 한국의 마늘축제도시는 축제기간에만 마늘도시가 된다. 따라서 관광객을 유치해도 팔 물건이 없는 한국 관광지의 현실을 타파하기 위해 관광산업과 지역산업의 연계를 강화하고 지역경제를 활성화하여 경제적 이익을 극대화하기 위해서는 연중 1품목 집중화 전략이 필요하다. 그러기 위해서는 지역범위를 너무 크게 잡아서는 안 된다.

10. 농산가공품을 관광기념품으로 브랜드화하다

1차, 2차, 3차 융복합산업화를 통한 통합적 지역브랜드 강화전략이 활발히 추진되고 있으며, 정부에서도 이 방향으로 적극 유도지원하고 있다.

특히 지역축제를 중심으로 지역브랜드화가 꽃을 피우고 있다. 또한 관광객들에게 다채로운 체험을 제공하고 관광기념품을 판매하고 있다. 지역을 방문한 사람들이 돌아갈 때, 반드시 손에는 관광브랜드상품을 선물로 사들고 가게 해야 한다. 그런데 관광기념품이 마땅한 게 없다 보니, 그 지역특산물을 사는 경우가 대부분이다.

일반적으로 관광기념품을 아래와 같이 나누어볼 수 있다.

〈관광기념품〉

생활용품	공예품	농산가공품
I ♥ NY	안동 하회탈	대만 펑리수

뉴욕을 여행하고 돌아온 사람들의 손에는 거의 대부분 'I ♥ NY'라는 글귀가 새겨진 티셔츠나 인형, 모자, 가방 등 관광상품이 들려 있을 것이다. 실생활용품을 관광기념품으로 판매하니 큰 부담 없이 사게 된다.

한국의 지역 관광기념품은 대체로 공예품들이 많은데, 많이 팔리지 않는 편이다. 농특산물의 경우에도 1차 농작물 그대로 판매하는 경우가 대부분이고 2차 농산가공품을 브랜드화하는 경우는 많지 않다.

대만의 넘버원 관광기념품은 무엇일까? 일반적으로 관광기념품은 공예품이 많지만 대만에 가면 꼭 사와야 할 선물은 농산가공품인 펑리수(鳳梨酥)다. 펑리수의 펑리(鳳梨)는 파인애플을 뜻하는 말로써 파인애플 과자가 특히 유명하다. 펑리수는 외빈 접대용으로 꼭 선물하는 것으로 펑리수가 빠지면 대만여행에서 무언가 하나가 빠진 느낌이 든다.

해외여행에서 관광객은 1차 농특산물을 가지고 나올 수 없다. 그런데 농산가공품은 문제가 되지 않는다. 그래서 관광객이 가장 많이 구입하는 대만의 특산물인 파인애플 과자, 펑리수(鳳梨酥)는 효자상품이 되었다. 특히 중국본토 여행객의 대만 자유여행이 허용되고 대만과 중국 간에 '양안 경제협력 기본협정ECFA'을 체결하면서 펑리수 업계는 2006년 판매액이 20억NT$(800억 원)였으나 2010년에만 250억NT$(1조 원)를 판매했다.

1970년대 대만은 파인애플 수출 세계 2위였고 농업국가에서 공업국가로 넘어가는 시점이었다. 대만은 생 파인애플이나 통조림으로 수출하는 것보다 이것을 가공하여 수출하는 방법을 찾던 중에 펑리수(鳳梨酥)가 개발되었다. 이로써 대만 특히 타이베이의 명물 과자인 펑리수의 역사가 시작되었다.

처음에 파인애플만으로 만들었을 때는 파인애플의 섬유조직이 거칠고 산도가 높아서 시고 식감이 거칠었다. 그래서 돼지기름을 섞어 부드러운 파이 껍질을 만들기도 했으나 맛이 별로였다. 연구를 거듭하다가 수분을 제거한 동과(冬瓜)의 속과 파인애플과 설탕 등을 섞어 만든 부드러운 맛의 과자에 대한 평가가 상당히 좋아 오늘날까지 이어지고 있다. 펑리수의 껍질 부분은 서양의 쇼트 크러스트 패스트리와 아주 비슷하며 다소 건조한 느낌인데 일본인들이 특히 좋아한다.

대만의 일부 제과점에서는 동과를 전혀 쓰지 않고 만든 거칠긴 하지만 좀 더 강렬한 맛의 펑리수를 만들어 판매하고 있는데 이것을 토펑리수(土鳳梨酥)라고 따로 부른다.

대만의 특산물인 파인애플 과자 펑리수는 이제 단순한 농산가공품을 넘어서서 최고의 관광기념품이 되었고 국가브랜드상품으로 발전하였다.

11. 우수 농특산물브랜드 선정방법

현재 해마다 농업관계 기관에서는 쌀, 원예, 축산, 과수 브랜드 등 분야별로 우수농특산물브랜드를 선정 · 발표하고 있다. 그런데 어디서 듣도 보도 못한 브랜드가 우수 농특산물브랜드 대상이라는 딱지를 붙이고 있다면 소비자 입장에서 신뢰가 가지 않을 것이다.

품 목	행 사	목 적
쌀 브랜드	고품질 브랜드 쌀 평가 및 시상	고품질 쌀 생산유도와 소비자 신뢰 제고
원예 · 식품 브랜드	농식품 파워브랜드 대전	농식품 브랜드 발굴 및 전시 홍보, 소비자 지향적 마케팅
축산 브랜드	축산물 브랜드경진대회	생산에서 판매까지 브랜드관리 우수경영체 발굴 및 품질차별화 전략

심사평가는 다른 것과 비교하여 어느 수준인가를 가늠하는 것이다. 따라서 우수 농특산물브랜드를 심사평가하는 데 기준과 방법 등을 서로 다르게 적용하면 안 될 것이다. 심사과정에서 평가기준, 평가방법 등도 개선하여 효율적 운영체계를 구축하여야 한다. 우수농특산물브랜드 선정의 홍보 및 매출증대효과가 미약하여 평가방법 및 선정기준 등 제도 개선이 시급히 요청된다.

구 분	현 행	개선방안
수상자	상대평가(해마다 나올 수밖에 없음)	절대평가+상대평가(기준치 이상이 되지 않으면 수상자 없음)
평가체계	제각각	품목별 수상자 및 쌀, 과실, 원예, 축산, 수산 등 5대 분야별 수상자 선정
평가기준	생산자 기반 평가	소비자 기반 브랜드자산 가치(인지도, 이미지, 관계 자산) 위주의 평가
평가자	심사위원 위주의 평가체계	대형유통업체, 도매시장, 소비자 단체 등을 참여시켜 실수요자 위주의 평가
지원	정부행사와 무관	각종 정부행사 공식 브랜드 우선권 부여
홍보	해외 경진대회와 연계 안 됨	해외 경진대회와 필수 연계

농특산물브랜드 육성사업은 엄밀한 성과평가에 의해 시장에서 평가받을 수 있는 환경이 조성되어야 한다. 또한 우수브랜드의 선정 홍보사업이 체계적으로 실시되어 소비촉진 및 판매증대에 기여할 수 있도록 해야 한다.

소비자 홍보체계가 부족하여 형식적으로 실시되고 해당 품목의 소비 촉진과 연계성이 미비한 편이다.

우수농특산물브랜드대상 시상식이 하나의 축제가 되어, 언론매체와 연계되어 홍보 및 소비촉진활동과 연계될 수 있어야 한다. 농특산물은 소비자들의 식생활과 직결되는 문제이기 때문에 잘못된 경우나 잘하는 경우 모두 언론 및 국민의 관심을 끌 수밖에 없다.

여기저기 흩어져 있는 자잘한 것들을 통폐합하여 예산도 키우고, 행사도 축제 수준으로 키워서 농민과 소비자의 흥겨운 한마당이 되도록 해야 한다.

또한 우수브랜드에 선정된 상품은 aT센터 별도 전시실 등 농업 관련 기관 전시실을 활용하여 소비자 홍보를 강화하는 한편, 각종 국제행사 및 정부행사에 우선 조달 품목이 되도록 해야 한다. 최근 들어 전통주가 국빈행사의 공식 '건배주'로 각광받으며 세계로 무대를 넓히고 있다. 만찬용 술로 우리 술을 찾는 경우가 늘면서 전통주 업계의 경쟁도 치열하다. 왜냐하면 돈으로 환산할 수 없는 엄청난 홍보효과가 있기 때문이다.

술뿐 아니라 음식도 마찬가지다. 국빈행사의 공식 '김치', '과일', '한우' 등도 가능하다. 여기에 공급하는 공식 농특산물은 우수농특산물 경진대회에서 대상을 수상한 것으로 하는 것이 바람직하다.

현재는 우수농특산물브랜드상품과 국빈행사 상품과는 전혀 연계가 되어 있지 않아서 홍보효과가 거의 없다. 그리고 우수농특산물브랜드에 대해서는 해외에서 열리는 각종 박람회 및 농특산물 경진대회에 출품시켜 그곳에서 대상을 수상하여 홍보효과를 극대화시켜야 한다.

12. 소셜미디어를 통한 홍보

소셜미디어로 대변되는 개방화된 네트워크 시대에는 소비자들의 네트워크에 기업이 들어가는 전혀 다른 형태의 커뮤니케이션이 전개된다. 이러한 소비자 주도형 네트워크 시대에는 '대화conversation'가 기존의 '조작통제control'의 패러다임을 대체하며 새로운 마케팅의 키워드로 부상하고 있다.

과거에는 기업이 특정언론과의 유착관계를 중심으로 하여 정보를 통제하여 왔다. 즉 기업이 알리고 싶은 것은 알리고, 알리고 싶지 않은 것은 제외하여 미디어의 노출을 통제하였다. 소비자들은 통제된 정보에 의해서 구매의사결정을 내려야 했다. 하지만 소셜미디어의 확산으로 기업이나 기존언론보다 먼저 소비자들이 정보를 접하고 이를 소셜미디어를 통해서 실시간으로 급속 전파시킴에 따라 기업이 개별 미디어 노출 하나하나를 통제할 수 없는 상황에 직면했다.

소셜미디어를 통한 커뮤니케이션의 핵심은 '대화'다. 일방적인 커뮤니케이션보다는 소비자와의 대화가 필요하다. 따라서 기업이 일방적으로 정보를 제공하기보다는 소비자의 이해와 공감대를 얻을 수 있도록 소셜미디어 활용 전략을 세워야 한다. 소셜미디어를 활용한 소비자와의 커뮤니케이션 노력이 성공하기 위해서는 소비자들이 그들의

과 거	SNS(소셜네트워크 서비스)
기업 ↔ 고객	고객 ↔ 고객
정보 중심(정보의 바다)	사람 중심(사람의 바다)
조작통제(control)	대화, 소통(conversation)
설득	공감, 공유
폐쇄	개방 / 투명성
전달, 일방향	참여, 쌍방향, 전파, 확산
겉포장	진정성
제품브랜드 중시	기업브랜드 중시

생각과 의견을 자발적으로 자유롭게 제공함으로써 그들의 공감대를 얻어나가야 한다.

소셜미디어의 활성화는 '네티즌수사대'라고 불릴 정도로 강력한 정보력으로 무장한 소비자들과 전문가 못지않은 식견을 갖춘 고객들이 제품의 장단점을 세세히 분석하여 인터넷에 올리고, 기업의 활동을 더욱 신속하고 면밀하게 살펴볼 수 있고 이를 다른 소비자들에게 순식간에 전파할 수 있는 툴을 제공하고 있다. 앞으로 정보화의 확산으로 기업 비리가 탄로 나는 일이 더욱 비일비재해질 것이며, 이에 대한 최상의 대책은 기업경영의 투명성을 확보하는 데서 시작한다.

소비자들은 정보의 비대칭성이 완화되면서 기업의 활동을 보고, 그 기업에 대해 판단하며 적극적인 구전활동을 통하여 기업에 대한 영향력을 확대해 나가고 있다. 이러한 요소들은 기업의 브랜드 관리를 더욱 어렵게 하는 요소로 작용한다. 그리고 이러한 변화는 기업브랜드 관리에 있어 미디어와 소비자를 바라보는 시각의 전환을 요구하고 있다. 우선 지금까지의 신뢰 및 품질에 대한 보증이라는 기업브랜드 기능과 역할에 대해서 폭 넓은 확장을 요구한다. 이러한 새로운 역할을 수행하고 기업브랜드 가치 향상을 위해서는 기존의 브랜드 관리 방식에 대한 수정된 시각이 필요하다. 삼성전자가 파브, 하우젠 등 제품브랜드를 버리고 삼성이라는 기업브랜드로 통합하는 것이 이러한 흐름과 맥을 같이한다고 볼 수 있다.

소셜미디어가 기업에게 불리한 것만은 아니다. 과거처럼 돈의 힘이 아닌 사람들의 힘으로 움직일 수 있는 세상이 되었기 때문에 이를 잘 활용하면 저비용고효율의 큰 효과를 볼 수 있다.

현대자동차는 소비자와의 소통을 목적으로 얼마 전 '여러분의 댓글로 차를 선물해 주세요'라는 GIFT CAR 캠페인을 벌였다. GIFT CAR 캠페인이란 차가 필요한 사람에게 응원 댓글을 모아 일정 수준의 댓글이 모이면 차를 선물해 주는 캠페인이다. GIFT CAR는 최근 트렌드인 SNS를 전면에 내세워 소비자들의 적극적인 참여를 이끌어내 캠페인 효과 극대화에 큰 기여를 한 것으로 평가받고 있다. 캠페인 홈페이지에는 순식간에 수많은 댓글들이 달리기 시작한다. 그리고 이들의 힘으로 자동차가 한 대씩 기부된다. 그중 한 네티즌은 이렇게 하소연하기도 한다.

"요즘 저의 하루 일과 중 빼먹지 않는 한 가지가 바로 현대자동차그룹 기프트카 캠페인 댓글을 다는 일입니다. 저의 댓글로 자동차가 필요한 이들에게 힘이 돼준다면 그만한 보람도 없을 것 같거든요. 그런데 댓글을 달러 갈 때마다 놀라운 것은 100번째 안에 들어가기 힘들다는 거예요. 어쩜 이렇게 많은 사람들이 응원의 댓글을 달아줄까 놀랍기도 하고 기쁘기도 하답니다."

소셜미디어 마케팅은 전통적인 소비자 조사와 달리 반응을 즉각 확인할 수 있고 시간과 공간 제약을 받지 않으며 비용이 적게 드는 강점이 있다. 사람의 심금을 울릴 수만 있다면 놀라운 기적을 낳을 수 있는 곳이 바로 소셜공간인 것이다.

Tip
좋은 슬로건의 기준

고객에게 탁하고 꽂히는 슬로건이 되기 위해서는 몇 가지 기준을 충족해야 한다. 여러 학자가 여러 가지 기준을 제시했지만, 가장 중요한 한 가지만을 꼽으라면 '외치기 쉬워야 한다'는 점이다.

스 틱 (칩 히스, 댄 히스)	하이콘셉트의 시대가 온다 (스콧 매케인)	김형남
단순성	간략함	외치기 쉬워야 한다
의외성	강력함	짧아야 한다
구체성	관심을 끎	단순해야 한다
신뢰성	청중참여를 유도할 만큼 흥미진진함	단호해야 한다
감 성	당신만의 특성을 설명함	반복해야 한다
스토리	기억에 남을 만함	스토리
		운율(Rhyme)과 리듬

출처: 김형남(2010), 전략적 브랜드관리 매뉴얼.

1) 외치기 쉬워야 한다

슬로건은 원래 전쟁터에서 긴급상황이 발생할 때 병사가 토해내는 '함성' 혹은 집합신호로 외치는 소리이기 때문에 무엇보다도 외치기 쉬워야 한다. 슬로건은 구호(口號)이고 함성(喊聲)이다. 외치기 쉽다는 말은 구어체여야 한다는 말이다. 실제 일상생활에서 술 먹으면서 쉽게 말할 수 있는 수준이 되어야 한다.

2) 짧아야 한다

슬로건은 브랜드의 약속과 주장을 한마디로 표현하는 것이다. 따라서 짧고 간결해야 한다. 100페이지가 넘는 설명서를 제대로 읽을 소비자는 한 명도 없다. 100페이지를 1페이지로 요약하고 다시 한 문장으로 요약하고 다시 한 단어로 요약하라.

무언가를 빼도 핵심적인 의미전달에 손상이 가지 않으면 제거하라. 더 이상 뺄 것이 없을 때까지 제거하라. 하나가 남을 때까지. 그리고 그렇게 남은 '한 단어'가 얼마나 경쟁차별성이 있는지? 고객관련성이 있는지? 시대적합성이 있는지? 살펴보라. 만약에 삼위일체가 되지 않고 어느 하나라도 조화되지 않으면 버리고 그 과정을 다시 반복해야 한다.

정보의 홍수 속에서 브랜드에 대한 설명을 간단히 끝낼 수 있다면 시장을 석권할 수 있는 가능성이 매우 높다. 내가 누구인지 단 한마디로 설명하지 못하면 실패한다. 말이 많으면 지는 거다. 말이 많을수록 소비자는 당신의 말을 믿지 않는다.

3) 단순해야 한다

Simple is strong. 단순해야 한다는 말은 쉬워야 한다는 말이다. 쉬워야 이해가 된다. 진리는 단순명쾌하다. 좋은 전략도 지극히 단순명쾌하다. 복잡하게 설명해야 다른 사람이 겨우 이해할 수 있는 전략은 나쁜 전략이다. 여기서 나쁘다는 말의 의미는 의미전달이 어렵다는 것뿐만 아니라 그것을 실행해도 효과가 없다는 뜻이다.

4) 단호해야 한다

슬로건은 대중의 태도가 이성에 의해서 분명하게 정해지지 않고 동요적이거나 미확정적일수록 호소력이 크다. 따라서 슬로건은 확신을 갖지 못하고 갈팡질팡 불안해 하는 대중들에게 분명한 방향을 제시하는 단호성이 있어야 한다. 그러기 위해서는 표현이 단정적(斷定的)이어야 동요하는 마음상태인 사람들을 움직이는 데 효과가 있다.

5) 반복해야 한다

마케팅의 핵심은 고객의 기억 속에 '한 단어'를 심는 것이다. 제 아무리 열심히 노력했어도 투표장에 갔을 때 기억하지 않으면 아무것도 아니다.

기억하게 하는 방법은 무엇이 있을까? 기억에는 반복이 최고다. 반복, 반복 또 반복. 지겹도록 반복하여 세뇌시켜야 한다. 하도 많이 들어서 아예 외워버릴 정도가 되도록 해야 한다.

6) 스토리와 연결되어야 한다

이야깃거리가 되지 않는 슬로건은 버려라. 사실상 홍보의 핵심은 소비자에게 이야깃거리를 제공하는 것이다. 이런 측면에서 CEO나 정치지도자는 스토리텔러(storyteller)다. 그냥 단순한 이야기꾼이 아니라 비전을 제시하는 스토리텔러다. 정치인의 과거이력은 미래비전과 스토리로 연결되어야 비로소 공감하게 되고 힘을 얻는다. 그 과정에서 풍겨 나오는 사람 냄새가 나는 이야기에 공감하고 감동한다.

7) 운율(Rhyme)과 리듬을 가져라

운율은 그 자체로 슬로건의 멋스러운 가치를 높여준다. 그러나 더 중요한 역할이 있다. 운율은 반복의 효과에다 리듬까지 가지고 있기 때문에 사람들의 기억 속에 접착제처럼 착 달라붙게 한다. 특히 저장된 기억을 인출(retrieval)할 때 특히 효과적이다.

Veni, Vidi, Vici(왔노라, 보았노라, 이겼노라.)

로마 공화정 말기 율리우스 카이사르가 내전 중인 로마에서 자신의 군사적 우월감과 내전 승리의 확신을 원로원과 시민에게 전달하였다.

사례 에비앙

에비앙은 세계 최고의 생수 브랜드다. 이렇게만 알고 있는 사람들이 많이 있을 것이다. 하지만 에비앙은 상품브랜드이면서 동시에 지역브랜드다. 에비앙 시는 프랑스 동부 알프스 지역에 있는 약 9,000명이 살고 있는 휴양도시다. 에비앙은 하나의 특산물이 도시의 브랜드 가치를 높이고 시민들의 애향심을 높이며, 먹여살리는 사례다.

세계적 생수 '에비앙'을 키워낸 프랑스 에비앙 도시를 통해서 지역특산물과 지역브랜드의 관계를 살펴보도록 하자.

에비앙 도시브랜드 구축에서 가장 주목할 만한 것은 '스토리텔링'이다. 물속에 함유된 좋은 성분을 나열하는 딱딱한 광고 문구보다는 감동적인 이야기로 소비자의 감성을 자극한 마케팅이 주효했다.

1790년 사철 하얀 눈이 덮인 알프스의 에비앙이라는 작은 마을에 신장 결석을 앓고 있는 프랑스 후작이 요양하며 3개월간 샘물을 마신 뒤 병이 나았다는 이야기를 퍼트리며 1826년부터 샘물을 병에 담아 팔게 됐다. 에비앙은 단순한 물이 아닌 약이며 그 이유는 알프스 산맥의 만년설이 녹아 만든 물이기 때문이라는 브랜드 스토리를 소비자들에게 전파하였다. 이때부터 에비앙 생수가 유명세를 타기 시작했다. 3년 뒤인 1829년에 규모는 작지만 세계 최초의 생수회사가 생겨났다. 에비앙 시는 이 회사와 1892년부터 2027년까지 에비앙 지역의 샘물을 독점 공급하는 계약을 체결했다. 나중에 이 회사가 BSN이란 회사에 인수됐고 BSN은 오늘날 프랑스의 대표적인 식품업체인 '다논'으로 발전했다.

에비앙의 또 하나의 성공비결은 미래지향적이고 장기적인 비전의 공유다. 에비앙 시에서 에비앙 생수는 경제적으로 가장 중요한 역할을 하고 있다. 생수공장에 1,500명, 다논 사무실에 300여 명의 직원이 근무하고 있으며 가족들까지 포함하면 6,000여 명의 시민을 에비앙 생수가 먹여살리고 있다. 건강에 좋은 고급 생수라는 이미지 마케팅 전략으로 에비앙은 전 세계 130여 개국에서 1년 동안 약 18억 병의 물을 판매하고 있다.

에비앙 생수로 들어오는 돈이 시 세금의 4분의 1이나 된다. 물을 팔아 번 돈을 착하게 쓰고 있는 회사라는 이미지를 만들었다. 회사에서 벌어들이는 돈의 대부분을 에비앙이라는 작은 마을에 투자하여 그곳을 유럽 최고의 휴양지로 바꿔놓았다.

에비앙 시는 지속가능한 도시가 되기 위해서 고원지대 주변 도시들과 협약을 맺어 로열티를 제공하면서 농사 등으로 수원이 오염되지 않도록 취수원을 보호하는 활동을 강력하게 진행하고 있다. 또 수자원의 난개발을 막기 위해 다논에 2027년까지 에비앙 생수를 판매할 수 있는 독점권을 줬다. 에비앙 시에선 누구도 3m 이상 땅을 팔 수 없고 다논의 허가 없이는 물을 팔 수 없다.

에비앙 시는 오로지 물산업과 관광산업으로 먹고 산다. 전혀 새로운 산업은 생각하지도 않는다. 물산업은 물이 테마가 되는 수자원 상품을 중심으로 에비앙 스프레이, 에비앙 스킨케어 등으로 확장해 가고 있다.

스토리텔링 역시 계속해서 현대적으로 진화하고 있다. 물도 판매상품이 되면서 명품생수로 생활하는 것은 상류사회에 대한 체험이자 일종의 자기 과시 수단이 되고 있다. 팝스타 마돈나는 순회공연 때 묵는 호텔마다 욕조 가득 에비앙을 채워주는 것을 첫 번째 조건으로 내건다고 한다. 그는 자신의 무대 뒷이야기를 다큐멘터리 형식으로 엮은 '진실 혹은 대담'이란 영화에서도 에비앙을 마시는 모습을 보여줬다. 섹스 심벌로 90년대를 풍미한 킴 베이싱어는 에비앙으로 머리를 감는다는 일화를 남겼다. 마이클 잭슨도 에비앙으로 성형수술한 얼굴을 씻는다고 해서 '에비앙 마니아'로 알려져 있다. 이같이 할리우드 스타들의 에비앙 사랑 이야기는 브랜드에 생명력을 불어넣는다. 이러한 이야기는 연예스타를 다룬 언론보도를 통해서 순식간에 퍼져간다. 대중을 흠모하는 일반소비자들은 에비앙을 마시거나 에비앙으로 세수를 하면서 자신을 스타와 동일시하는 달콤한 꿈과 환상에 젖는다.

에비앙 시의 기본 콘셉트는 21세기 물의 도시로 설정하고 웰빙 시대에 맞는 지역 전략을 개발하고 있다. 에비앙 시는 생수로 알린 청정 웰빙 이미지를 이용하여 다시 휴양지로 관광객을 끌어 모으는 선순환 모델을 이어가고 있다.

빼어난 관광자원과 좋은 수자원을 가지고 있어도 그 지역 자체의 강한 이미지가 없다면 성공하기 어렵다. 에비앙 시도 예로부터 청정 알프스 지역의 휴양지로 이름을 날렸지만 그것은 프랑스 일부지역에 국한되었을 뿐이다. 전 세계 사람들에게 감동적인 스토리텔링을 통하여 에비앙 생수를 아웃바운드 개념으로 판매하면서 강력한 이미지를 형성하게 된 것이다.

제5장

지역브랜드 활용

1. 공동에만 초점을 맞추지 말고 브랜드에 맞춰라

뭉치면 살고 흩어지면 죽는다. 당연한 말 같지만 사실은 반은 맞고 반은 틀린다. 뭉쳐 있다가 한꺼번에 몰살될 수도 있기 때문이다.

영세하고 힘없는 지역 생산농가들이 혼자서 극복하기 힘든 점을 넘어서고자 뭉쳐서 공동브랜드를 많이 개발하고 있다.

그런데 공동브랜드 중에서 성공한 것은 찾아보기 힘든 실정이다. 왜 그럴까? 공동브랜드에 대한 이해의 부족 때문이다.

구 분	내 용
장점	· 생산자 간의 교류와 기술전파 촉진 · 초기 고정투자비용 및 마케팅비용 절감 · 마케팅 지식 및 시장 정보 공유 · 신속한 시장 진입 · 주산지가 확산되어 지역 간 경쟁력 제고
단점	· 이해관계의 갈등과 기회주의 가능성 · 투자와 수익 배분에 따른 갈등 · 의사결정의 지연과 조직운영의 관료화 · 운영효율성의 저하 · 하나의 잘못된 제품이 전체에 악영향

공동은 사람 중심의 개념이고 브랜드는 시스템 중심의 개념이다. 또한 공동은 의지의 표현이고 브랜드는 법치(法治)의 표현이다. 뭉치면 살고 흩어지면 죽는다. 맞는 말이다. 하지만 뭉치기만 한다고 힘이 생기고 성공하는 것은 아니다. 힘은 단순한 합의 개념이 아니다. 오합지졸들은 아무리 뭉쳐봐야 오합지졸일 뿐이다. 힘은 곱의 개념이다. 힘은 집중에서 생긴다. 하나의 초점에 모아지면 기하급수적으로 커지

지만, 다른 방향으로 향하는 것이 있다면 급격히 0에 가까워질 수 있다. 마치 2*2*2*2*2*2는 64가 되지만 2*2*2*2*2*2*0=0이 되듯이 말이다.

『손자병법』에서는 일을 성사시키거나 전쟁에서 승리하거나, 새 세상을 일궈 내거나 할 때 갖춰야 할 다섯 가지 기본원리로 '도천지장법(道天地將法)'을 제시하고 있는데 이것이 바로 '브랜드' 원리에 부합한다.

첫째, 도(道)는 하고자 하는 일의 뜻이 천도(天道)에 맞아야 함을 말한다. 진리에 어긋남이 없고 모든 이들에게 두루 이로워 하늘의 뜻과 일치되어야 함을 의미한다.

둘째, 천(天)은 천시(天時) 즉 시기가 맞아야 함을 말한다. 시기가 적절치 않으면 아무리 의로운 일이라도 성공할 수가 없다. 너무 빨라도 안 되고 너무 늦어도 안 되며 딱 반 발짝씩만 앞으로 나가야 한다.

셋째, 지(地)는 지리적 환경, 즉 은폐·엄폐할 지형지물이나 비빌 언덕과 같이 활용가능한 환경이 뒷받침해야 함을 말한다.

넷째, 장(將)은 도(道)를 따라 천지와 지리를 활용하여 사람들을 모아 일을 도모할 수 있는 장수, 즉 리더를 말한다. 영세한 생산농가들을 공통의 비전을 꿈꾸도록 하고 하나의 일관된 생각으로 이끌어갈 수 있는 혁신리더의 중요성을 인정해야 한다.

다섯째, 법(法)은 이해관계가 얽히고설킨 수많은 사람들에게 갈등과 혼동, 기회주의, 혼돈과 무질서에서 벗어나 질서와 균형을 통한 공동체 조직의 유지 발전이 가능하도록 하는 규칙과 시스템을 말한다. 법은 또한 리더(將)가 구체적으로 도(道)를 펼 수 있게 운영의 효율성을 극대화하는 방편을 말한다. 공동브랜드관리 준칙 내지는 법인의 정관과 같은 것도 여기에 해당한다.

브랜드의 광역화가 무조건 좋은 것은 아니다. 광역브랜드경영체의 경우 불특정 다수가 생산하는 농특산물을 수집하기 때문에 품질관리 및 통제에서 한계를 보일 수 있다. 이와 같이 도천지장법(道天地將法)이 없다면, 공동으로 뭉친다고 해도 성공보다는 실패할 확률이 높은 것이다.

공동브랜드가 성공 브랜드가 되기 위한 조건은 단순히 브랜드이름을 통합하는 것이 아니라 '비전 공유(道)'가 핵심이다. 햇사레 브랜드는 국내 최초로 시군 지역경계를 넘은 연합브랜드이다 보니 처음에는 많은 반대에 부딪혔다. "어디서 내 브랜드를 없애려고 드느냐"는 생산농가에서부터 심지어 지역 공무원조차도 "우리 군 복숭아는 나름대로 유명한데 왜 듣도 보도 못한 브랜드를 달라고 하느냐"고 항의하기도 했다. 하지만 보다 큰 그림을 제시하면서 비전을 공유해 나간 덕분에 해마다 매출액이 급성장하였으며, 2009년 한국 농업학회가 실시한 '농특산물브랜드 가치 평가'에서 959억 원의 가치를 평가받으며 전국 1위를 차지하기도 했다.

2. 브랜드확장

신제품이 나왔을 때 기존 브랜드이름을 붙일 것인가? 아니면 새로운 브랜드이름을 붙일 것인가? 그것이 항상 고민이다. 브랜드확장이란 신제품을 시장에 내놓을 때 이미 시장에 잘 구축된 브랜드명을 확장하여 그 이름을 그대로, 혹은 소비자들이 유사한 이름이라는 것을 쉽게 인지할 수 있는 범위에서 약간 변형하여 사용하는 것을 뜻한다.

기본유형	세부항목		성 공	실 패
라인확장	수직적 확장	상향 확장	· 다시다 : 쇠고기 → 쇠고기 골드, 쇠고기 진국(고함량화) · 놀부보쌈 → 놀부집	· 베리나인 골드(일반위스키) → 베리나인 골드 킹(특급위스키) · 디스 담배 → 디스플러스
		하향 확장	· 진로소주 : 25도 소주 → 23도 소주 : 참진이슬로(眞露) · 놀부보쌈 → 놀부부대찌개, 놀부순대국전문점 · 보디가드 내의 → BG	· 트리니티 숙녀복 → 트리아나 숙녀복 · 롯데백화점 → 롯데마그넷
	수평적 확장		· 다시다 : 쇠고기 → 멸치, 조개, 가다랭이(소재 다양화), 냉면(용도 다양화) · 신라면 : 봉지면 → 용기면 2종(후라면 큰사발, 후라면 컵) · 빈폴 : 캐주얼웨어 → 빈폴레이디스 빈폴골프, 빈폴옴므 · 진로소주 → 참眞이슬露 · 테이스터스 초이스 오리지널 → 초이스 골든모카, 초이스 디카프 · 청정원 햇살담은 간장 → 청정원 오푸드 햇살담은 콩간장	· 에이원 : 스테이크 소스 → 에이원 닭고기 소스 · 초이스 커피 → 초이스 캔커피 · 샤넬 : ALLURE(여성용 향수) → ALLURE Homme · 탱 오렌지주스 → 탱 자몽주스 · 스카티 : 티슈 → 타월, 기저귀, 물티슈 · 탠커리(Tanquery) 진 → 탠커리 보드카 · 밀러 하이라이프 맥주 → 밀러 라이트 맥주
카테고리 확장	관련 확장	기술 기반 확장	· 빅(Bic) : 플라스틱제품 → 일회용 볼펜, 라이터, 면도기 · 혼다 : 오토바이 → 자동차 → 잔디깎기기계 → 모터보트, 요트	· 소니(SONY) : 전자 → Sony Personal Computer
		고객 기반 확장	· 다시다 : 조미료(쇠고기, 멸치, 조개, 냉면) → 즉석국(북어, 미역 등) · 오뚜기 카레 : 오뚜기 라면 · 풀무원 두부 → 나물, 생면, 스파게티 · 갈아만든 배 : 음료 → 빙과 · 풀무원 두부 → 풀무원 다이어트 식품 · 앙팡치즈 → 앙팡 우유	· 식물나라 기초화장품 → 식물나라 색조화장품 · 샘표 : 간장 → 샘표타임커피 · 하이트 맥주 → 하이트 소주 · 풀무원 두부 → 장류(오월의 장맛) · 드봉 : 화장품 → 치약 · 뿌요뿌요 : 어린이발효유 → 스낵(뿌셔먹는 과자류) · 하인즈 케첩 → 이유식 · 캠벨 : 수프 → 토마토케첩 · 쿠어스 : 맥주 → 생수
	비관련 확장		· 삼성물산 → 삼성전자	· 진로소주 → 진로아파트 · 해태제과 → 해태 오디오

브랜드확장Brand Extension은 소비자들이 기존 브랜드에 대하여 축적하고 있는 지식, 즉 브랜드자산brand equity을 효율적으로 활용하기 위한 레버리지leverage 전략이다.

브랜드확장의 유형은 크게 동일 제품카테고리 내에서 확장이 이루어지는 라인확장과 원래의 제품카테고리를 넘어서서 다른 제품 카테고리로 확장하는 카테고리 확장으로 나누어진다.

라인확장은 등급이나 가격대 등에 따라 이루어지는 수직적 확장과 용도나 성분 등에 따라 이루어지는 수평적 확장으로 나누어지며 수직적 확장은 상위등급으로 확장이 이루어지는 상향확장과 하위등급으로 확장이 이루어지는 하향확장으로 나누어볼 수 있다.

또한 카테고리확장은 좁은 의미의 브랜드확장을 일컫는 것으로 관련 제품카테고리로 확장하는 경우와 비관련 제품카테고리로 확장하는 경우로 나누어볼 수 있다.

브랜드확장은 제품 간의 연관성이 높을수록, 모브랜드의 신뢰도가 클수록 더욱 성공적이다.

브랜드확장은 새로운 이름 개발 없이 기존의 브랜드이름만을 그대로 적용하는 전략방안과 새로운 브랜드 혹은 브랜드수식어를 개발하여 기존브랜드와 결합하여 사용하는 방안으로 나누어지는데, 후자를 서브브랜드전략이라 부르며 이에는 기존브랜드가 주도브랜드가 되는 직접적 서브브랜드전략과 신규브랜드가 주도브랜드가 되고 기존브랜드는 후원브랜드endorsing brand가 되는 간접적 서브브랜드전략으로 구분할 수 있다.

브랜드확장 (단일브랜드 – 브랜드수식어)	브랜드확장 (단일브랜드 – 인증마크)	서브브랜드전략	개별브랜드전략
햇사레 햇사레 플러스햇사레 프리미엄 햇사레GAP	Prince de Bretagne Prince de Bretagne–AB마크 (유기농)	Sunkist(1등급) SK(2등급)	뜨라네(일반) 아침마루(친환경) 아름찬(김치)
햇사레 공동브랜드		선키스트 협동조합	농협

브르타뉴는 소비자의 수요확대와 환경보호 및 브랜드상품의 다양성 확보차원에서 일반채소상품 생산에서 점차 미니채소와 유기농브랜드 채소생산을 증가시키고 있다. 이러한 공동브랜드 유기농상품에도 Prince de Bretagne라는 이름을 붙이고 있다. 다만, 별도의 품질인증마크인 'AB' 로고가 부착되어 출하되고 있어 유기농상품의 가치를 표현하고 있다.

3. 브랜드이름 개명의 중요성

미국에서 가장 유명한 트렌드 연구가이며 마케팅의 노스트라다무스라고 불리는 페이스 팝콘의 원래 이름은 페이스 플로트킨이다. 그녀는 이름을 바꾸어 버렸다. 팝콘은 영화 볼 때 커다란 종이 봉지에 넣고 먹는 바로 그 옥수수 뻥튀기를 말한다. 어려운 이름 대신 모든 사람이 알고 있는 그 이름을 선택한 것이다. 그녀는 다른 사람으로부터 물려받은 이름(성씨)으로 세상을 사는 것을 거부했다. 그녀는 이렇게 말한다. "우리는 자기 내면의 이름을 찾아야 해요. 현재의 이름이나 하는 일에 어쩔 수 없이 순응하고 살아야 한다고 믿으면 안 돼요.

이런 혁명은 나이하고는 아무 관계가 없어요."

사람 이름만 그런 것이 아니다. 브랜드이름 개명의 동기를 보면 아래와 같다.

이 유	브 랜 드 명
고객 적합성	샐러드퀸 → 떴다 샐러드 날아라 돈까스 Captain → Capteen
부정적인 인식 제거	고기순대 → 동그랑땡 Gipfel → Zipel 소나타 → 쏘나타
브랜드 소구점의 변화	스코로보 → 키미테 농심닭다리스낵 → 치킨스낵 공문수학 → 눈높이수학
국제화	왕자표 → Pro-Specs 기차표 → World Cup
업종 적합성	센스고추장 → 참그루 고추장

마케팅의 모든 힘은 고객으로부터 나온다. 기업은 자신의 입장에서서 브랜드명을 지으면 안 된다. 반드시 고객의 입장에 서 있어야 한다. 고객에게 거부감을 주는 이름은 매출에 막대한 지장을 초래한다.

고기순대 vs 동그랑땡의 사례를 보자. 1989년 육가공제품의 비수기인 겨울철에도 잘 팔릴 만한 것으로 순대를 상품화하고 '고기순대'라고 이름 붙여 시장에 내놓았지만, 결과는 참패였다. 고기순대라는 이름은 40대 이상의 중년남성에게는 몰라도 젊은 여성이나 어린이들에게는 거부감을 일으켰다.

실패를 극복하고자 명랑쾌활하고 가볍고 재미있는 것을 좋아하는 고객들의 취향에 적합한 '동그랑땡'이라는 이름으로 변경함으로써 대

성공을 거두었다.

명문제약은 1985년 획기적인 혁신상품인 패치형 멀미약을 개발하여 '스코로보'라는 이름으로 발매하였으나 인지도 확보에 실패하여 거의 단산상태가 되었다. 이것을 1987년 '키미테'라는 이름으로 상표명을 변경하여 매출이 급증함으로써 그해의 히트상품으로 선택되었으며 지금까지 효자상품으로 자리 잡고 있다.

진미식품에서는 신세대 도시주부를 타깃으로 하는 전통장류 식품을 개발하여 '센스'라는 이름을 붙였다. 젊은 주부들은 대체로 영어를 선호하고 있으며 브랜드차별화를 꾀하자는 생각에서였다.

그러나 장류는 할머니, 어머니의 손맛이 가장 중요한 우리의 대표적인 전통식품이다. 농산물은 신토불이 우리 것이 최고라는 인식이 광범위하게 받아들여지고 있는 상황에서 서양의 이름을 가져다 붙이는 것은 스스로 무덤을 파는 꼴이었다.

아직도 식품군에서 샘표, 해표, 곰표 등의 오래된 우리 상표가 위세를 떨치는 것은 이러한 연유 때문이다.

4. 잘 쓰면 약, 못 쓰면 독 : 대기업과의 제휴협력

지역 중소업체 내지는 지역생산농가들은 돈도 없고, 힘도 없다. 하지만 대기업은 돈도 많고 힘도 많다. 이들이 결합하면 착취구조가 될까?

대기업과의 제휴는 양날의 칼과도 같다. 잘 쓰면 좋지만 잘못하면 오히려 독이 될 수도 있다. 계륵과도 같은 존재가 될 수도 있다. 식품대기업과 지역 중소업체 그리고 지역주민 모두 윈-윈하는 것으로 발전되어야 한다. 대기업은 기업의 사회적 책임CSR 요구에 대해서 상생·동반성장의 진정성을 갖고 지속가능하며 중소기업의 실질적인 경쟁력 강화에 도움이 되는 방안을 모색해야 한다.

물론 기업은 영리추구가 주된 목적이므로, 주민들에게서도 최대한의 이익을 끌어내려고 할 수도 있지만, 대기업과 지역업체가 하나의 조직체와 같은 것으로 인정된다면, 그 조직체의 영리추구를 위해서 상호협력하게 될 것이다.

현재 지역업체는 정부의 지원으로 많이 개선되기는 하였지만 아직까지도 소위 구멍가게 수준을 넘지 못하는 한계가 많다. 지역 중소브랜드들은 대체로 영세하기 때문에 오랜 전통과 정성으로 맛은 뛰어나지만 위생 개념과 시설이 미약한 실정이다.

이런 상황에서 대기업과의 제휴는 크게 생산과정과 판매과정에서 지역 중소브랜드의 장애와 한계를 극복하는 데 결정적인 역할을 할 수 있다. 생산공정의 규모화와 표준화를 통한 '맛의 일관성' 유지는 식품산업에 있어서 브랜드 신뢰를 좌우하는 아주 중요한 요소이다.

또한 아무리 품질 좋은 제품을 만들더라도 팔지 못하면 말짱 도루묵이다. 대기업은 자신들이 보유하고 있는 유통망을 통하여 판로를 개척해 주고 전국 유통을 대행하는 프로그램을 계획하고 있다.

이에 대한 좀 더 구체적인 예를 살펴보면 다음의 표내용과 같다.

지자체	대기업	브랜드	품 목
순창군	대상	대상 청정원 순창고추장	고추장
고창군	국순당	국순당 고창 복분자	주류(과실주)
제주시	농심	제주삼다수 농심	먹는 샘물
창녕군	CJ	창녕의 막걸리업체 '우포의 아침'	주류(막걸리)

창녕의 지역막걸리 브랜드 '우포의 아침'은 CJ제일제당과 협력하기 전까지 월 매출 1,000만 원에 그쳤지만 CJ와 제휴한 뒤 월 매출 1억 6,000만 원을 넘고 CJ제일제당의 도움으로 막걸리 280톤을 일본으로 수출하는 길도 열리게 되었다.

식품 대기업의 강점과 특성을 살려 지방의 유망 중소 식품브랜드local brand를 전국브랜드national brand로 육성하며 더 나아가 해외 수출을 통해 글로벌브랜드global brand로 만들어가는 데 큰 힘이 될 수 있다.

국내 먹는 샘물 시장점유율 1위인 '제주삼다수'의 경우 농심이 1998년부터 13년간 국내에 독점 판매하고 있다. 제주도개발공사는 농심과 1998년부터 3년마다 제주삼다수 판매대행 계약을 체결하고 있는데 시장 규모가 커지고, 시장점유율도 압도적인 만큼 농심과의 재계약도 재검토할 예정이라고 한다. 한 기업에 독점적으로 공급하기보다는 다른 형태의 유통을 검토할 단계로 들어섰다고 판단한 것이다. 제주삼다수의 2010년 매출액은 1,500억 원 정도로 농심의 전체 매출에서 10%에 이를 정도로 큰 편이다. 농심 입장에서 보면, 처음 시작했을 때 '구멍가게' 수준이었던 먹는 샘물 사업을 이제는 '대기업' 수준으로 함께 키웠는데, 팽 당하는 꼴이 될 수도 있다.

만약 농심의 유통력이 없었다면, 제주삼다수가 이렇게 클 수 없었을 것이다. 이런 관점에서 볼 때 대기업과의 제휴를 무조건적으로 기피할 것은 아니다. 중요한 것은 서로에게 부족한 것을 보완하여 고객에게 최고의 제품과 서비스를 지속적으로 제공할 수 있는가 하는 점이다.

5. 브랜드 구조조정

지방자치단체가 지역 농특산물의 경쟁력 강화를 위해 만드는 공동브랜드가 크게 늘고 있다. 농산물 브랜드는 공식집계된 것만 해도 2006년 말 6,552개이며 이 중에서 공동브랜드 수는 1,437개로 전체의 21.9%를 차지하고 있으며, 개별브랜드는 5,115개로 전체의 78.1%를 차지하고 있다. 그리고 이 중에서 특허청에 상표등록되어 법적 보호를 받는 브랜드는 2,410개로 전체의 36.8%이며, 미등록된 브랜드는 전체의 63.2%에 달한다.

지자체의 공동브랜드 출원 건수는 2007년 1,356건에서 2008년 1,632건, 2009년 1,728건, 2010년 1,986건 등으로 해마다 10% 이상씩 꾸준히 늘고 있다. 전남 순천시에서 출원한 공동브랜드 건수가 최근 3년간 218건으로 기초지방자치단체별 전체 1위를 차지했다. 지방자치단체별 공동브랜드 출원 2위는 150건의 경산시가 3위는 149건의 강릉시가 차지했다.

이렇게 많은 브랜드가 정말 필요한 걸까? 관리도 할 수 없는 브랜드를 남발하는 것은 오히려 득보다는 독이 될 수 있다. 그래서 삼성, LG, 포스코, SK 등 국내 굴지의 대기업도 요즘 브랜드 구조조정을 통하여 브랜드를 통합해 가는 추세다.

하물며 광고비를 많이 쓸 수 없는 지자체가 3년 동안 200개가 넘는 브랜드를 개발 출원하다니 참으로 답답한 일이 아닐 수 없다.

제주도의 감귤브랜드는 몇 개나 될까? 제주산 감귤상표는 무려 72개나 된다. 제주시농협 · 한림농협 · 서귀포농협 · 중문농협 등 농협중앙회 제주지역본부를 포함한 20개 농협과 8개 영농법인, 6개 작목반, 제주감귤협동조합, 서귀포시 등 40개 생산자단체 또는 기관, 개인 등이 제각기 다른 상표를 달아 감귤을 출하하고 있다. 더욱이 K영농조합은 5개의 상표를, J영농조합은 4개의 상표를 갖고 있고, 서귀포농협, 중문농협 등 5개 농협과 제주감협 등 6개 생산자단체가 3개의 상표를 사용하고 있다.

이 중에서 소비자가 기억하는 브랜드는 몇 개나 될까? 소비자 쪽은 차치하더라도 생산자 쪽에서 이름만 별도로 지어놨을 뿐 브랜드관리조차 되지 않고 있다. 72개 중 30%인 22개 상표는 상표등록도 안 되어 있는 상태이며, 특히 더 중요한 것은 중문농협의 '황제', 제주감협의 '불로초', 농협연합사업단의 '햇살바람' 등 극히 일부 감귤상표만 당도와 산도 등의 품질기준을 만들어 시행하는 등 대부분 품질관리가 제대로 이뤄지지 않고 있다.

돼지고기 상표도 난립하기는 마찬가지다. 제주축협 · 서귀포축협 · 제주흑돼지수출사업단 등 15개 업체가 삼다한라포크, 제주촌, 제주흑다돈, 제주불로포크, 올레도새기, 돈그린포크 등 제각기 다른 상표를 사용하고 있다.

이처럼 감귤과 돼지고기 브랜드가 난립함으로써 소비자들에게 혼선을 주고 품질관리에도 문제점을 드러내는 등 부작용을 빚고 있다.

FTA 등 시장개방의 가속화가 불가피해진 현실을 감안할 때 농산물도 적극적인 브랜드화를 통해 경쟁력을 높이지 않으면 안 된다. 그래서 지자체들은 농산물에 대한 지리적표시단체표장 추진 및 기업체 특허등록 지원 등 지식재산권을 권리하여 지역 주민과 중소기업의 권리를 보호 육성하고 지역 경쟁력 강화와 지역경제 활성화를 이뤄나갈 계획이라고 한다.

그런데 힘을 이렇게 분산시켜 놓았으니 경쟁력이 생길 리 만무하다. 한국 농산물이 수입 농산물과 경쟁하기 위해서는 높은 기술력을 지니고 철저한 품질관리가 이뤄지는 품목별 대표 브랜드, 지역별 대표 브랜드를 육성해야 할 시점에 이르렀다.

중앙정부는 지자체는 가급적 브랜드를 통합하려 하지만 자체 브랜드를 고집하는 농민들의 반대와 농협의 비협조로 통합에 진전이 없는 경우가 많다. 농민들의 반대 이유도 나름 일리가 있다. 농민들 입장에서 볼 때 통합브랜드는 그 참여주체가 너무 많고, 통합 후 사후관리가 불확실한 상황에서 수년간 일궈온 자체 브랜드를 버릴 수도 없다는 것이다. 그래서 농민들의 적극적인 참여를 위해서는 통합 주체 및 관리 체계를 바로 세우고, 예측가능한 브랜드비전을 제시해야만 한다. 관(官)에 대한 신뢰가 예전 같지 않은 현실 속에서 무조건적으로 '나를 따르라'는 식은 안 된다.

브랜드 구조조정과 수익성의 관계를 사례를 통해서 살펴보자. 세계적인 마케팅그룹 프록터 & 갬블P&G은 고객욕구의 다양화, 세분화에 대응하여 수십 년 동안 신제품이다, 레몬을 첨가했다, 점보사이즈다 하면서 제품을 다양화해 왔다. 그러나 P&G는 자사가 너무 많은 종류의 제품을 판매하고 있다는 결론을 내리고 브랜드 구조조정 작업에 착수하였다. 90년대 중반 미국에 등록된 P&G의 제품 수는 90년대 초보다 무려 3분의 1이 줄어들었다. 모양, 크기, 포장 및 제조방식이 단순해져 소비자에게는 선택의 폭이 좁아졌다. 그럼에도 불구하고 P&G의 매출액이나 영업이익은 줄어들지 않고 오히려 증가하였다.

〈P&G의 브랜드 구조조정과 수익성의 관계〉

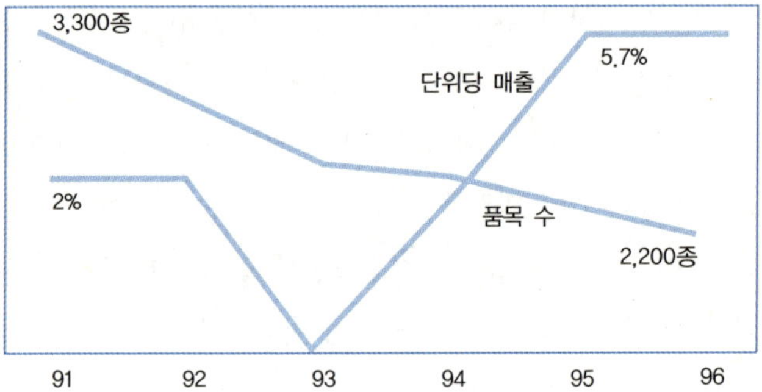

Source : COMPANY REPORTS PAINEWEBBER INC.

P&G의 제품종류 축소는 커다란 단순화전략의 일부분이다. 비용을 절감하고 고객서비스를 향상시키며 글로벌기업으로 나아가기 위해서 복잡한 단계를 제거한 것이었다. 즉 제품이 끝없이 확장되는 것이 무조건 좋은 것이라거나, 무조건 나쁜 것이 아니라 전 세계적으로 생산방식과 포장을 표준화하고 수익성이 낮은 브랜드는 매각하였다. 그리고 비효율적인 판촉상품을 없애고 신상품의 개발도 억제하고 있다.

물론 P&G는 수익성이 없는 품목이나 브랜드를 퇴출시키기만 하는 것은 아니다. 새로운 품목을 개발할 매니저의 예산작성을 의무화함으로써 종류는 줄이되 더 큰 수익을 낼 수 있는 상품개발은 계속 추진하고 있다. 이를 통하여 마켓리더로서 제품리더십product leadership을 계속 확보해 나가고자 한다.

P&G의 경쟁사인 다국적기업 유니레버는 1999년 1,600개에 이르는 브랜드를 400여 개로 과감하게 줄였다. 선택과 집중을 통해 '똘똘한' 브랜드를 집중 육성한 것이다. 브랜드는 크게 줄었지만 수익은 이전의 92% 수준을 유지했다.

국내에서도 이와 유사한 사례를 90년대 중반 이후에 많이 발견할 수 있다. 동양제과는 기존제품을 신상품으로 교체하기보다는 상품의 수명을 늘려 롱런브랜드를 만드는 데 주력하고 신상품을 개발할 때도 히트브랜드보다는 파워브랜드를 염두에 두고 있다. 동양제과는 이를 위하여 시장변화에 급격히 변동하는 상품수명이 짧은 품목들을 제거하였다. 동양제과는 90년대 중반까지 120~130여 종에 달하는 브랜드를 보유하고 있었으나 이 중에서 수익을 내는 브랜드는 20여 개에 불과하였고 나머지 100여 개는 경쟁사를 의식해 명목상으로 내놓고 있는 상품들이었다. 1997년에 이 중에서 수익에 대한 기여도 없고 전략적으로도 큰 의미가 없는 50여 개의 브랜드를 제거하여 70여 종으로 대폭 줄였다.

'브랜드당 매출액 극대화'라는 수익경영과 '브랜드의 롱런화'라는 기본방침에 따라 조금씩 팔리는 상품브랜드를 다양하게 보유하기보다는 매출액을 많이 올리는 초코파이, 포카칩 등 소수의 '대표브랜드' 중심으로 포트폴리오를 재구성한 것이다. 50여 개의 브랜드를 제거함으로써 생산비용 및 마케팅비용을 대폭 줄일 수 있게 된 것은 물론이다.

신원은 1998년 7월 워크아웃에 돌입한 이후 외형 위주의 영업을 철저한 수익성 위주의 영업체제로 전환시켜 13개 브랜드 중 수익성이 없는 8개 브랜드를 정리하고 이들 브랜드에 집중하여 수출 등에 주력한 결과 2001년 1.4분기에만 116억 원의 순익을 기록하는 기염을 토했다.

임실군의 경우 치즈피자 관련 브랜드가 15개로 난립하고 있었으며, 소비자들에게 혼란을 야기해 기존 브랜드 아이덴티티의 희석화를 초래하는 문제점을 해결하기 위하여, '임실N치즈피자'라는 통합 브랜드 전략을 제시하게 되었다.

6. 브랜드 포트폴리오 최적화

브랜드 포트폴리오란 기업의 최적수익을 위해서 멀티브랜드들을 서로 간에 충돌 없이 효율적으로 관리하는 것을 말한다.

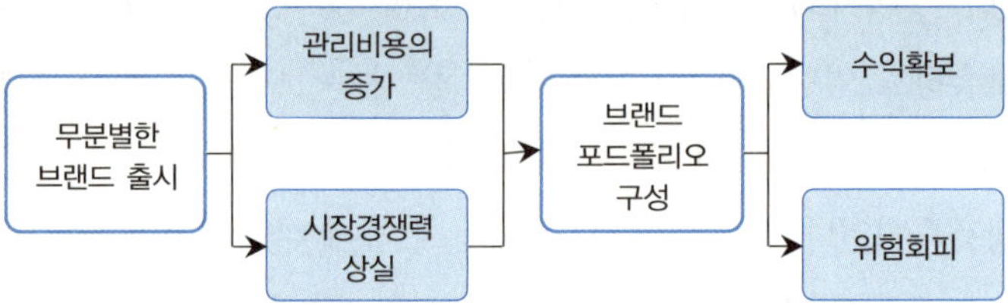

브랜드 포트폴리오를 평가하는 기준은 포트폴리오 매트릭스 구성의 형식 구조적인 측면과 내용적인 측면의 두 가지 관점에서 살펴볼 수 있다. 먼저 형식적인 측면에서 볼 때, 넓이width, 깊이depth, 길이length 등이 있다. 넓이는 얼마나 많은 브랜드를 가지고 있는가 하는 브랜드 종류를 말하며, 깊이는 하나의 브랜드 내에서 얼마나 많은 제품 품목에 적용되었는가? 하는 것이며, 길이는 넓이와 깊이를 곱한 개념이다. 그런데 넓이, 깊이, 길이 자체만으로는 포트폴리오 구성이 잘 되었다, 못 되었다고 평가할 수가 없다. 넓이와 깊이가 커도 잘 되어 있을 수 있고 넓이와 깊이가 작아도 구성이 잘못되었을 수도 있는 것이다. 즉 구성이 얼마나 최적화되어 있는가 하는 내용적인 측면이 중요해진다.

브랜드 포트폴리오 관리는 무엇보다도 전체 최적화의 관점에서 접근해야 한다. 전체 최적화 관점에서 브랜드 관리자는 개별브랜드가 아니라 일관성 있는 브랜드 포트폴리오에 초점을 맞추어야 한다. 관련 없는 브랜드들을 어설프게 한 집합으로 만들려는 시도는 바람직하지 않다. 그것은 간접비용을 증가시키며 사업과정에서 단절과 자원의 중복만을 초래할 뿐이다. 모든 브랜드들이 똑같이 브랜드 포트폴리오의 가치를 증대시키는 데 기여하는 것은 아니다.

최적화라는 개념은 구체적으로 수익성, 적시성, 일관성, 보완성 등으로 나누어볼 수 있다. 수익성은 각각의 브랜드들의 현재 및 미래수익을 살펴보는 것이고, 적시성은 소비자의 라이프스타일, 경쟁사의 동향, 기업의 수확전략 등을 고려하는 출시 / 퇴출시점을 고려하는 것이고, 일관성과 보완성은 포트폴리오 구성원리 중 수직적 구성원리와 수평적 구성원리에 해당하는 것이다. 즉 기업브랜드 패밀리브랜드 - 개별브랜드와 같은 수직적 구조에서는 '일관성'을 기준으로 포트폴리오를 구성해야 하며, 동일한 위계에 속한 브랜드들 간에는 '보완성' 혹은 '차별성'을 기준으로 포트폴리오를 구성해야 한다는 것이다.

이것을 좀 더 쉽게 표현하면 다음과 같다.

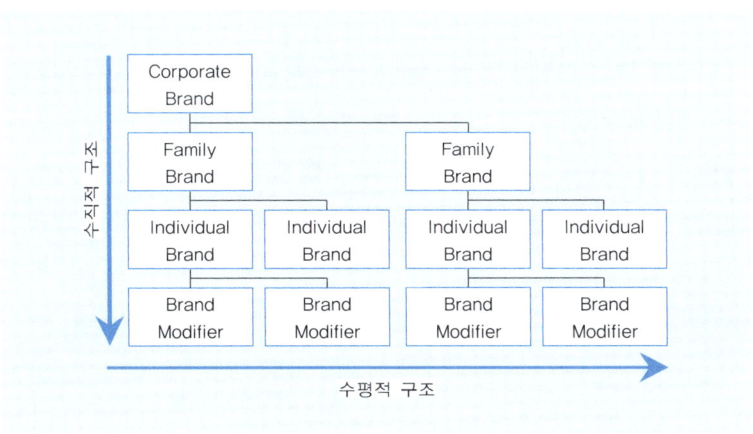

브랜드 포트폴리오	수직적 구조	수평적 구조	효 과	브랜드전략
최적화	일관성 ↑	보완성 ↑	시너지효과 ↑ 자기잠식효과 ↓	성공
非최적화	일관성 ↓	보완성 ↓	시너지효과 ↓ 자기잠식효과 ↑	실패

수익성과 관련하여 반드시 기억해야 할 점은 20:80법칙이다. 즉 20%의 고객이 80%의 매출을 점하고, 20%의 브랜드가 80%의 수익을 창출한다는 통상적인 규칙을 이해하는 것이 필요하다.

슈퍼마켓에는 3만 가지의 상품들이 있다. 이들 중 대부분은 단지 진열매대를 더 차지하기 위해 혹은 경쟁사의 제품에 구색갖추기용으로 만들어놓은 상품들로 통행이 어려울 정도로 통로에 가득 쌓여 있다. 그러나 소비자들이 필요한 것은 겨우 150여 가지에 불과하다. 아무리 상품이 많아도 각각 근소한 차이점밖에 없다면 소비자들은 실질적인 다양성을 느끼지 못한 채 지나치게 된다. 따라서 발에 채일 정도로 많은 상품들은 오히려 소비자들에게 무관심을 더욱 촉진하거나 심한 경우에는 정신적인 부담을 주기도 한다.

미국의 한 컨설팅회사가 1993년도에 실시한 연구조사에 따르면 슈퍼마켓에서 비슷비슷한 상품을 치워버렸을 때 소비자의 80%가 그 사실을 알지 못했고 16%는 오히려 더 다양해졌다고 생각했다. 상품을 매대에서 치워버렸을 때, 소비자들이 '이 상품 어디 갔느냐?'라고 찾기는커녕 있었는지 없었는지도 모를 지경으로 관계가치가 형성되어 있지 않다면 그때까지 비용을 낭비한 것에 지나지 않는 것이다.

7. 성분브랜딩

다른 것의 힘을 이용하여 브랜드의 파워를 높이는 레버리지leverage 전략으로 성분브랜딩Ingredient Branding의 관점이 있다. 인텔Intel사의 'Intel inside' 캠페인, 스판덱스 원사브랜드 라이크라Lycra의 마케팅, 누트라스위트 · 돌비 · 고어텍스의 성공비결은 최종소비재가 아닌 성분을 광고하는 '성분브랜딩' 전략이다. '성분의 브랜드화'branded ingredient를 통한 공격적 브랜딩 전략에 해당한다.

성분요소는 제품의 외관에 드러나지 않지만 완제품의 가치를 높이는 핵심요소로서 소비자에게 정보전달 기능을 한다. 결국 완제품의 브랜드와 그 완제품 속 핵심성분의 브랜드가 결합되어 서로 시너지를 낳아 윈윈win-win하면서 고객을 공유하고 이미지를 동반 상승시킬 수 있는 효과를 누리게 된다. 성분브랜드 표시 전략을 통하여 브랜드 인지도 및 선호도 제고는 물론 매출액과 가격프리미엄을 향상시킬 수 있으며 시장지배력을 강화하는 데 크게 도움을 줄 수 있다.

성분브랜딩 전략은, 제품이 최종소비자에게 직접 전달되지 않으며 다른 제품의 성분으로만 존재하면서도 스스로 브랜드로서 힘을 갖도록 만드는 전략을 말한다.

성분브랜딩 전략은 첫 단계로 일반 소비자를 대상으로 광고를 펼친다. 두 번째로 바이어 업체와 거래할 때 성분브랜드를 제품에 표기하도록 유도했다. 우리 제품을 100% 사용하며 다른 제품을 섞지 않는 업체에게 가격을 20~30%나 할인해 주고 그 업체들의 완성제품 표지에 '성분브랜드' 로고를 찍도록 하고, 완성제품 광고에 성분브랜드를 함께 넣도록 한다.

인공감미료 누트라스위트는 이러한 전략을 통하여 불과 3년 만에 미국 소비자 가운데 98%가 누트라스위트라는 상표를 알게 하는 등 엄청난 브랜딩효과를 거두었다. 1983년 누트라스위트 출시 당시 주요 고객인 콜라회사들은 감미료로 사카린을 사용하고 있었는데, 누트라스위트가 사카린보다 건강에 좋다는 것은 알고 있지만, 가격이 비싸서 선뜻 택하지 못하는 상태였다.

그러나 성분브랜드화 이후 상황은 완전히 달라졌다. 당시 미국에서 웰빙 바람이 불면서 이미 사람들은 칼로리가 낮고 건강에 덜 나쁜 식음료를 찾음에 따라 콜라 표면에 붙어 있는 '칼로리 낮고 사카린 없는 신형 인공감미료' 누트라스위트 로고를 주목하면서 2년 만에 아스파탐 감미료 누트라스위트는 그전에 사카린이 차지하던 자리를 완전히 대체해 버렸다.

누트라스위트는 콜라뿐만 아니라 아이스크림, 빵 등 300여 가지 제품에 누트라스위트 로고를 명시하게 했다. 그 결과로 출시 6년 만에 8억 5천만 달러(8,500억 원)의 매출과 1억 8천만 달러(1,800억 원)의 이익을 내는 대성공을 거뒀다.

성분브랜딩 전략은 아래와 같이 몇 가지 유형으로 나누어볼 수 있다.

구 분	타 회사 간		동일회사
	공산품	농식품	생활용품
제휴 협력	컴퓨터 완성품업체 –인텔 인사이드	빙그레 뉴면 –음성청결고추	P&G 타이드–패브리즈
적용 예			

음성군은 '음성청결고추'라는 브랜드가 개발된 1995년부터 서울시내 지하철과 고속버스터미널 등의 대도시 소비자를 타깃으로 지속적으로 광고를 실시, 브랜드 이미지를 높여오고 있다. 특히 빙그레에서 나온 '뉴면' 스프에 '음성청결고추'를 재료로 사용한다는 설명을 라면봉지에 표기함으로써 브랜드를 아는 소비자들이 많아지는 등 간접적인 홍보효과를 봤다. 또한 화학조미료를 쓰지 않고 천연조미료를 쓴다는 뉴면의 제품 콘셉트와 깨끗한 '음성청결고추'의 콘셉트가 맞아떨어지면서 '음성청결고추'의 브랜드 이미지가 제고되는 효과를 거뒀다.

이는 일종의 공동마케팅의 하나로 마케팅 능력이 뛰어난 식품업체와 연계, 브랜드 이미지를 함께 높이는 전략이다.

성분브랜딩ingredient branding 전략을 펼쳐 성공한 인공감미료 누트라스위트처럼 완제품인 김치만이 아니라 주성분인 배추에다 '해남겨울배추'와 같이 지역브랜드를 성분브랜드 전략으로 구사할 수 있다.

8. 농특산물 생산과 유통의 일원화

농업인의 고령화, 농업인구 감소, 농산물시장의 개방으로 농촌은 갈수록 침체되고 농업을 포기하는 농업인들도 점차 증가하고 있는 실정이다.

한국 농업이 죽게 되면, 생산자뿐만 아니라 도시의 소비자에게도 많은 어려움을 안겨줄 것이다. 농특산물의 안정적인 생산과 유통이 전개되어야 적정가격에 소비자도 구매할 수 있고, 생산자 또한 판로가 확보될 수 있다.

농사는 하늘이 50%, 유통이 30%, 생산이 20%라는 말이 있다. 그만큼 유통이 중요함을 말해 주고 있다. 현재 농특산물유통시장은 IMF 이후 급속한 성장을 한 대형유통업체의 농축산물에 대한 구매 독점력을 가지고 주도하고 있는 실정이다. 거대한 제조기업도 대형유통업체에게 협상력bargaining power에서 밀리는 판국에 농촌의 영세한 생산농가와 대형유통업체의 파워게임은 말할 필요조차 없다.

소규모의 생산자 조직으로는 시시각각 변하는 소비자들의 구매성향을 따라가기가 불가능하므로 농협을 통한 판매유통이 가장 바람직하다. 대형유통업체로부터 생산자를 보호하고 국내 농특산물의 판로를 확대하여 소비자에겐 안전한 먹거리를 공급하기 위해서라도 일정수준의 규모화를 통해 대형화를 추진해야 한다. 즉 소비지 유통기능을 활성화하기 위해서 하나로마트 사업을 더욱 강화해 나가야 한다.

대형화가 필요하다는 것이 곧 성공조건을 의미하는 것은 아니다. 대형화는 성공의 필요조건일 뿐 충분조건은 아니다. 대형화가 성공하기 위해서는 무엇보다 유통의 전문성이 담보되어야 한다. 현재방식은 정기적인 순환인사로 인하여 전문성을 키우기 어려운 구조이며, 전문인력과 종사 직원의 부족으로 농특산물 구입에 많은 노력을 기울이기 어려운 실정이다.

생산품목 선택에서 생산, 출하, 판매 후 정산에 이르기까지 종합적으로 이루어지는 농특산물 생산과 유통의 일원화를 위해서 농협에서는 산지에서 공선출하회 및 연합마케팅 사업을 실시하여 큰 성과를 거두고 있다. 농특산물의 생산과 유통을 책임지는 강소농(强小農)육성을 위해서는 무엇보다도 힘이 필요하다. 말 그대로 강(强)함은 곧 힘(力)을 의미한다. 힘을 갖기 위해서는 무엇보다도 산지 생산자 조직의 조직화와 규모화가 필요하다. 생산자들이 조직화를 이루고, 생산한 농특산물을 한곳에 모아 규모화되어야만 대형유통업체와 협상할 수 있는 힘bargaining power을 가질 수 있다.

농협중앙회도 이제부터는 금융신용사업과 경제유통사업을 분리하기 때문에 농특산물 유통에 전념할 수 있게 되었다. 따라서 생산농가의 농특산물이 농협으로 유통을 일원화해야 산지수집상의 횡포와 전횡을 방지하고 소비자에게 안정적인 공급을 할 수 있어, 생산자와 소비자 모두 이익이 될 수 있다.

농특산물 직거래사업의 활성화는 생산자와 소비자 모두가 고비용 저효율의 농특산물 유통구조로 인한 불만을 해소해 줄 수 있는 사업이다.

현대의 소비자들은 핵가족화 등으로 인하여 1회 구매단위가 적은 편이다. 이에 따라 신선편이 소포장 농식품이 판매장에서 소비자에게 큰 호응을 얻고 있으므로 이에 적합한 포장과 배송이 가능한 산지유통센터가 운영되어야 한다. 또한 산지유통 강화는 소비지 유통과 조화를 꾀해야 한다. 농특산물 종합유통센터에 의한 신 유통체계로 산지농협은 안정적인 판매처가 확보될 수 있으며 소비지 농협으로부터 실시간 구매고객 정보를 전달받아 수요자 중심의 상품을 생산하는 데 힘을 쏟을 수 있다. 또한 소비지 유통은 도-농 상생 역할을 수행하며 도-농 교류의 창구역할까지도 수행할 수 있어야 할 것이다.

최근에 추진 중인 친환경농산물유통센터도 그 일환으로 볼 수 있다. 전국에서 생산되는 친환경 농특산물을 수도권 지역에 공급하는 '유통허브'의 역할을 담당하는 친환경 농특산물유통센터는 소비자들이 값싸고 안전한 친환경 농특산물을 안정적으로 공급받을 수 있게 해준다.

농특산물 직거래사업은 단순히 경제적인 차원을 넘어서서 지역주민과의 밀착화를 통하여 소비자와 생산자가 함께 참여하는 도-농 교류의 상생 공동체문화를 만들어가는 데 효과가 큰 사업이다.

9. 원산지 패러독스를 깨라

전 세계 농특산물브랜드에서 '원산지효과Country-of-Origin Effect'는 거의 절대적일 정도로 강력하다. 기후변화로 인하여 실제로는 농작물의 원산지에 큰 변화가 왔음에도, 인식 속에서는 아직도 오래된 명성에 의존하는 것이 일반적이다. 그래서 신흥 원산지에서 재배된 농특산물브랜드는 저가격에 신음할 수밖에 없다. 이러한 인식의 장벽을 넘어설 수는 없는 걸까?

하버드대 경영대의 로히트 디슈판데Rohit Deshpande 교수는 신흥 브랜드가 원산지 패러독스에 맞서 싸우는 방법으로 크게 5가지를 꼽는다.

가장 쉽게 생각할 수 있는 방법은 '원산지'를 최대한 숨기고 제품 자체로 승부를 거는 것이다. 예를 들어 'OB(동양맥주) vs 크라운(조선맥주)'의 맥주전쟁에서 난공불락의 OB맥주와 싸워 승리하기 위해서 크라운(조선맥주)맥주임을 최대한 숨기고 '하이트(Hite)'만을 강조한 것과 같은 맥락이다.

맥주의 본고장은 독일이다. 코로나(맥주 브랜드)는 원산지(멕시코)를 최대한 드러내지 않고 '재미 · 태양 · 해변' 같은 이미지를 강조하여 성공을 거두었다.

원래 뉴질랜드 키위는 1904년 중국에서 가져온 구스베리Chinese gooseberry라는 다래 종자를 개량한 것이지만 원산지보다 뉴질랜드가 더 유명해졌

〈신흥브랜드의 원산지 패러독스 극복 전략〉

구 분	사 례	전 략	위 험
식민시대 유산 고수하기	터키 양탄자, 이집트 면화, 브라질 철광석	식민시대부터 유명했던 제품(주로 원자재)을 규모의 경제를 통해 싼 값에 공급	세계화 시대에 저가경쟁은 갈수록 힘들어진다
장기간에 걸쳐 브랜드 구축하기	닛산, 혼다, 도요타	고정관념에 맞서 자기만의 브랜드를 확립 인피니티, 아큐라, 렉서스 같은 고급 브랜드로 고급시장에 진입	돈과 시간이 많이 든다
원산지 자랑하기	콜롬비아 커피	적극적으로 원산지를 강조해 기존의 나쁜 이미지를 대체	적극적이고 세심한 브랜드 관리가 필요
원산지 대신 제품 강조하기	코로나 맥주	원산지(멕시코) 대신 제품의 특징이나 이미지(즐거움, 태양, 해변)를 전면에 내세우기	가짜나 싸구려처럼 보일 수 있다
새 브랜드 뒤에 숨기	공개하고 싶은 기업이 있을까?	원산지를 알 수 있는 기존 브랜드 대신 새로운 현지브랜드를 만드는 전략	소비자들이 진실을 알게 되면 기존 원산지에 대한 부정적인 이미지가 강해진다

출처 : 로히트 디슈판데(2010), Why you aren't buying Venezuelan chocolate, Harvard Business Review.

다. 1959년 '뉴질랜드 과일'을 뜻하는 '키위프루트kiwifruit'라는 명칭으로 전 세계에 수출하여 이제는 이 품종의 보통명사로 만들어버렸다. 곧바로 칠레나 이탈리아 등에서도 키위라는 이름을 사용하기 시작하였는데, 상표등록을 하지 않고 오랫동안 사용하는 것을 방치한 결과 관용상표가 되어버림에 따라서 브랜드 가치 보호를 위해서 1997년 제스프리zespri라는 상표를 개발하고 등록하여 독점적으로 사용하고 있다.

신흥 브랜드가 '원산지 후광효과'를 극복한 사례로 칠레 와인의 혁명을 들 수 있다. 칠레의 에라주리즈Errazuriz社는 신흥 와인 생산지 와인업체 가운데 '원산지 패러독스provenance paradox'를 극복하고 고급화에 성공한 몇 안 되는 브랜드로 꼽힌다. 원산지 패러독스는 제품의 질이 높더라도 전통적인 생산지에서 만들지 않았다는 이유로 소비자들로부터 외면당하는 현상이다.

칠레의 이웃나라인 '아르헨티나 하면 탱고', '브라질 하면 축구나 삼바' 같은 강렬한 이미지가 있지만 칠레 하면 떠오르는 이미지가 없었기 때문에 '칠레 하면 와인'의 이미지를 구축하고자 브랜드고급화 전략을 시도하였다.

하지만 신의 눈물이라는 와인에 있어서 최고급은 프랑스산으로 꼽히며, 프랑스産 와인 아니면 '저급' 취급하는 시장의 높은 벽이 존재하고 있었다.

에라주리즈Errazuriz社는 1990년 칠레 군사정권이 끝나면서 경제가 개방되자 수출시장을 개척하기 위해서 해외마케팅에 돈을 쏟아부었지만 해외 인지도는 올라갈 줄 몰랐다. 당시 세계 시장에서 칠레 와인 하면 떠오르는 이미지는 병이 아니라 킬로그램 단위로 팔리는 벌크 와인bulk wine, 저급 포도주이었다.

하지만 에라주리즈는 20년 만에 세계 와인시장에서 품질과 브랜드 두 가지 측면에서 고급화에 성공했다. 그 비결은 뭘까?

일반적으로 '원산지 패러독스'를 극복하기 위한 방법으로 '원산지'를 숨기는 방법을 많이 채택하지만 에라주리즈는 정면 승부를 선택했다.

전 세계 와인시장에서 와인의 가치를 결정하는 세 가지 패러다임이 있다. 첫 번째는 프랑스나 이탈리아에서 운영하는 원산지 명칭 표시제다. 정부나 생산자 조합이 와인의 등급을 정하는 방식이다. 두 번째는 와인 전문가가 점수를 매기는 점수 제도이다. 미국의 와인 평론가인 로버트 파커Robert Parker가 매기는 점수가 그런 예다. 마지막은 가격으로 와인의 가치를 따지는 '가격 패러다임'이다. 비싼 와인이 좋은 와인이라는 접근이다.

에라주리즈의 차드윅 회장은 이 세 가지 패러다임을 깨지 못하면 고급 와인시장 진입이 불가능하다고 결론 내렸다. 그의 돌파전략은 블라인드 테스트였다. 고급 정장 대신 챙이 넓은 모자를 쓰고 담요를 어깨에 두르는 칠레 전통 의상을 입고서 전 세계를 돌며 '블라인드 테스트'를 실시했다. 2004년에 열린 블라인드 테스트에서 2000년산(産) 비녜도 차드윅이 샤토 라투르, 샤토 라피트 같은 세계 정상급 와인을 제치고 1위로 평가돼 화제가 됐다. 1976년 블라인드 테스트blind test, 상표를 가리고 맛으로 순위를 매기는 것에서 캘리포니아 와인이 프랑스 와인을 제친 '파리의 심판'을 기획한 장본인인 영국의 와인 평론가 스티븐 스퍼리어Steven Spurrier를 활용하였다.

에라주리즈는 2004년 1월 독일 베를린 리츠칼튼호텔에 유럽 최고의 와인 전문가 50명을 초대해 라벨을 가린 채 와인 평가를 했다. 그 결과 에라주리즈의 고급 와인인 비녜도 차드윅 2000년산이 1등을 차지했다. 샤토 라피트가 3위, 샤토 마고와 샤토 라투르가 각각 5, 6위를 차지했다.

와인 전문지들은 이 결과를 1976년 파리의 심판에 빗대 '베를린의 심판'이라 불렀다. 그도 그럴 것이 한 병에 1,000달러가 넘는 프랑스 고급 와인을 에라주리즈의 100~200달러짜리 와인이 눌렀기 때문이다. 에라주리즈는 그 뒤 런던, 뉴욕, 베이징, 서울 등 전 세계를 돌며 블라인드 테스트를 실시해 와인을 홍보하고 있다.

드디어 2009년에는 로버트 파커가 에라주리즈의 비녜도 차드윅 2006년산에 샤토 라피트와 같은 점수인 97점(100점 만점)을 줬다. 기존의 와인시장 패러다임을 깬 룰 브레이커Rule breaker가 되었다. 결과적으로 칠레 와인은 성장에 성장을 거듭하고 있다.

10. 대형유통업체 PB 브랜드 대책

최근 대형유통업체의 PB상품은 기본적으로 저가판매를 위해서 만들어진 것으로 점차 확산되어 가는 추세다. 현재 농특산물을 취급하는 대형유통업체는 자본력과 판매력을 바탕으로 거래교섭력bargaining power을 강화시킴과 동시에 대형유통업체의 자체 브랜드PB : Private Brand를 확산시키고 있다.

대형유통업체들의 신선식품 PB 브랜드는 아래와 같이 운영되고 있다.

업체명	브랜드 수	브랜드명	유 형
이마트	6	Fresh 이마트 이플러스 해피초이스 베스트셀렉트 자연주의	일반형 일반형 일반형 저가형 프리미엄 친환경
홈플러스	1(+6 브랜드수식어)	홈플러스 알뜰상품 홈플러스 좋은상품 홈플러스 프리미엄 홈플러스 웰빙플러스 홈플러스 친환경 홈플러스 유기농	저가형 일반형 프리미엄 친환경 친환경 친환경
롯데마트	1(+5 브랜드수식어)	와이즐렉 와이즐렉 마음들인 와이즐렉 프라임 와이즐렉 내몸사랑 와이즐렉 유기농	저가형 일반형 프리미엄 친환경 친환경

출처 : 김동환 외(2008.12), 대형유통업체의 농특산물 구매형태 분석 및 정책대응 방안.

대형유통업체의 농특산물 PB상품 현황을 살펴보면, 대형유통업체들의 신선식품 PB상품 매출비중이 매우 높은 것으로 나타났다.

〈업체별 신선식품 PB상품의 취급비중〉(2007) (단위 : %)

구 분	홈플러스	롯데마트	농협유통	GS마트
전체 PB상품 매출비중	20.0	13.0	8.5	6.1
신선식품 PB상품 매출비중	57.5	34.0	32.8	16.8

출처 : 김동환 외(2008.12), 대형유통업체의 농특산물 구매형태 분석 및 정책대응 방안.

대형유통업체 중 하나인 L유통업체의 신선식품 PB상품 비중을 품목별로 살펴보면 조리식품을 제외한 모든 부문에서 PB상품의 비중이 매우 높게 나타나고 있다.

〈L유통업체의 신선식품 PB상품 비중〉(2009) (단위 : %)

신선식품	청과	곡물	야채	쇠고기	닭고기	돼지고기	선어	건 해산물	조리식품
44.2	73.4	52.4	47.4	70.8	44.0	28.7	29.9	35.3	0.9

출처 : 한국농촌경제연구원(2010), 농축수산물 브랜드 육성정책 개선방안.

이와 같이 농수축산물을 취급하는 소비지의 대형유통업체는 막대한 자본력과 시장지배력을 바탕으로 유통업체브랜드[PB]를 확산시켜, 산지의 생산자조직 농수축산물 브랜드는 심각한 위협을 받고 있다. 따라서 잘못하면 대형유통업체의 PB에 예속될 우려가 높은 실정이다.

농특산물브랜드의 유사품, 위조품 PB상품 등이 시중에 유통되면, 원조 브랜드가 판매되지 않을 뿐만 아니라 원조 브랜드의 이미지에 악영향을 미치게 된다.

따라서 농특산물 생산자 브랜드에 악영향을 미치지 않도록 정부에서는 농특산물 표준규격 단속 강화, 원산지 표시제 강화, 상생협력사업 강화 등의 정책을 적극적으로 전개하여야 한다.

대형유통업체는 산지유통조직의 생산자 브랜드 수가 너무 많고 농특산물브랜드의 기본적 여건(품질 균일화, 지속적인 물량공급, 고품질의 농특산물)이 갖추어져 있지 않기 때문에 소비자에게 혼란을 초래하여 PB를 확산시킬 수밖에 없다는 논리를 펴고 있다.

이러한 논리를 뒤집으면 광역적 규모의 강력한 조직화를 바탕으로 물량지배력을 확보하고 고품질의 농특산물을 통한 생산조직의 브랜드 경쟁력 강화가 이루어지면 PB문제는 자연스럽게 해결된다고 볼 수 있다.

대형유통업체는 생산농가단체, 산지유통조직, 도매시장, 벤더업체 등 다양한 경제주체로부터 원물을 공급받고 있기 때문에, 산지유통조직이나 생산자조직에서 PB상품의 납품을 거절하더라도 다른 루트를 통하여 해당 상품을 구입하여 판매한다. 일부 유통업자의 비도덕적인 행위로 인하여 산지유통조직의 생산자 브랜드 가치가 훼손되지 않도록 해야 하며, 훼손되었을 경우 법적 보호를 받을 수 있는 조치를 취해야 한다. 이를 위해 생산자 브랜드에 대하여 특허청 상표등록을 통하여 법적 권리화를 해야 한다. 이와 같은 상표권 등록을 통하여 해당 브랜드의 가치를 대형유통입체가 훼손하지 못하도록 해야 한다.

또한 소비지 시장에 출하된 산지유통조직의 생산자 브랜드가 일부 유통업자에 의해서 PB상품화으로 둔갑하는지 확인하고 감시해야 한다. 대형유통업체 PB 확산을 억제하기 위해서는 농특산물 품질관리원에서 실시하는 '농특산물 표준규격공동출하사업'을 활용하여 소비지 유통업체 단속을 강화하고 상표등록제도를 활용하여 브랜드를 보호해야 한다.

프랑스 브르타뉴 브랜드의 경우 산지에서는 품질관리원이 표준규격품을 점검하여 확인하는 절차를 거치고, 소비지에서는 산지에서 출하된 표준규격품이 포장, 모양, 상표 등의 왜곡 없이 판매되는가를 점검하여 이를 위반하였을 때 강력한 행정처분을 실시하고 있다.

프랑스 정부는 산지단계에서 농특산물이 규격품에 적합하게 출하되는가를 철저히 감시하여 품질 균일화 및 소비자 신뢰를 높이기 위해서 노력하고 있다. 또한 소비자 단계에서는 산지에서 출하되는 규격품이 유통업체에 의해 PB화되는 것을 제도적으로 방지하고 있다.

대형유통업체의 PB브랜드 확산은 기업의 자율적인 시장행동이기 때문에 제재할 수는 없으나, 산지와 소비지 상생협력 차원에서 생산자와 유통업체의 브랜드를 동시에 표기하는 MPB Manufacturer-Private Brand 사용을 권장할 수 있다.

현재 롯데마트에서는 '산지 - 소비지 상생협력사업'을 실시하는 품목에 대해서, 생산자 브랜드에 '롯데랑'이라는 별도의 PB를 함께 표기하고 있다. 하지만 이렇게 되면 결국에는 유통업체 좋은 일만 시켜주는 꼴이다. '롯데+생산자 브랜드' 혹은 '생산자브랜드 with 롯데'와 같은 방식이어야 소비자의 기억 속에 생산자브랜드가 살아남게 된다.

'산지 - 소비지 상생협력사업'을 시행할 때 MPB 브랜드 및 산지 브랜드를 공동사용하는 유통업체에 인센티브를 제공하는 방안을 모색할 수 있다.

물론 산지유통조직 생산자 브랜드가 대형유통업체 PB와 경쟁하여 생존할 수 있는 가장 좋은 방법은 소비자들이 믿고 찾도록 하는 강력한 브랜드 인지도 제고밖에는 없다. 기술이나 특허에 의해서 모방할 수 없도록 하거나, 전국적 브랜드 인지도로 인한 명품브랜드로서의 선호도 제고 등이 가장 확실한 방법이다.

예를 들어 햇사레 브랜드의 경우 복숭아를 선호하는 소비자의 충성도가 높고 또한 연합사업체계로 구축되어 있기 때문에 소비지 시장에 대한 물량지배력을 보유하고 있다. 대형유통업체에서 햇사레 복숭아에 대한 PB상품을 요구하면 대형유통업체에 상품을 공급하지 않거나 거래를 중단하여 햇사레를 취급하지 못하게 한다.

Tip

브랜드 포트폴리오 전략지침

전략적 브랜드 포트폴리오 관리 경영을 위해서 다음과 같은 7가지의 지침을 제시한다.

1. 20:80 법칙을 기억하라

흔히 파레토의 법칙으로 불리는 이 법칙은 통상 한 기업의 20% 자원에 의해 그 기업 전체 수익의 80%를 거두어들이기 때문에 이에 따른 적정한 브랜드 포트폴리오 구성이 필요하다는 것이다. 통상적으로 20%의 브랜드가 전체 매출액의 80%를 차지한다. 또는 20%의 고객이 전체 매출액의 80%를 차지한다. 이럴 경우 기업은 20%에 해당하는 브랜드 및 고객을 집중적으로 관리해서 수익을 극대화하는 것이 필요하다.

2. 브랜드들을 관통하는 핵심가치를 명확히 하고 이를 보존하라

보통 수익성 관점에서만 브랜드 포트폴리오를 구성하게 되는 경우, 그 기업의 장기적인 미래 가치를 잃게 되는 경우가 생기는데, 이를 방지하기 위해서 그 기업의 비전과 미션에 의해 도출된 그 기업브랜드들이면 가져야 되는 핵심적인 공통 가치를 명확히 규명하고 이를 기존 보유 브랜드든 향후 출시할 신규 브랜드든 지속적으로 견지해야 한다는 것이다.

3. 세분시장의 동태성과 브랜드와의 관련성을 주기적으로 평가하라

즉 브랜드 포트폴리오 구성은 정태적으로 접근하는 경우 한시적인 성공으로

그칠 공산이 많기 때문에 반드시 동태적으로 접근해야 한다는 것이다. 따라서 이를 위해서 각 기업이 설정한 목표 세분시장의 변화를 주시하고 그 변화에 대해 관련 브랜드들이 얼마나 대응할 수 있는지를 정기적으로 평가, 이를 브랜드 포트폴리오 구성에 반영해야 한다는 것이다.

4. Cannibalization을 최소화하는 포트폴리오를 통해 시너지 효과를 극대화하라

브랜드 포트폴리오를 구성하다 보면, 전체적인 시너지 효과는 기대되지만, 그로 인해 어쩔 수 없는 브랜드 간 Cannibalization이 발생하는 경우가 많기 때문에 이를 최소화할 수 있는 포트폴리오 구성에 힘써야 되고 더불어 전체적인 시너지 효과를 기대할 수 없는 포트폴리오는 가급적 구성하지 말아야 된다는 것이다.

5. 브랜드 포트폴리오 진단 및 레버리지를 위한 측정 도구를 개발하라

전략적 브랜드 포트폴리오 구성을 실제 수행하기 위해서는 해당 기업에 적합한 관련 진단 도구와 측정 도구 개발이 선행되어야 한다는 것이다.

6. 브랜드 포트폴리오 관련 중요의사결정은 Top Manager가 직접 하라

통상 브랜드 포트폴리오 구성과 관련한 의사결정을 실무진에 이양하는 경우 단기적으로는 효율적일 수 있으나, 장기적으로는 포트폴리오 구성이 방만해질 우려가 높기 때문에 경영진에서 이를 처음부터 조정하고 관여하여 궁극적으로는 책임을 지는 구조여야 한다는 것이다.

7. 평균 비용 처리하지 말고, 브랜드별/제품별/고객별 투입된 비용차를 분석하라

이는 현행 많은 기업들이 채택하고 있는 관리회계 체계로는 브랜드별 소요비용과 수익을 제대로 파악하기 어렵기 때문에 이를 브랜드별 경영/마케팅 활동 기준 회계 체계(activity based costing)로 전환하든지 아니면 그에 상응하는 별도의 회계 작업을 수행해야 전략적 브랜드 포트폴리오 구성이 가능하다는 것이다. 다양한 제품브랜드 생산이 가능하도록 생산라인을 갖춘 경우에 그만큼 브랜드의 제조원가가 올라가게 되지만 평균비용처리하게 되면 제조원가가 얼마나 증가되었는지는 무시되고 결국에는 실제비용과 잠재비용 면에서 소량의 제품생산비용이 과소계상되는 오류가 발생될 수 있는 것이다. 이것은 효율적인 마케팅 활동을 방해하게 되어 경쟁사에게 추격의 좋은 빌미를 제공하게 된다.

사례 선키스트

'오렌지' 하면 가장 먼저 떠오르는 이름, 전 세계 브랜드 인지도 47위, 미국 10대 브랜드 마케팅 조직, '협동조합의 모델'이라고 불리는 이름. 그 이름의 주인공은 바로 미국의 '선키스트'다.

> *"여기 오렌지가 있다. 그런데 소비자의 80%가 오렌지라는 이 과일의 이름을 '선키스트'로 알고 있거나 믿고 있다."*
> ***– 러셀 핸린(선키스트 오렌지 재배자 조합 CEO)***

선키스트라는 브랜드의 힘이 얼마나 강한지 보여주는 사례다. '오렌지 = 선키스트'라는 등식이 성립하여 카테고리를 장악한 대명사 브랜드가 되었다. 청과 부문 세계 최대의 마케팅 연합조직으로서 미국을 넘어 세계 협동조합의 발전에도 지대한 영향을 미친 세계적인 연합체인 선키스트 협동조합의 브랜드관리를 살펴보자.

100년의 신뢰 속에 성장한 세계적인 청과 브랜드 선키스트도 언제나 위기에 처해왔다. 아니 1893년에 시작할 때부터 캘리포니아와 애리조나 지역의 생산자와 지역협동조합(선과장)이 협약에 의해 연결된 출하유통협동조합 연합체로 6,500명의 생산자가 조합원이다.

오렌지 생산농가들이 가격하락에 공동대처하고 판로확대를 모색하기 위해 설립되었으니 위기로부터 브랜드가 생겨난 셈이다. 현재도 미국 오렌지의 생산과잉과 유통비용의 증가, 남미산 발렌시아 오렌지 수입의 증가 등으로 시장점유율이 갈수록 떨어지고 있으며 심지어 적자를 기록할 정도로 시장지배력이 갈수록 약화되고 있다.

이러한 경영상 위기에 직면한 선키스트는 남미 및 세계 전 지역 오렌지의 마케팅과 유통을 담당하는 국제적인 조직체로 육성하고자 하는 경영진과 국내 유통에 집중해 농가를 위한 조직으로 거듭나야 한다는 조합원들 간의 갈등이 심화되고 있는 상황이다.

선키스트는 이러한 위기를 철저한 품질관리와 브랜드관리를 통해서 극복해 왔다. 1907년부터 대대적인 광고 캠페인을 시작했는데, 당시 광고 대행사가 제안한 Sunkissed(태양의 입맞춤)라는 말을 변형하여 선키스트(Sunkist)라는 상표로 사용하였으며 1909년 등록상표로 확정됐다. 선키스트라는 브랜드는 1907년부터 최상품 과일에 'Sunkist'라는 문구를 잉크로 써넣기 시작하면서 대대적인 반향을 불러일으켰다. 과일 표면에 브랜드가 찍힌다는 것은 당시로선 상상할 수도 없는 일이었기 때문이다.

선키스트의 성공비결은 철저한 품질관리를 통한 브랜드 차별화를 꼽는다. 품질에 따라 1등품, 2등품, 등외품으로 분류하고 생과용은 1등품에만 'Sunkist'를 표시하고 2등급은 'SK'란 브랜드로 구분해 출하하고 있다. 선과라인에 투입된 오렌지는 4차례 선별과정을 거쳐 포장품에 대해 바코드관리가 철저히 이뤄지고 있다. 그 결과 선키스트 브랜드는 시장에서 '품질이 좋다'는 말과 동의어가 됐다. 브랜드 인지도는 선키스트의 새로운 시장개척에 절대적으로 유리했다.

일원론적 이원화 브랜드 전략

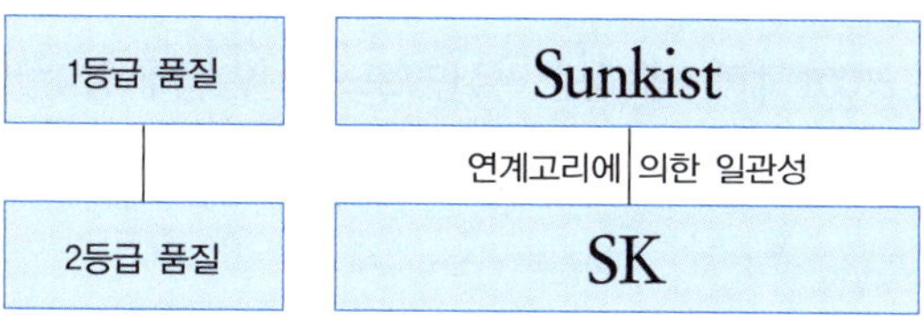

1차 농특산물인 오렌지의 브랜드화 성공은 이 협동조합이 1920년 최초로 오렌지 주스를 출시한 후, 청량음료 및 기타 가공과일 사업 등에 대한 상표사용권 판매로 2차 식품 수익사업을 가능케 하고 협동조합의 새로운 자본으로 축적됐다. 이처럼 마케팅 파워를 통해 시장점유율을 제고시키는 한편 농가에게 실익을 줄 수 있는 다양한 방안을 지속적으로 모색함으로써 조합의 참여를 유도하고 있다.

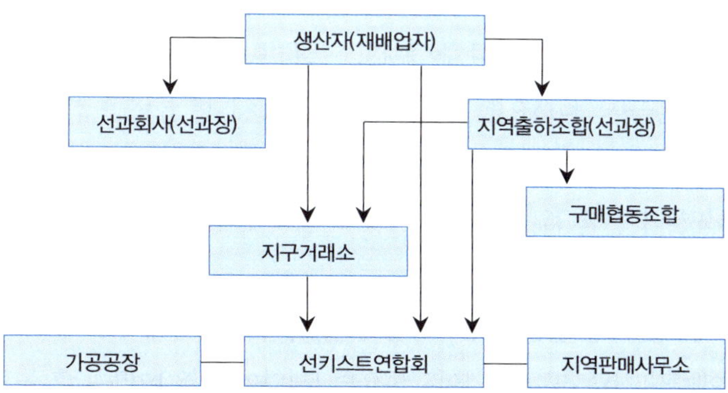

조직 구조는 크게 연합회와 지구거래소, 지역출하조합으로 나눠지며 계열 선과장의 선과·포장기술 개발과 지원을 전담하는 연구개발·기술지원본부와 저가의 농자재 공급 및 용품의 디자인을 제공하는 물류·포장회사를 운영하고 있다. 조합원들에 대한 철저한 규합과 사업별 전문화는 선키스트의 브랜드화 성공을 뒷받침했다. 조합원은 과일 생산 전량을 지역협동조합(패킹하우스)에 넘기는 것을 의무화하고 있다. 이러한 강한 규정 때문에 가입과 탈퇴의 자유는 보장되고 있으나 생산 전량을 지역조합에 출하하는 규정을 어긴 자와 품질관리 소홀로 브랜드 이미지 하락을 초래한 조합원은 제명 대상이다.

연합회의 품질관리실 기능을 확대해 12명의 품질검사원이 지역협동조합(패킹하우스)을 순회하며 품질관리를 지도하고 있으며, 도매시장에도 검사원을 배치해 패킹하우스에서 출하한 농특산물의 샘플을 수집 검사, 품질에 문제가 있는 패킹하우스는 해결 시점까지 폐쇄시키고 있다.

1970년대까지는 '선키스트'라는 전체 브랜드만을 부착해 출하했으나 지금은 품질관리를 위해 개별 패킹하우스의 브랜드를 함께 기재해 품질관리에 따른 책임소재를 분명히 하고 있어서 같은 브랜드의 선키스트 오렌지라도 선과장에 따라 20~30%의 가격차이가 발생하고 있다.

강력한 브랜드파워에 힘입어, 1950년대 초에 시작한 선키스트의 브랜드 라이선스 사업을 통해 세계 50개국의 450여 제품에 선키스트 상표를 사용허가하고 있으며, 이를 통해 연간 11억 달러(약 1조 3천억 원)의 로열티 수입을 올리고 있다. 선키스트가 농특산물 마케팅 전략에 관한 한 세계 첨단의 선진 농업협동조합으로 꼽히는 이유가 브랜드파워 때문임을 알 수 있다.

제6장

지역브랜드 관리

1. 브랜드성공의 일등공신은 교육이다

브랜드경영의 활성화 및 산지유통조직의 조직화를 강화시킬 수 있는 가장 효과적인 방법은 교육이다.

특히 한국의 생산농가들은 개별적인 성향과 자영농으로서의 개성이 강하여 공동조직의 운영 및 브랜드 마케팅 활동에 대해서 신뢰하지 않는 경향이 있다. 또한 생산농가들은 도회지에 있는 자식들을 위해 돈을 송금하는 것을 최우선순위로 두는 경향이 있어서 현금확보의 신속성 때문에 도매시장에 소규모 출하를 선호하고 있다. 이러한 근시안적 시장 대응은 소비지 유통업체와 시장교섭력에 있어서 우위를 차지하지 못하고 중장기적으로 볼 때 농가소득에도 이익이 되지 않는다는 점을 인식시키기 위한 지속적 교육이 필요하다.

지속적인 교육을 통하여 조직 구성원 스스로가 브랜드가 중요하며, 최우선 고려사항이라는 점을 깨닫게 해야 한다. 생산농가 조직화를 바탕으로 한 지속적 교육을 통한 생산기술의 상향평준화, 개별농가의 의식전환, 품종 및 재배기술의 통일, 품질 균일성의 확립 등이 전제되어야만 경영조직이 강력한 브랜드 마케팅 활동을 펼칠 수 있다.

새로운 산지 조직화 모델로 농업계에 큰 파장을 일으키고 있는 K-멜론의 성공요인은 그 첫 번째가 교육이었다. 전국연합사업단은 연간 150회에 달하는 교육을 통해 전국 공선회 회원 농가들과 지역농협 판매담당자들을 지속적으로 교육했다. 교육 내용도 공급자가 일방적으로 제시하는 것이 아닌 산지와 사업단의 지속적인 교류를 통해 산지에 필요한 것을 파악한 뒤 맞춤형 교육을 진행했다. "K-멜론의 성과를 일궈낸 가장 큰 힘은 교육에 있었다고 생각합니다. 교육을 통해 기술 향상도 이뤄냈지만 조직화의 절실함에 대한 공감을 얻어낸 것이 가장 큰 성과"라고 안재경 단장은 평가했다.

교육은 크게 브랜드교육과 품질교육으로 나누어 구성하는 것이 좋다. 브랜드교육은 브랜드정체성과 비전의 공유에 초점을 두어 작성한 브랜드매뉴얼에 따른 교육이 되어야 하며, 품질교육은 재배 및 수확과정, 수확 후 처리기술 등 다양한 부문에 표준화된 기술체계를 매뉴얼화하여 제작 보급해야 효과가 크다.

구 분	항 목	교 재
브랜드교육	브랜드정체성과 비전의 공유	브랜드관리 매뉴얼
품질교육	재배 및 수확과정, 수확 후 처리기술	품질관리 매뉴얼

공동브랜드가 성공하기 위해서는 브랜드의 비전과 전략을 생산농가와 모두 공유하지 않으면 안 된다. 브랜드가 성공하기 위한 조건으로 가장 중요한 것은 '비전 공유'다. 생산농가들이 '이 브랜드가 성공하면 과실이 내게 돌아온다'는 것을 공감하면 품질관리가 저절로 된다. 브랜드비전 공유는 주로 교육을 통해서 이루어진다.

교육효과를 높이기 위해서는 '소규모 분임조' 제도를 활성화시키는 것이 필요하다. 프랑스 브르타뉴, 일본 유바리 멜론 등은 '소규모 분임제'로 이루어진 생산자 조직을 10명 이내로 조직하고 기술지도, 교육 등에 있어서 이들의 리더 역할을 수행할 수 있는 책임자를 선정하여 일원성 있는 교육이 이루어지도록 하고 있다. 목표시장에 부합하도록 균일한 품질의 농특산물을 지속적으로 생산할 수 있도록 하기 위해서는 참여의식이 높은 생산농가를 분임조장으로 선발하여 다른 생산농가를 또다시 교육하는 식으로 확산시켜 나가는 것이 바람직하다. 또한 강사마다 제각각 말하는 내용이 다르게 되면, 교육은 차라리 안 하느니만 못한 결과를 초래하고 만다. 그래서 교육은 표준화된 매뉴얼을 가지고 수행해야 한다.

교육내용은 우수 농가를 방문하여 일회성 기술 지도에 한정되는 체계에서 벗어나 품종 선택, 재배 과정 등 전 과정에 걸쳐서 해당지역의 농업기술센터 및 전문기관으로부터 체계적으로 기술 지도를 받을 수 있도록 하는 맞춤형 지원체계가 필요하다. 일회성 컨설팅이 아니라 지속적 코칭 교육이 효과적이다.

그런데 교육을 강화하고 참여를 독려해도 일부 농가는 교육에 참여하지 않거나 출석확인만 하고 빠져나가는 등 미온적인 대도를 보이는 경우가 많은 것이 현실이다. 브랜드경영에서 교육이 이렇게 중요하기 때문에 교육에 참가하지 않는 생산농가는 출하량에 제한을 두거나 계약재배면적에 제한을 가하는 방안도 고려해야 하고 심한 경우에는 조합원 자격을 박탈하여야 한다. 반대로 농가교육에 적극적으로 참여하고 고품질의 농축수산물을 생산하는 농가는 출하장려금, 계약재배면적 확대 등 인센티브를 부여하여 주변 농가들에게 교육 참여를 독려하는 것도 매우 큰 효과를 거둘 수 있다.

2. 생산과정에서의 품질관리

농특산물의 품질관리는 공산품에 비하여 매우 어렵다. 왜냐하면 농특산물의 품질은 공장에서 찍어내는 것이 아니라 하늘과 땅 그리고 농민의 합작품이기 때문이다. 하지만 브랜드 농특산물에 대해서는 공산품만큼의 품질관리를 요구받고 있다.

브랜드 농특산물에 대한 신뢰도가 높은 만큼 브랜드운영주체의 철저한 품질관리를 통하여 공산품 수준의 품질균일화를 이루어야 한다.

브랜드는 소비자와의 약속이고 이것은 곧 신뢰를 의미한다. 브랜드의 신뢰는 곧 품질을 의미한다. 따라서 브랜드 마케팅 활동의 전제조건으로는 생산자 조직의 품질관리에 따른 균일한 품질의 생산물량과 계획생산에 따른 적절한 공급물량 등이 있어야 한다. 브랜드경영체가 철저한 품질관리를 바탕으로 계획생산을 실현해야 가격조절능력이 생겨 경쟁력을 확보할 수 있다. 이러한 전제조건이 있어야만 소비지 시장을 상대로 교섭력을 가질 수 있게 된다.

춘천의 지역 농특산물브랜드 '소양강'은 특산품의 품질관리에 차이가 나면서 브랜드자산 구축에 실패하였다.

따라서 브랜드 품질관리를 위해 관련 조례를 제정하여 일정 기준 이상의 지역 및 특산품에 대해서만 브랜드를 사용할 수 있도록 하는 반면 생산농가에서 반입한 상품이 자체적인 품질 기준에 미달할 경우 불이익을 주어야 한다. 또한 별도의 브랜드 전담 관리조직을 만들어 기술, 품질, 유통, 지역 리더를 양성하는 브랜드 마케팅 전문교육 프로그램을 마련해야 한다.

일본 유바리 멜론은 1960년대부터 소규모 분임활동을 시작으로 개별생산 방지 및 품질의 균일화를 위해 규약을 제정하거나 농가에서 1차 선별한 멜론이 공동 선별장에 도착하게 되면 품질 균일화를 위해 유바리 멜론 생산 경력이 20년 이상 된 생산자가 염격한 품질검사를 실시하고 있으며, 이 과정에서 불합격된 멜론이 발견될 경우, 벌금제도와 삼진아웃제를 운영하고 있다. 또한 농협에서 종자보관소를 직접 운영 및 관리하고 있으며 유바리 멜론 묘목이 외부로 유출되는 것을 엄격히 통제하고 있다.

프랑스 브르타뉴의 경우 불합격률이 높거나 불합격이 반복되는 농가에 대해서는 경고처분을 내리거나 브랜드경영체에서 탈퇴시키고 있다. 생산자들 스스로 농산물 경매장을 신설 운영하여 거래의 투명성이 확보되고 상품의 표준화와 품질의 균일성이 확립되었다.

사실 대량의 농특산물을 정확한 품질관리에 기초하여 연중 꾸준히 조달하는 시스템을 갖추기란 매우 어려운 일이다. 그럼에도 불구하고 'K-멜론'이 규모화와 전국 단위 조직화, 재배기술 통일 등을 통해 이 같은 성과를 이루었다. 전국의 멜론 주산지를 그물망처럼 연계하여 산지별 파종시기 조절, 재배방법을 통일해 연중 균일한 멜론을 생산하여 공급하는 시스템을 구축함으로써 365일 공산품 같은 균질한 멜론을 소비자에게 공급하고 있다. 이처럼 균일한 품질을 유지할 수 있는 비결은 재배기술 통일로 생산과정에서의 품질 편차를 최소화하고 동일한 선별시스템을 거치도록 하기 때문이다. 생산이력추적제는 물론 국내 최초로 수확일자표시제를 도입하였다.

생산과정의 품질관리에서 중요한 것이 교육이다. 품질관리 교육에 많이 빠지거나 재배일지를 작성하지 않으면 K-멜론 브랜드를 부착할 수 있는 권한을 빼앗는다. 2010년 K-멜론사업단은 이 규칙을 지키지 않은 260여 명의 생산농가를 제명처분하였다.

정신교육만 하는 것이 아니다. 멜론의 품질관리를 위해서 150일간의 재배방법이 꼼꼼히 기록된 일자별 재배매뉴얼도 제작해 배포하였고, 매뉴얼에 따른 재배를 의무화했다(권고사항이 아니라).

브랜드신뢰도 구축을 위한 품질의 균일화를 위해서 선별작업에 각별한 엄격성을 부여한다. K-멜론 조합원들은 자기가 알아서 멜론을 수확할 수 없다. 전문 판정단에 의해 12브릭스가 안 되는 멜론은 브랜드를 달지 못하고 그냥 시장에 출하된다. 2010년에 조합원이 생산한 전체 멜론의 60% 정도만 K-멜론을 달고 출시됐다.

햇사레 복숭아의 경우에도 생산기술의 매뉴얼화를 통한 품질관리에 만전을 기하고 있다. 재배 및 생산과정에서 매뉴얼화된 내용을 살펴보면 1월부터 12월까지 복숭아나무 특성을 반영한 재배지침이 꼼꼼히 기록되어 있고, 개화기나 결실기 등 성장 단계별로 병충해 방재법이 기재되어 있어 균일한 품질의 복숭아를 생산할 수 있도록 하고 있다.

선별과정 역시 자체적으로 선별 매뉴얼을 확립하여 20과 이내만 상품화를 가능하게 하고 있으며, 선별장에 직접 검수요원을 파견시켜 이해관계를 배제한 엄격한 품질관리를 실시하고 있다. 이외에도 삼진아웃제도와 인센티브제도 등을 운영하여 품질의 균일성을 유지하기 위해 힘쓰고 있다.

3. 유통과정에서 품질관리

농특산물의 경우 품질관리의 측면에서 공산품과는 근본이 다르다. 공산품의 품질관리는 통제가 가능하지만, 농특산물의 품질을 좌우하는 것은 기후여건에 달려 있기 때문이다. 농특산물의 경우 예측불가능한 자연의 변화에 너무 크게 영향을 받는다. 폭염피해, 냉해, 호우피해, 일조량 부족, 태풍, 병충해 등은 농특산물브랜드의 품질관리에 치명적인 위기상황을 가져다준다. 기후조건의 악화로 인하여 브랜드 농특산물의 출하물량도 줄어들게 되고 상품성도 떨어지게 된다. 최근 생산농가들이 농특산물의 상품 브랜드 가치를 지키려는 분위기는 강해졌지만 물량이 모자라는 상황에 처하게 되면 브랜드 관리를 소홀하게 하는 경향이 발생하기도 한다. 어찌 보면 인지상정으로 볼 수도 있다.

이럴 경우 유통업체와의 계약물량을 맞추자니 명품 기준의 농특산물이 부족하고 명품 기준의 품질을 맞추자니 계약물량에 턱없이 부족한 상황에 처하게 된다.

유통업체와 계약물량을 맞추는 것도 당장엔 중요하지만 제 품질이 아닌 상품 출하로 이미지가 떨어질 경우 타격이 더 크다는 사실을 인식해야 한다.

유통업체 계약물량 vs 소비자 품질기준 : 어느 쪽과의 약속을 지키는 게 더 중요할까?

1) 최악의 선택

소비자는 무시하고, 유통업체 계약물량만을 채워서 현금화를 극대화하는 전략이다. 최고급 상품을 지향하는 명품브랜드라 할지라도 그

구 분	취 급 방 안
최악의 선택	무조건 유통업체 계약물량 중시
차악의 선택	유통업체 매장에 상황 공지 표시판 부착
차선의 선택	제품 패키지 표면에 상황 공지 스티커 부착
최선의 선택	엄격한 소비자 품질기준 중시

상품성을 유지하지 못하는 경우가 종종 발생한다. 브랜드 품질기준을 맞추기보다 물량을 채워 상품화하다 보면 그 결과 반품이 늘어나게 된다. 이럴 경우 브랜드 이미지와 신뢰도 하락은 물론 경제적으로 큰 손실을 입게 된다. 결국 브랜드는 일정한 품질 기준 이상의 상품만을 출하하는 내부 규정을 정해야 할 것이다. 특히 과일의 경우 당도가 생명인 만큼 산지 농가의 당도 관리에 주력해야 한다.

2) 차악의 선택

기상이변 때문에 과일의 당도가 떨어졌으니 이해하고 구입하라고 소비자의 동정심에 호소하는 전략이다. 농특산물이 기후조건과 생리장애 등으로 일정한 품질을 유지하기 어려운 것은 이해가 간다. 그러나 그것은 생산자 쪽 사정이지 소비자 쪽 사정은 다르다. 기후변화로 품질이 떨어졌으니 양해해 달라는 공지를 매장 내에 했다고 해서 모든 소비자들이 이해해 주지는 않는다.

하지만 소비자들이 매장 공지를 보지 못하는 경우도 많으며, 또한 봤다고 해도 그것은 제품구매자만 보게 될 뿐 제품 패키지 혹은 제품 표면에 아무런 표시가 없으면, 농특산물을 먹는 사람들은 브랜드의 품질을 의심할 수밖에 없게 된다.

3) 차선의 선택

소비자들은 생산자 잘못이 아니라 천재지변에 의한 것이라 할지라도, 생산자의 처지를 이해하기보다는 자신들의 입맛을 우선한다. 따라서 당도가 떨어질 경우는 기후변화로 인하여 당도가 떨어진다는 사실을 소비자들에게 알려주어 브랜드의 신뢰성을 떨어뜨리지 않도록 주의할 필요가 있다.

제품의 패키지나 제품 표면에 스티커로 상황을 설명하는 것도 하나의 방편이 될 수 있다.

4) 최선의 선택

진정한 브랜드로 성장하기 위해 반드시 넘어야 할 산이다. 오히려 모두 어렵다고 할 때 보다 철저한 상품관리를 통해 소비자의 신뢰를 높인다면 그것이 브랜드 가치를 높이는 기회가 될 수 있다.

만약 고객과 약속한 브랜드에 해당하는 상품이 생산되지 않았다면 아예 출하를 중단하는 게 최선의 방법이다. 당도나 품질기준이 당초 정해진 기준에 맞지 않는다면 과감하게 무조건 출하를 중단해야 한다. 소량이라도 원래 기준에 맞는 상품만 출하해야 한다.

제스프리는 자체적으로 마련한 당도와 모양, 색택의 기준에 못 미치는 상품에 대해서는 판매하지 않는 것을 원칙으로 하고 있다. 엄격한 품질관리에 대한 기준은 제스프리의 주주인 생산농가들의 합의하에 정해지며 마련된 품질 기준보다 떨어지는 키위는 절대 판매하지 않는다. 사료용으로 저가 판매하거나 아니면 폐기처분한다. 상품의 등급은 제스프리가 철저히 등급별로 관리하며, 출하된 키위는 품질 수준에 따라 농가 수익으로 나눠주는 출하체계를 갖췄다.

사료용이나 가공용 혹은 폐기처분이 어렵다면 별도의 브랜드 라벨을 부착하는 방안도 고려할 수 있다. 한편 브랜드 명칭을 사용하지 않고도 출하할 수 있는 판로가 분명히 있다. 품질이 다소 떨어진다면 서울이나 수도권 출하를 되도록 자제하며 생산지역 내에서 소화시킨다.

브랜드란 제품이나 과일이 아니다. 브랜드는 소비자들과의 약속이다. 때문에 어떻게 해서라도 약속은 지켜야 한다. 브랜드는 소비자들이 언제 어디서나 구입해 먹어도 항상 같은 품질의 상품을 공급하겠다는 약속인 것이다. 때문에 기상이변 때문에 품질에 차이가 생겨서는 안 된다.

소탐대실. 당장 눈앞의 이익에 눈이 멀게 되면 장기적으로 브랜드 가치는 추락하게 된다. 매년 이런저런 이유로 맛이 틀리다면 어느 소비자가 인정해 줄 것인가? 자칫 근시안적인 이익만을 생각해 어렵게 추진한 브랜드화를 망치는 일이 있어서도 안 된다. 브랜드는 하루아침에 만들어지는 게 아니다. 하루 판매하고 그동안 쌓아놓은 브랜드 명성을 고스란히 추락시키는 우를 범해서는 안 될 것이다. 공든 탑은 쌓기는 어려워도 무너지기는 쉬우므로 '진실마케팅'을 추진하여 소비자들의 신뢰를 유지해야 한다.

4. 가격을 어떻게 알아? 팔아봐야 알지

가격은 수요와 공급에 의해서 결정된다. 공산품 가격은 제조업체가 결정한다. 투입물량과 산출물량을 확인할 수 있어 제조원가가 정확하게 계산되고, 경쟁사 가격동향과 적정이윤을 붙여 가격을 결정하면 된다.

"아저씨, 이 사과 얼마예요?", "그걸 내가 어떻게 알아. 팔아봐야 알지." 이처럼 농특산물의 가격은 생산농가가 결정하기 어려운 경우가 많다.

구 분	결정변수	내　　용	변　　동
생산	공급량	재배면적의 증감	변동폭 큼
	농특산물 품질	기상여건의 변화	이변 속출
유통	유통구조	유통단계와 농협유통비중	변동성 줄여나감
소비	브랜드	브랜드파워	변동폭 최소화
	정보	가격정보 제공	품목 간 대체소비

농수산물의 특징은 재배면적의 증감과 기상여건에 따라 가격변화가 크다는 점이다. 농특산물을 제값 받고 팔려면 첫째는 규모화(量), 둘째는 품질(質)이 결정적으로 중요하다. 재배면적은 농특산물 공급의 양을 결정하고, 기상여건은 농특산물의 품질을 결정한다. 그런데 양과 질 모두 변화가 크다는 점이다. 일반적으로 전년도에 가격이 높으면 많이 재배하고 가격이 낮으면 심지 않는 경향이 있다. 해마다 가격이 제각각이다 보니 재배면적 또한 변동폭이 크다. 농특산물 생산량의 변동폭은 15% 정도 왔다 갔다 한다. 멜론 8㎏ 한 상자를 1만 원대를 받고 팔기도 하고, 반대로 출하량이 적을 땐 한 상자가 8만 원대로 치솟기도 한다. 이렇게 변동성이 크게 되면 생산자, 소비자 모두가 좋지 않다. 생산자도 안정적으로 가격을 받고, 소비자들도 1년 내내 적당한 값에 농특산물을 즐겨야 시장이 더 커지게 된다.

농특산물은 수요와 공급이 비탄력적으로 움직이기 때문에 농특산물이 5~10% 증산되면 가격은 20~30% 떨어진다.

문제는 기후변화가 점점 심해져 기상이변이 자주 발생하고 기상여건을 예측하기가 점점 더 어려워지고 있다는 점이다.

농특산물 가격을 결정하는 변수는 유통구조도 큰 비중을 차지한다. 따라서 산지유통조직의 강화를 통해 농협의 계약물량을 확대해야 한다. 품질 균일화와 규모화를 통한 시장교섭력 제고 및 가격 주도권 확보가 산지유통 성공의 중요한 열쇠이다. 이는 2010년 농특산물 생산량의 8% 수준에 그치고 있어 가격안정화에 커다란 걸림돌로 작용하고 있는 실정이다. 장기적으로는 농협 계약재배 물량을 생산량의 50% 수준까지 확대하여 농특산물 가격의 변동성을 줄여나가야 한다.

햇사레 복숭아는 연합사업을 시작하기 이전에는 유통업체가 물량을 주문하면 농가를 물색하여 공급하는 위탁판매방식이었다. 그러나 연합사업을 실시한 이후에는 지속적인 원물확보와 출하물량의 규모화를 기반으로 소비지 유통업체를 상대로 하여 가격협상력을 확보할 수 있게 되었다. 출하단위의 규모화가 이루어짐에 따라 시장 시세에 따라 출하량을 조절하는 것이 가능해졌다.

백화점 및 대형유통업체와의 교섭력에서 파워가 생기게 되자, 매장에 전용판매대를 설치하는 등 브랜드홍보 및 판촉활동의 교두보까지 마련하게 되었다. 햇사레는 도매시장 품질관리단과 소비자 품질관리단을 운영하여 각각의 시장에 적합한 품질관리를 실시하여 신뢰향상에 주력하고 있다.

또한 농특산물 생산지 인근 도시에 지역농수산물이 중심이 되는 직거래장터를 늘리는 유통구조 개선도 가격안정에 기여할 수 있을 것이다.

농수산물 가격 안정과 합리적인 소비를 유도하기 위해 소비자들에게 적극적으로 가격정보를 제공하는 것도 한 가지 방법 중 하나이다. 이렇게 되면 비싼 가격의 농특산물 대신에 싼 가격의 농특산물로 대체하는 소비가 증가할 수 있다.

마지막으로 농특산물 가격결정에 큰 요소가 브랜드파워다. 농특산물브랜드 마케팅 과정에서 필요한 가격관리 규칙 및 가격정책의 방향을 설정하여 상품에 적합한 가격설정 전략이 필요하다. 이 과정에서는 브랜드경영체가 제시한 가격을 소비지에서 수용할 수 있도록 물량 조절이 필요하며, 박스의 외부유출 방지, 브랜드 도용방지 등의 대책이 요구된다.

생산농가의 수취 값을 높이기 위해서는 규모화와 브랜드화를 통한 시장교섭력을 제고하는 일이 중요하다. 국내 최초의 전국 연합사업 브랜드인 K-멜론은 이런 방법으로 농가 수취 값을 20%나 향상시켰다. K-멜론은 조합원들이 제값 받고 멜론을 팔 수 있도록 해주기 위해서 파종 시기와 생산량도 통제한다. 조합원들이 비슷한 시기에 멜론을 심으면 수확기에 출하량이 몰리면서 멜론 값이 폭락한다.

농특산물을 제값 받고 팔려면 첫째는 규모화(量), 둘째는 품질(質)이 결정적으로 중요하다. 제스프리는 전 세계에 물량을 연중 공급하기 위하여 남반구와 북반구 여기저기에 생산 기지를 두고 규모화 영농을 수행하고 있다.

골드키위는 그린키위에 비하여 25% 정도 더 비싸게 받고 있으며 브랜드의 가치를 유지하기 위해 생산량도 제한한다. 1998년 세계 처음으로 출시한 골드키위가 큰 인기를 끌자 재배 신청 농가가 급증했다. 그러자 매년 일정량의 재배권을 농민들에게 팔아 생산을 관리했다. 생산량이 급증하지 못하도록 한 것이다. 제스프리 전체 생산량에서 골드키위가 차지하는 비중은 25% 수준이다. 시장 수요가 충분치 않은데 생산량이 급증하면 가격이 폭락하기 때문에 프리미엄 브랜드를 유지하기 위해 생산량을 통제하고 있다.

5. 하나의 제품에 브랜드가 여러 개

현재 농특산물브랜드 중복현상은 산지 및 소비지 시장에서 광범위하게 나타나고 있다. 농특산물브랜드는 주로 지역단위농협, 품목조합, 연합사업단, 지자체, 영세작목반 브랜드 등에서 사용하고 있으나, 현재 추진주체별 개별브랜드의 난립으로 브랜드중층성 문제가 일어나고 있다. 생산자 조직이 영세하여 다양한 브랜드 사업에 참여하여 지원을 받게 되고, 지원받은 것을 표시해 주어야 하기 때문이다. 추진주체가 개발한 브랜드 사용 및 표시 때문에 포장 박스에 각 추진주체의 브랜드가 모두 표기되는 현상이 발생하고 있다.

지자체에서 농특산물브랜드를 육성하는 경우 지자체에서 개발한 브랜드를 사용하지 않게 되면 관련 사업비(포장비, 공동선별비, 물류비 등)를 보조받을 수 없기 때문에 기존에 사용하던 브랜드가 존재함에도 불구하고 지자체(도, 시 · 군) 브랜드를 혼용하여 사용하고 있다.

대다수 지역에서 브랜드 중복현상이 발생하고 있다. 심지어 '안성마춤'과 같은 경우는 농협연합사업의 성공사례로 알려져 있음에도 농협유통에서 추진하는 '뜨라네'와 소비지 시장에서 중복되는 현상이 발생

지자체	브 랜 드	비 고
평창군	Sky Village(농협브랜드) Happy700(평창군 브랜드) 맑은 청(연합사업단) 자연주의(이마트 PB)	대관령원예농협
상주시	참그레(농협브랜드) 양반집(농협브랜드) 명실상주(상주시브랜드) 천년고수(상주시브랜드)	상주원예농협 배, 사과, 포도, 곶감 등

하고 있다.

생산자는 하나인데 브랜드는 여러 개 겹치게 되는 브랜드중층성 문제가 발생하고 있다. 이처럼 산지유통조직과 지자체 간에 발생하는 브랜드 중복문제는 소비지 시장에서 소비자에게 신뢰를 잃게 될 뿐만 아니라 브랜드 생명력이 짧아지는 원인이 되고 있다.

'One brand = One concept = One voice'가 되어야 강력한 힘을 발휘하여 소비자의 머리와 가슴에 팍 꽂히게 되는데, 하나의 상품에 브랜드가 여러 개가 되다 보면 브랜드의 정체성을 밝히기 어렵게 된다. '나는 ㅁㅁ다'라고 말해야 하는데, '나는 이것도 되고, 저것도 되고, 그것도 된다'고 말하면 사실상 아무것도 아닌 게 된다.

대부분 지자체 및 농협은 지역에서 발생하는 농특산물브랜드 중복문제를 인식하고 있으나, 구체적인 해결방안 및 통합방안을 찾지 못해 어쩌질 못하고 있는 실정이다. 일부 지자체에서는 문제점을 인식하여 농협 및 영농조합법인, 작목반 등과 협의하여 지역브랜드 통합을 추진하고 있다.

구 분	Before	After
부여군	낙화암, 부소산, 백마강, 부여, 비단강변(농협브랜드)	굿뜨래(지자체 브랜드)
합천군	해와 인(합천군 브랜드), 첫눈에 반한(농협브랜드), 사네뜨레(농협브랜드)	'사네뜨레'는 2010년에 '해와 人'으로 통합

부여군에서는 2003년 12월 농특산물 차별화 전략으로 '굿뜨래'라는 브랜드를 개발하여 영세규모의 브랜드를 통합하기 시작하였다. 사업 초기에는 일부 농협을 중심으로 기존 브랜드를 유지하려는 성향이 강

했지만, 부여군에서는 산지유통시설 건립, 포장재 제작비용 지원, 공동선별비용 지원 등 다양한 정부 정책사업을 통하여 통합브랜드를 유도하였다.

부여군의 노력이 지속되는 동안에도 '굿뜨래'와 개별 농협 및 영농조합법인의 브랜드가 약 2년간 중복되는 시기가 있었으나, 현재는 부여군 농특산물브랜드는 대부분 '굿뜨래'로 통합되었다. 브랜드 인지도 제고에 따른 선호도가 높아져 가격 프리미엄에 의한 부가가치를 창출하고 있다.

합천군 생산농가들은 쌀, 배, 사과, 딸기 등에 기존 농협이 사용하는 '사네뜨레' 브랜드를 사용하고 있었으나 합천군이 공동브랜드 '해와 人'을 개발하면서 브랜드가 중복되는 현상이 발생하게 되었다.

합천군은 브랜드 통합을 위해 농협 조합장 및 경제사업 담당자, 행정 담당자, 생산자 등을 참여시켜 브랜드 통합을 위한 논의를 시작하였으나 농협과 영농조합법인이 기존 '사네뜨레' 브랜드 사용을 강력하게 요구하면서 '해와 人' 사용을 거절하였다.

합천군에서는 '해와 人' 브랜드를 사용하지 않는 산지유통조직에 대해서 포장비, 공동선별비 등을 지원하지 않겠다고 선언하자, '사네뜨레'를 포기하고 브랜드 통합에 참여하게 되었다.

이처럼 농협은 지자체 행정부문에서 추진하는 사업에 부응하는 측면이 있는데, 지자체는 지역특색을 강조하는 브랜드를 개발하여 사용을 강요하기만 해서는 안 된다. 지역 농특산물브랜드의 근본적인 목적은 지역 알리기가 아니라 상품판매이기 때문이다. 지자체가 통합브랜드를 적극적으로 추진하는 방향은 '힘의 원리(브랜드파워 구축)'에서 볼 때 바람직하지만, 농협이나 생산농가들과 협의를 거치지 않은

채 임의대로 개발해 놓고 무조건 적용하라는 식은 안 된다.

브랜드를 통합할 때에는 기존 브랜드의 명성과 이미지, 소비자 시장의 인지도 등을 충분히 고려하여 다양한 각도에서 검토하고 통합 브랜드에 대한 지원 및 발전방안이 구체적으로 제시되어야 한다. 그래야 통합 후에도 해당 지역브랜드가 시장에서 경쟁력을 가질 수 있다.

6. 사업 담당자의 비전문성

지역브랜드 및 농특산물브랜드 마케팅을 강화하기 위해서는 전담조직 구성의 필요성과 중요성이 증가하고 있다. 또한 민관합동으로 브랜드 마케팅 자문단을 구성하여 콘셉트 구상과 디자인 등 전문적인 작업을 전담히도록 하는 것도 필요하다.

지역브랜드는 조직적으로 관리되어야 한다. 이 말은 사람 개인보다는 시스템에 의한 관리가 필요하다는 것을 의미한다. 브랜드 에센스의 일관성을 유지하기 위해서 브랜드 관리조직이 반드시 필요하다. 그리고 브랜드조직에는 반드시 브랜드매뉴얼이 구축되어 있어야 한다. 그래야만 시장이나 담당자가 바뀌어도 브랜드 에센스는 일관성을 유지할 수 있다. 만약 브랜드 관리조직이나 명문화된 브랜드 가치 규정이 없다면 새로운 시장이 당선되었을 때 그 한 사람의 취향과 판단에 따라 브랜드의 핵심이 흔들릴 수도 있다. 브랜드 가치를 브랜드자산으로 키우는 것이 매우 어려운 만큼 비체계적 · 비조직적인 구조로 인하여 브랜드자산을 잃어버리는 것은 순식간의 일이다.

지역브랜드경영 관계자들의 가장 큰 과제는 어떻게 하면 브랜드의 가치를 의도한 방향에 따라 지역 공무원들이 실천하게 할 것인가 하는 점이다. 브랜드가 탄생해서 성장·발전하며, 사라지는 것은 결국 브랜드와 관련된 사람들이 얼마나 강렬한 신념이나 원대한 꿈을 갖고서 이를 지키고자 했는가에 달려 있다. 여기에 관여하는 사람들의 신념이 없다면 소비자 어느 누가 브랜드에 충성심을 갖겠는가? 따라서 조직 구성원들에게 브랜드 비전을 철저하게 침투시켜 구성원 한 명 한 명이 브랜드 가치에 적합한 실천을 하도록 하는 것은 매우 중요한 일이 된다.

어떤 일이든지 그 일의 필요성을 느낀 사람이 책임감을 가지고 일을 추진하게 된다. 그런데 지역브랜드 개발은 대부분 지자체장의 지시에 의해 개발하는 경우가 많다. 지자체장 역시 반드시 필요해서라기보다는 타 지자체가 하니까 우리도 한다는 식이 많다. 브랜드는 일종의 포장이기도 하므로 왠지 있어 보이기 때문이다. 사실 외국의 사례를 보면 지역브랜드가 절대적으로 필요한 것은 아니다.

한국 농특산물브랜드가 제스프리(마케팅 자회사)나 프랭스 드 브르타뉴Prince de Bretagne만큼 브랜드 마케팅에 관한 전문성을 가지고 선택과 집중을 하지 못하는 이유는 정부지원에 크게 의존하고 있기 때문이다.

추진주체	전 문 성
지자체	브랜드 마케팅에 대한 전문성 낮고, 인사 이동 심함 기획부서와 집행부서의 이원화
농 협	유통 마케팅에 대한 전문성은 있으나, 브랜드 마케팅에 대한 전문성은 낮음
생산농가	브랜드 마케팅에 대한 전문성 낮음

브랜드경영의 경우 담당자의 전문성과 전담조직 설치가 중요한 것에 비하여 현재의 수준은 열악하기 짝이 없다. 브랜드육성사업 담당

자의 비전문성으로 브랜드 개발 및 관리, 교육, 홍보마케팅 활동이 지속적 · 체계적 · 전략적으로 이루어지지 못하고 있다.

지역브랜드는 일단 개발되고 난 후에는 담당직원 한두 명에게 맡겨진 채 부수적인 업무로 취급되고 있는 실정이다. 브랜드 담당자는 자신이 입안한 것이 아니라 상사의 지시에 의해서 혹은 부서의 일이기 때문에 추진할 수밖에 없다. 그마저도 1~2년 뒤에는 다른 부서로 발령받기 때문에 전문성을 키워야 할 필요성을 느끼지 못한다. 담당자 대부분이 행정직이나 기술직이다 보니 법학, 행정학, 공학 등 비전공자들이어서 전문성이 떨어지는데다, 담당자가 자주 바뀌어 담당업무 근속기간이 2년 이하로 짧은 경우가 대부분이다. 브랜드업무에 익숙해질 만하면 떠나야 하므로 브랜드의 지속적 강화를 위한 활용이나 지속적인 연계, 갱신, 관리가 제대로 이루어지기 어려운 실정이다.

게다가 광주매일신문이 광주 · 전남 29개 광역 · 기초 지방자치단체를 대상으로 한 조사에 따르면, 브랜드 마케팅 전문기관의 교육이나 자문횟수도 연간 각각 0.6회와 0.3회에 그치고 있어 담당자의 전문성 확보에 문제점이 큰 것으로 드러났다.

또한 개발부서와 관리부서가 대부분 상이한가 하면 브랜드별로 여러 부서에서 분산관리돼 통합적으로 운용해야 파워를 발휘하는 브랜드의 특성효과를 살리지 못하고 있다. 브랜드 개발과 관리를 총괄하는 부서는 주로 기획부서이고, 실무적인 행정업무를 집행하고 있는 부서는 특산물브랜드 관련업무 부서이다. 이처럼 기획부서와 집행부서가 이원화돼 있어 효율적인 브랜드경영이 이뤄지지 못하는 문제점이 드러나고 있다.

브랜드 포지셔닝, 브랜드 비전과 가치, 저비용 고효율의 브랜드 마케팅 프로그램의 기획과 실행 등이 체계적이고 통합적으로 추진되지 않으면 무수히 많은 브랜드들 틈바구니에서 성공을 거두기보다는 사라지기 십상이다. 광주매일신문의 기획취재에 따르면 브랜드의 평균 연령은 4년 3개월로 매우 짧은 편이다.

지자체는 브랜드 마케팅에 대한 전문성이 낮아서 브랜드경영의 추진주체로서 바람직하지 않다. 이를 해결하기 위해서는 브랜드 마케팅 전문회사를 자회사로 만들어 전문경영인을 중심으로 브랜드경영을 펼쳐나가는 것이 바람직할 것이다.

7. 상향식 추진체계 vs 하향식 추진체계

사업에서 가장 중요한 것은 역시 사람이다. 더군다나 이해관계가 얽힌 사람들이 모여서 하나의 조직체를 꾸린 경우에는 추진체계에 따라서 그 성과가 좌우된다. 지역의 농특산물 공동브랜드를 육성하는 데 있어서는 더욱더 그러하다.

구 분	Type A	Type B	Type C
브랜드	제스프리	프랭스 드 브르타뉴	안성마춤
생산자조직화	상향식 민간 주도	상향식 민간 주도	하향식 관 주도
운영주체	민간 주도	지자체 주도	지자체 중요
내수 : 수출	7:93	50:50	99:1
마케팅비용	매출의 7%(1,000억 원) · 연구개발비용 180억 원 (마케팅비용의 약 20%)	연간 광고 홍보비용은 약 250만 유로(약 40억 원). 생산자 거래액의 3.5% 수수료와 3.5%의 EU 지원금 일부로 충당	연간 약 10억 원 내외

공동브랜드 추진주체 및 추진체계 구축에 있어서 해외 다른 나라와 한국의 차이점이 많이 나타나고 있다.

뉴질랜드에서는 위기에 처한 키위산업의 재건을 위해 1994~1995년 마케팅과 수출전략에 대한 연구결과 브랜드전략의 필요성을 느끼고 Zespri 프로그램을 도입하였다. 이를 위해 1997년 뉴질랜드 키위 마케팅 보드New Zealand Kiwifriut Marketing Board를 키위프루트 뉴질랜드Kiwifruit New Zealand로 전환하여 관리기능을 담당하고 마케팅 자회사인 제스프리 인터내셔널Zespri International Ltd을 설립하여 상업기능을 부여하였다. 이처럼 기능과 역할을 확실하게 구분하여 각각의 전문영역에 집중하였다. 제스프리는 수출 마케팅과 연구개발을 주목적으로 하고 단일수출창구 역할을 수행하였다.

제스프리는 주주가 전부 농민인 영농법인이면서 주식회사 형태를 띠고 있다. 농가는 제스프리를 통해 수출하며 제스프리가 이익을 내면 배당을 받는 구조이다. 따라서 회사의 수익이 높을수록 자신의 이익도 커지게 된다.

경영은 전문경영인에게 맡기고 있는데, 전문경영인에 의한 사업운영체계도 제스프리의 중요한 성공요인 중 하나이다. 주주인 생산농가가 자신들의 대표를 뽑아 이사회를 구성하고 이사회에서 전문경영인을 선임한다.

중요정책은 8명의 이사(5명의 생산자 대표, 3명의 독립된 대표)로 구성된 이사회를 통해 수립된다. 사업성과에 따라 이사를 재선임하고 연봉인상 여부가 결정된다.

Zespri 출범 초기에는 모든 재배 농가가 독점적인 Zespri의 위치에 대해 협조적이지는 않았으나 지속적인 성장과 이익의 분배를 통해 재배

농가의 신뢰를 얻었으며 이를 통해 더욱 확고한 협조체제를 구축하였다. 그 결과 현재 제스프리는 완전히 성공한 세계적인 브랜드가 되었다.

프랭스 드 브르타뉴Prince de Bretagne는 브르타뉴 지역 채소 공동브랜드로서 실질적인 운영 및 관리조직은 도청과물농업경제위원회Cerafel Bretagne가 담당하고 있다. Cerafel의 직원 수는 약 20여 명에 불과하며 이 중에서 절반 가까운 사람들이 마케팅을 담당하고 있다.

1964년 브르타뉴 지역의 3개 조합이 중심이 되어 조직한 생산자조합의 자율기구로 출발한 생산자 조직이 1967년에 10개로 늘어나고 중간에 3개 조합이 이탈하는 등 여러 과정을 거쳐 현재는 북부해안 3개 지역의 6개 생산자 조합으로 구성되어 있다. 이 생산자 조직의 실질적인 운영 및 관리를 Cerafel로 일원화시켜 단순명료한 조직체계를 구축함으로써 운영효율성을 극대화하고 있다.

Cerafel은 기본 기능 중 하나인 프랑스 국내시장 및 수출시장 분석을 통하여 품목별 수급 및 가격에 대한 시장전망, 구매자와 소비자의 구매 및 소비패턴 전망, 수출시장 전망, 유통환경 전망, 주요 수출시장에서의 브랜드경쟁력, 수급상황, 소비자 수요 트렌드 변화, 브랜드선호도 및 인지도 조사 등에 대한 정보를 생산자 조직에 제공하고 있다.

이들 정보에 근거하여 품목위원회에서는 전망이 좋은 품목의 재배면적 증가, 전망이 밝지 않은 품목의 재배면적 감소 및 대체작목 선정 등 기본적인 재배면적 변경 등에 관한 계획을 수립하여 운용하고 있다.

생산농가 조직화를 바탕으로 한 상향식 추진체계를 갖추어야 교육을 통해 생산자의 의식전환을 이룰 수 있다. 일본 유바리 멜론은 브랜드경영 조직화 초기단계에서 생산자 스스로 브랜드 육성방안을 수립하였고, 농협은 당일 판매된 대금을 당일 정산해 주는 공동회계 시스템을 도입 운영하는 등 생산자 조직과의 신뢰관계를 향상시킴으로써 고품질 멜론의 안정적 원물수집 체계를 구축하였다.

반면에 한국은 대부분 브랜드 운영체계가 생산자가 주축이 되는 상향식 추진체계bottom up가 아니라 시군 등 지자체나 농협이 주체가 되는 하향식 추진체계top down를 가지고 있다.

생산농가가 자발적으로 조직화하여 상향식으로 추진체계가 구축되었을 때, 뿌리가 튼튼하여 조직이 쉽게 깨지지 않으며 또한 원물 수집이 안정적으로 이루어지게 된다. 이렇게 되면 브랜드경영조직은 차별화된 상품의 기획에서부터 신뢰성 높은 판매촉진 등의 다양한 홍보마케팅을 활발히 실시할 수 있다. 그러나 한국의 경우 대부분 하향식 추진체계다 보니 생산농가들의 조직결속력이 느슨하고 참여밀도가 낮아서 약간의 외부충격에도 쉽게 흔들리게 된다.

이러한 체계가 국내시장만을 대상으로 할 경우, 문제가 덜하지만 세계시장의 관점으로 확대해 보면 수출을 통한 글로벌브랜드 구축은 정말 요원할 수밖에 없다.

8. 사업신청 시 vs 사업선정 후

어떤 사업이든지 추진주체 간 조직화 및 협력체계governance 구축은 성공의 기반이 된다. 튼튼한 반석 위에서 활동해야 뿌리를 깊게 내리고 사업의 지속가능성을 담보할 수 있다. 만약 부유물 위에 서 있다고 한다면 조그마한 바람에도 이리저리 흔들릴 수밖에 없다.

브랜드사업은 운영 및 추진주체의 강력한 비전과 정체성 그리고 추진의지가 선행되었을 때, 성공가능성이 높아진다. 그럼에도 불구하고 브랜드육성사업선정 단계에서 일단 사업을 따내고 보자는 식으로 접근하는 지자체가 많은 실정이다.

브랜드 사업 선정 시 일부 주도적인 단체가 서류를 작성하고 참여기관들에게 도장만 받아서 제출하는 경우가 많아서 운영 및 추진주체의 협력관계가 사업선정 시에 서류상으로만 되어 있는 경우가 허다하다.

사업선정 후에 일부 조직과 단체가 운영과정에서 소외되거나 예산배분이 미미하여 운영과정에 아예 참여하지 않아 당초의 추진계획을 달성할 수 없는 경우가 적지 않다. 이처럼 서로 갈등을 일으키는 경우에 생산조직화, 생산가공, 교육, 홍보 마케팅 등이 체계적으로 이루어지지 않을 수밖에 없다.

예를 들어 공동브랜드 육성사업을 신청하기 위하여 행정구역 또는 경제사업권역이 다른 단체가 법인을 설립하지 않은 상태에서 일시적으로 조직되어 신청한 경우에 선정 후 운영과정에서 추진체계 간 협력관계가 부족하게 된다. 특히 APC 부지선정에 실패한 지역에서는 공동브랜드 사업에 참여하지 않고 자체적으로 사업을 추진하여 APC 운영이 파행되는 경우가 발생하고 1개 시군인 경우에도 참여조직 간 지분 및 경영권을 둘러싼 갈등관계가 발생한다.

또한 원예나 밭작물 등의 생산자조직은 해당지역에서 원물취급량이 많지만 경영규모가 영세하여 20% 자부담이 부담스러워, 브랜드운영주체에서 배제되고 원물취급량이 적어도 자본력을 구비한 조직이 추진주체가 되는 경우가 많다. 이러한 경우에 원물취급량이 많은 조직과 적은 조직 간에 반목과 갈등이 생기는 등 신뢰관계구축이 어렵고 추진과정에서 협력관계가 구축될 수 없어 브랜드사업이 활성화되지 못하는 악순환이 초래된다.

이렇게 조직이 와해되어 파행적으로 움직이고 있음에도, 책임문제 때문에 서로가 아무 일 없었다는 듯이 그냥 추진하는 것을 방관하기도 한다. 문제는 브랜드경영체에만 있는 것이 아니다. 이미 사업신청 승인을 내준 관리감독 관청에서도 사업추진체계가 제대로 작동되지 않는 것을 인지하여도 자신들에게 해가 돌아올까 봐 사업박탈이나 예산 삭감과 같은 중징계보다는 얼렁뚱땅 넘어가는 경우가 비일비재하다.

지자체는 자체 예산이 매우 부족하기 때문에 중앙정부에 의존할 수밖에 없다. 특히 브랜드육성사업의 경우 전적으로 의존하고 있다고 해도 과언이 아니다. 지역 농특산물브랜드육성 사업추진 시 중앙정부에서 추진하는 사업을 지자체 자체적으로 추진하는 사업과 효율적으로 연계하기 위해서는 사업추진체계의 일관성을 확보하여야 한다. 지역의 브랜딩 선략이 활발하게 이루어지기 위해서는 탄탄한 조직적 기반을 갖추어야 한다. 이를 위해서 지자체 행정내부에서 이 업무를 관장하는 전담조직이 필요하다. 조직의 설치에 있어서 지역의 모든 정책영역을 관장할 수 있는 실-국 체계 속에 편입되는 것이 바람직하다.

사업 운영과정을 체계적으로 점검하고 평가할 수 있는 체계도 감사원 등이라든지, 범정부사업평가단을 별도로 구성하여 해당부처의 팔안으로 굽기 식 평가를 극복해야 한다.

9. 지리적표시단체표장 vs 지리적표시 등록제도

농특산물에서 지명의 중요성이 워낙 높다 보니 지리적 명칭을 무분별하게 사용하거나 허위표시함으로써 유통질서를 혼란시키는 행위가 빈번히 발생하고 있다.

이를 방지하기 위하여 1991년부터 국내외 농특산물에 대한 원산지 표시제도를 실시하고 있으며, 1999년부터는 지리적표시제를 실시하여 우수한 지리적 특성을 가진 농특산물의 지리적 명칭을 등록 관리함으로써 거래질서를 확립함은 물론 세계적인 지리적표시보호 강화 움직임과 WTO협정에 의한 농특산물 개방화에 적극적으로 대처해 나가고 있다. 이와 별도로 특허청에서는 지리적표시단체표장제도를 도입하여 지적재산으로 만들게 하고 있다.

구 분	지리적표시단체표장	지리적표시 등록제도
주무관청	특허청	농림수산식품부
목적	지식재산권으로 보호 사용자의 업무상 신용유지 산업발전에 기여	우수농특산물 / 가공품의 품질향상 지역특화산업육성
등록대상	상품종류 제한 없음 농수임산물 및 그 가공품 수공예품 등(도자기, 목기, 모시 등)	농수임산물 및 그 가공품
등록절차	출원 → 심사 → 출원공고 → (이의신청 → 3인합의체 심사) → 등록공고	신청 → 심의회 심사 및 현장조사 → 공고 → (이의신청 → 심의회 심사) → 등록공고
등록요건	지리적표시 품질 / 명성 / 특성과 지리적 환경과의 본질적 연관성 원재료, 생산지 제한 없음	지리적표시 당해품목의 우수성이 국내 / 외에 널리 알려진 품목 대상지역에서 생산 및 가공된 것
권리구제	· 민사적 : 침해금지, 손해배상, 신용회복 청구권 · 형사적 : 허위표시죄, 침해죄	· 민사적 : 침해금지, 손해배상, 신용회복 청구권 · 형사적 : 허위표시죄
등록효과	독점배타권 10년(갱신가능)	배타적 사용가능 항구적

'지리적표시단체표장'은 상품의 특정 품질 및 명성이 특정지역의 지리적 근원에서 비롯될 경우 그 지역을 원산지로 하는 상품임을 명시하는 제도다. 공익적 인정은 물론 다른 곳에서 함부로 상표권을 이용하지 못하도록 법적 권리를 가질 수 있어 지역 향토자원의 명품성을 주장할 수 있는 근거로서도 중요한 의미를 지닌다.

농특산물품질관리법상의 '지리적표시 보호제도'는 제3자가 지리적표시를 상표로 사용하는 것을 금지할 수 없는 반면, '지리적표시단체표장'(2005년부터 상표법에 '지리적표시단체표장제' 지정)은 권리권자인 법인이 부당한 사용자에 대해 민·형사적 구제를 주장할 수 있어 보다 적극적으로 사후관리가 가능하다는 장점이 있다.

또한 '지리적표시 보호제도'가 농수산물에 국한된 반면 '지리적표시단체표장'은 공산품 등에도 적용할 수 있어 보호 범위가 넓은 이점이 있다.

지리적표시제 등록에 따른 경제적 효과는 비교적 뚜렷이 나타나고 있다. 소비자들이 지리적표시를 '품질보장장치'로 받아들이기 때문이다. 이에 더해 전국적으로 유명한 상품은 유사제품이 시장을 갉아먹는 것을 막을 수 있고, 인지도가 조금 떨어지는 상품은 홍보효과도 누릴 수 있다. 국내 1호 지리적표시제 상품인 보성녹차의 경우 등록 1년만에 재배면적이 72ha, 재배농가는 60가구가 늘어나는 효과를 봤다.

국내산 전복은 완도 등 남해안산이 생산 및 유통량의 대부분을 차지하지만 제주산 전복이 남해안 전복보다 고가에 거래되므로 제주산으로 속여 파는 경우가 많다. 그러나 제주전복이 지리적표시단체표장에 등록된다면 타 단체에서의 '제주산 전복' 명칭사용은 제한이 가능해진다.

지리적표시단체표장의 분쟁발생 시 책임 주체를 명확히 할 수 있는 등 신뢰성 확보와 해외 판촉 시 중요한 수단이 되지만 해당지역에서 생산되는 산물에 대한 모두의 권리인 만큼 특정인이 나서기 어려워 지자체의 역할이 중요하다.

지리적표시단체표장은 생산자·가공자단체와 연합회 등 법인만 출원할 수 있고, 등록 후 정관이 변경될 경우 등록 자체가 무효가 될 수 있는 등 과정이 까다로워 세심한 관리가 필요하다.

지리적표시제 인정이 국제규범으로 자리 잡았고 각국이 보호제도를 두고 있지만 지리적표시 상표를 둘러싼 분쟁은 아직도 끊이지 않는다. 지명에 연원을 둔 버드와이저Budweiser 맥주처럼 상품브랜드이름이 원산지보다 더 유명해진 경우가 여기에 해당한다. 1265년 체코 부데요비츠 마을에 Budwar란 이름의 맥주가 탄생했으며 1895년부터는 유럽 전역에서 지리적표시 보호를 받아왔다. 그런데 독일계 미국인 안호이저-부시가 체코에서 맛본 부드바르 맥주 맛에 반해 제조기술을 미국에 도입하고 1907년엔 미국에서 버드와이저란 이름으로 상표권 등록까지 마쳤다. 그 후 100년 넘는 상표권 분쟁이 시작된 것이다. WTO/TRIPs 협정이 체결된 이후에도 전 세계 44개국에서 관련 소송이 계속됐다. 2004년 유럽연합 법원은 이 사건에 대해 각국 법원에서 판단하라는 결정을 내리자 혼란은 더 심해졌다. 유럽의 오스트리아와 이탈리아, 남미의 아르헨티나·브라질은 미국 회사의 손을 들어줬다. 포르투갈이나 라트비아·리투아니아 등에선 체코 회사의 배타적 사용권만 인정했다.

미국에선 바스마티Basmati라는 이름의 쌀 분쟁도 유명하다. 미국 곡물회사인 라이스 테크Rice Tec가 인도산 쌀 바스마티 품종을 개량하여

1997년 테스마티Tesmati · 카스마티Kasmati라는 이름으로 미국 특허를 얻었다. 인도 정부가 뒤늦게 "역사적으로 인도에서 이미 잘 알려진 명칭"이라며 특허무효를 신청했다. 하지만 미국 법원은 인도 정부의 요구를 기각했다.

한국 제품의 피해도 점차 커지고 있다. 대표적인 게 고려인삼이다. 고려인삼의 효능은 중국은 물론이고 유럽에도 널리 알려져 있다. 이를 이용해 한몫 보려는 외국인들이 국산 인삼이 전혀 들어가지 않은 고려인삼을 판매하는 경우가 많다. 심지어 세계적으로 유명한 유럽 제약사 B사는 중국산 인삼으로 만든 제품에 대해 '100% 고려인삼을 썼다'는 광고를 하다 적발되기도 했다.

10. 브랜드에 대한 성과관리

경영management은 기본적으로 Plan(계획) - Do(실행) - See(평가)의 3단계로 이루어져 있다. 지역브랜드육성사업이 성공하기 위해서 필요한 것은 실행역량의 강화다. 단위사업별로 지원하는 체제에서 포괄보조금제로 개편된 이후 늘어나는 지자체 예산에 맞게 담당자들의 기획력, 실행력, 공정한 평가시스템 등의 개선이 필요하다. 지금은 새로운 체제의 시작단계라서 차이를 느끼지 못할 수 있지만 5년 후 정도면 예산을 잘 사용한 지자체와 그렇지 못한 지자체 간의 차이가 극명하게 드러날 것이다.

그런데 지자체 담당자의 현 단계 실행역량 수준을 놓고 볼 때 시행착오를 할 수밖에 없다. 여기서 중요한 것이 바로 평가와 피드백이다.

'측정할 수 있어야 관리할 수 있다measurable is manageable'는 말처럼 경영 관리를 위해서는 반드시 측정평가가 이루어져야 한다. 애초의 계획목표와 성과가 어떤 부문에서 얼마나 차이gap를 나타내고 있는지 파악하여 향후 계획에 반영해야 한다.

브랜드에 대한 성과관리가 이처럼 중요한데도 사실상 성과평가 및 경제성분석은 거의 없어 브랜드의 체계적인 육성이 이루어지지 않고 있다. 극단적으로 말하자면 돈만 지원하고 그 뒤는 나 몰라라 하는 식이다.

그동안 정부는 각 부처별로 수십 개의 지역 지원정책과 관련 예산을 세워 나름대로 열심히 지원책을 펼쳤다. 이에 수반하는 예산만 해도 연간 수십조 원에 달한다. 이처럼 농촌에 대한 막대한 예산 투입에도 불구하고 성과는 눈에 잘 보이지 않으며 농촌지역의 상황은 나아지지 않고 있다. 이 때문에 '밑 빠진 독에 물 붓기'라는 비난과 함께 투자의 실효성에 심각한 의문이 제기되고 있는 실정이다.

현재 정부의 농특산물브랜드 지원사업의 경우, 브랜드경영 조직이 선정된 후에는 지속적인 평가와 사후관리 시스템이 제대로 확립되어 있지 않다. 산지유통조직이나 브랜드경영조직 운영주체 간 갈등관계 때문에 조직화가 와해되어 정책사업이 부실하게 운영되는 경우도 발생하고 있다.

지자체가 브랜드경쟁력을 강화하기 위해서는 엄격하고 체계적인 브랜드 성과평가를 실시하고, 그 결과에 따라서 인센티브와 패널티를 확실하게 부여해야 한다.

농특산물 산지유통조직에 대한 사후관리가 소홀하게 되면 부실한 경영체에 대한 지원이 계속적으로 이루어지게 됨으로써, 지원사업이

끝남과 동시에 브랜드 추진체도 도산의 위험에 직면하는 경우가 생기게 된다. 또한 이러한 사실들이 여기저기 유포됨으로써 '우리는 양반이야. 어디는 훨씬 더 심해'라는 식의 도덕적 해이를 유발시켜 정부 정책사업의 비효율성을 초래하게 된다.

브랜드 성과평가체계 구축 시, 프로세스process와 성과performance로 나누어 핵심요인을 측정하도록 한다. 왜냐하면 사업방향과 프로세스에 대한 공감대와 인식이 이루어져야 성과가 높아지기 때문이다. 즉 지역브랜드 개발 및 관리주체인 지자체의 행정 프로세스와 관리시스템이 얼마나 시장지향적으로 갖추어져 있고 효율적으로 운용되는가에 따라 그 성과가 좌우된다.

아래 평가항목은 최종적인 성과performance가 아니라 프로세스process에 해당하는 것이다.

평가지표	평 가 항 목
하부구조의 조직화 및 결속력 강화	생산농가의 조직화 규모와 형태, 출하권 위임여부, 출하 실적, 자체적 브랜드 관리지침 구비, 규약 체결 및 준수여부, 안정적 물량공급 능력 교육, 세미나, 토론회 개최 횟수, 계약재배 면적
품질관리 및 균일성 확보	재배 및 수확 과정의 품질관리 매뉴얼 구비여부 품종 및 재배기술 통일을 위한 노력 및 실적 취급 물량 중 공동선별 비율, 소비자 선호에 적합한 상품화 체계(소포장 여부 등)
판로개척	출하처 개수와 출하처 특성에 적합한 출하체계 및 출하량, 판매단가, 마케팅 전문인력 육성 및 운영계획, 공동출하 및 공동계산 실적 우수브랜드 수상경력

지금까지 브랜드경영 조직평가는 생산지 중심으로 이루어져 왔기 때문에 우수브랜드에 선정되더라도 소비지 시장에서 외면당하는 경우가 많아 우수브랜드 선정이 무색한 경우가 있다.

따라서 브랜드 평가과정에서 해당 브랜드가 소비지 시장에서 어떠한 평가를 받고 있는가를 구체적으로 확인하여야 한다. 우수한 브랜드의 경우 소비지 시장에서의 교섭력이 갖추어져 있기 때문에 동일 상품과 비교하여 가격프리미엄을 받을 수 있다.

또한 도매시장 중도매인과 대형유통업체 바이어 등을 상대로 해당 브랜드의 인지도 및 선호도를 측정하여야 한다.

평가지표	평 가 항 목
인지 자산	브랜드 인지도(최초상기, 비보조인지, 보조인지) 브랜드 친숙도
이미지 자산	브랜드 이미지(강력함, 독특성, 호의성) 브랜드 선호도 지각된 품질
관계 자산	만족도, 신뢰도, 감정적 애착 가격프리미엄

브랜드 성과평가 결과 브랜드경영상태가 보완 가능한 경우 일정기간 컨설팅 등의 지원을 통해 조건부 회생방안을 마련해 주고, 브랜드경영상태가 보완 불가능일 경우 지원중단과 동시에 시설을 활용할 수 있는 운영주체를 재선정하여 관련 예산을 우수조직에 투자하는 방안을 추진해야 한다.

무엇보다도 생산지 시설 및 유통조직 활성화 사업위주로부터 브랜드 육성조직으로의 전환을 위한 지원 프로그램을 실시해야 한다. 선별과정, 공동 출하 및 공동계산을 강화시키고 전문가를 활용한 브랜드 마케팅 계획의 수립 및 이의 실행 등 시장 개척 및 판매관리에 대한 브랜드경영관점의 체계적 지원을 강화해야 한다.

또한 지역 농특산물브랜드육성 사업추진 실적을 평가할 때는 행정관리 부문의 전문성과 효율성 등을 높일 수 있도록 지자체와 협력관계를 구축하여 지자체 참여를 활성화시켜야 한다. 지자체 관련 담당자가 중앙정부에서 추진하는 농특산물 산지유통조직 경쟁력 강화 및 브랜드사업 평가 시 지자체의 사후관리 실적을 반영하여 지자체의 피드백을 강화시켜야 한다.

Tip

브랜드 성과평가 진단지

지역브랜드 구축과정이 시장지향적인가? (시장지향성)

	내 용	상	중	하
1	시장조사는 지속적이고 주기적으로 이루어지는가?			
2	소비지 시장과 정보네트워크가 구축되어 있는가?			
3	소비지 시장 동향을 신속하게 파악할 수 있는가?			
4	시장수요의 특성을 반영하여 의사결정이 이루어지는가?			
5	브랜드의 가치(value)를 설정하였는가?			
6	브랜드의 비전(vision)을 수립하였는가?			
7	브랜드의 가치와 비전을 공유하고 있는가?			
8	시장거래처와의 관계는 장기적으로 유지되는가?			
9	경쟁브랜드 동향을 정확하게 파악하고 있는가?			
10	생산농가는 소비지 고객과 수시로 접촉하는가?			
11	소비자의 불평불만을 적절하게 대응처리하고 있는가?			

지역브랜드 운영체계가 효율적인가? (운영효율성)

	내 용	상	중	하
1	지자체장은 브랜드 가치향상에 관심이 많은가?			
2	브랜드경영 전담 조직체가 있는가?			
3	유기적인 네트워크를 형성하고 있는가?			
4	브랜드 구축의 주체와 참여가 상향식인가?			
5	생산농가들이 적극 참여해 의견이 반영되는가?			
6	농협 등 이해관계자들이 참여해 의견이 반영되는가?			
7	지자체의 지시사항이 강압적인가?			
8	담당직원들이 얼마나 전문성을 갖추고 있는가?			
9	담당공무원의 업무담당기간이 충분히 긴가?			
10	담당공무원의 재교육이 충분히 이루어지고 있는가?			
11	생산농가의 교육훈련은 지속적으로 이루어지고 있는가?			
12	운영상 갈등이 있을 때, 적절하게 해결되고 있는가?			

지역브랜드정체성 표현이 효과적인가? (표현의 적절성)

	내 용	상	중	하
1	제품 품질의 수준은 어느 정도인가?			
2	품질과 가격의 적합성은 높은가?			
3	브랜드네임은 제품의 혜택을 내포하는가?			
4	발음하기 쉽고, 기억이 용이한가?			
5	긍정적인 연상을 유발하는가?			
6	브랜드에는 슬로건이 있는가?			
7	슬로건은 브랜드의 가치/비전과 일관성이 있는가?			
8	로고와 심벌은 브랜드의 가치/비전과 일관성이 있는가?			
9	색상은 브랜드의 가치/비전과 일관성이 있는가?			
10	패키징은 브랜드의 가치/비전과 일관성이 있는가?			
11	브랜드 네임, 슬로건, 로고와 심벌, 색상, 패키징은 서로 강화하고 보완하는가?			

커뮤니케이션 활동이 활발한가? (고객소통성)

	내 용	상	중	하
1	홍보예산은 충분한가?			
2	매체활용이 적정한가?			
3	메시지는 얼마나 단순한가?			
4	SNS 등 뉴미디어 활용은 활발한가?			
5	고객의 브랜드충성도는 높은 편인가?			
6	브랜드 소식지 등 정보를 고객에게 전달하는가?			
7	다양한 고객참여 행사를 펼치고 있는가?			
8	언론노출은 활발한 편인가?			

브랜드자산 평가(사업평가)가 제대로 이행되고 있는가? (환류성)

	내 용	상	중	하
1	브랜드 가치를 적절하게 평가하는 시스템을 갖추고 실행하고 있는가?			
2	브랜드 가치를 높인 직원들의 보상은 제대로 이루어지는가?			
3	브랜드 가치를 높이기 위한 동기부여가 충분한가?			
4	목표 – 성과 차이분석에 대한 것이 피드백되는가?			
5	사업평가에 따른 인센티브가 충분한가?			
6	사업평가에 따른 패널티가 충분한가?			

사례 프랭스 드 브르타뉴(Prince de Bretagne)

브르타뉴 지역은 프랑스 서북부 해안 반도지역으로 한국의 도(道) 면적에 해당하는 곳이다. 프랑스 전체 채소생산량의 약 50% 이상을 생산하고 있어 프랑스는 물론 유럽 제1의 채소주산지를 형성하고 있다. 척박한 땅을 가진 브르타뉴 반도는 1960년대만 해도 프랑스에서 가장 가난한 지역으로 손꼽혔지만, 이제는 세계적으로 강력한 농산물브랜드를 보유하여 풍요로워졌다.

1960년대 초반까지 브르타뉴 지역의 농산물 거래형태는 시장판매보다는 중개상이나 산지수집상 판매가 일반적이었다.

1950년대 후반 채소의 과잉생산 기조 전환으로 채소 수급 및 가격이 불안정해져 생산농가가 제값을 받고 판매하기 어려워짐에 따라서 불만이 고조되었다.

더군다나 각각의 생산자 조직은 개별브랜드를 가지고 있어서 서로 경쟁관계를 형성하여 치열한 판매경쟁을 벌임으로써 소비지 시장에서는 개별브랜드에 대한 신뢰도가 높지 않아서 가격이 더욱더 하락하는 악순환이 거듭되었다.

특히 브르타뉴 채소의 최대수출시장인 영국에서 생산자조직들끼리 치열한 경쟁을 함으로써 제 살 깎아먹기 식이 되었다.

수입자인 영국 입장에서는 환영받을 일이었지만 프랑스의 수출교섭력이 약해지고 제 값받기가 어려워지자, 1962년 북부해안선을 따라 영국해협과 접하고 있는 지역의 5개 조합법인이 연합하여 각각의 지역에 3개의 경매장을 설립 운영하게 되면서 '프랭스 드 브르타뉴'라는 공동브랜드가 탄생하게 되었다.

경매장 개설 초기에 산지수집상들은 경매장 거래에 큰 불만을 품고 반대하였으며, 일부 조합원들도 경매장 운영에 참여하지 않고 여전히·중개상이나 산지수집상에게 판매하였다. 그러나 1961년 11월 경매에 참여하는 상인들도 유통질서의 확립과 체계적인 유통을 위해 생산자조직과 협약을 체결하게 되면서 산지경매장의 운영에 대한 효과를 인정하기 시작하였다. 경매장 운영을 통하여 농산물 거래의 투명성이 확보되고 상품의 표준화와 품질관리가 이루어졌으며, 무엇보다도 가격변동이 완화되었다.

도청과물농업경제위원회(Cerafel Bretagne : Comité Economique Régional Agricole Fruits et Légumes)는 브르타뉴 지역 채소 공동브랜드인 'Prince de Bretagne'의 실질적인 운영 및 관리조직이다. 여러 가지 이해관계가 얽히고설킨 조직체계를 Cerafel로 일원화시켜 단순명료한 조직운영 원리를 구축하였다.

초기 브르타뉴 지역에서 조직된 11개의 생산자조합은 개별 조합차원에서의 시장대응과 브르타뉴 지역 전체의 채소수급과 가격안정을 위한 대응능력이 미흡하여 1964년 브르타뉴 지역의 3개 조합이 중심이 되어 조직한 생산자조합의 자율기구이다.

그 후 1967년에 10개의 생산자 조직이 참여하였으나, 브르타뉴 동부내륙 및 남부지역에서 토마토를 주로 생산하는 3개 조합이 이탈함으로써 현재는 공동브랜드 'Prince de Bretagne' 참여조합인 북부해안 3개 지역의 6개 생산자 조합을 관리하고 있어 사실상 공동브랜드의 운영 및 관리조직이 되었다.

농가에서 선과장으로 운송한 농산물을 상품화하는 과정에서 EU 및 Cerafel 품질규격에 탈락하는 비율은 전체의 약 10% 정도이다.

규격에 부합하지 못하는 농산물은 원칙적으로 현지에서 폐기처분되고 있으나, 일부 계약을 통해 가공회사 등에 판매되고 있다.

농가는 자기가 생산한 농산물을 선별포장을 위해 선과정으로 통송할 경우 농가 스스로 점검하여 품질규격에 부합되는 상품 중심으로 가져오고 있으며, 불합격률이 높거나 반복되는 경우 선과장에서 경고처분을 내리고 있다.

공동브랜드의 출하주체인 생산자(단체)와 운영주체인 Cerafel이 준수하는 규약이자 공동브랜드 운영원칙은 다음과 같다.

첫째, 공동브랜드에 참여하고 있는 6개 생산자단체의 조합원은 자기가 생산한 농산물은 반드시 27개의 선과정을 거쳐 3개의 경매장에 출하해야 되는 의무를 가진다. 프랑스 농업조직의 중심에는 생산자 스스로 조직화에 나서 뿔뿔이 흩어져 있던 힘을 하나로 모아 자발적으로 만들고 의무적으로 시행한다는 원칙이 존재한다.

둘째, 수급과 가격조정을 위해 Cerafel 품목위원회에서 공급량 조절을 위해 폐기를 결정하면 반드시 품목위원회의 산지폐기 결정이나 공급량 조절 결정에 대한 책임을 조합원 스스로가 진다. 그 외 조합원은 상품화 및 판매와 관련된 Cerafel의 결정을 반드시 준수해야 되는 자율적인 책임을 진다.

셋째, 조합원들이 생산한 상품을 좋은 가격에 더 많아 팔아서 더 높은 소득을 올려주는 경제논리와 시장마인드만이 조직을 지배할 뿐 정치적이나 인간적인 이해관계는 철저히 배제한다.

브르타뉴 Cerafel의 브랜드 홍보는 식품 및 농산물 유통전문지에 대한 광고, 소비자 전문잡지 등 기자초청 설명회, 상품박람회 참가, 농업전문잡지 광고, 요리 경연대회 개최 등 매우 다양한 방법으로 이루어지고 있다.

브랜드상품을 판매하는 슈퍼마켓이나 유통업체의 바이어, 경매참여자, 수출업자, 소비자 대표 등으로 초청하여 브랜드상품의 재배과정, 상품화과정(선과장), 경매장 견학과 시식회 개최 등 브르타뉴의 연간 광고 홍보비용은 약 250만 유로(약 40억 원) 정도이다. 홍보비용은 생산자 거래액의 3.5% 수수료와 이에 상응하는 3.5%의 EU 지원금의 일부로 충당하고 있다.

Cerafel의 시장조정의 핵심은 공동브랜드상품의 가격을 항상 일정수준 이상 유지하여 고객과 소비자가 브랜드에 대해 명성과 신뢰를 가지도록 하고, 생산자들의 소득을 일정 수준 이상 유지하기 위하여 물량관리와 가격관리를 하고 있다. 이는 품목별로 생산자가 수취해야 하는 하한선을 설정하여 물량이 과잉출하되면 일정량의 출하물량을 폐기하거나 다른 용도로 판매함으로써 품목별 가격이 하한선 이하로 하락하지 않게 하는 최저판매가격제도를 운영하고 있다.

또한 품목별 판매가격의 하한선 결정은 매년 초 품목별 생산자 대표로 구성되는 Cerafel의 20개 품목위원회에서 품목별 판매관련 규칙과 함께 결정된다.

브랜드의 명성과 가치 및 농가소득을 일정 수준 이상으로 유지하기 위한 공급물량 관리는 기본적으로 재배면적 조절, 산지 폐기, 경매장 상장물량 제한 등 몇 가지 형태로 이루어지고 있다.

이를 위해 품목위원회는 매년 초에 판매가격의 하한기준을 설정하고, 재배과정에서 과잉의 공급물량이 예상될 경우 Cerafel의 각 품목위원회에서는 27개의 선과장에서 상품화되기 전에 일정량의 산지폐기를 결정할 수 있다. 이 경우 산지폐기량과 조합별 폐기량 분담 등에 대한 사항도 품목위원회에서 결정한다.

상품이 시장(경매장)에 출하될 때 과잉공급이 예상되면 산지폐기보다는 하한가격 이상을 수취할 수 있는 물량 정도만 경매장에 상장시키고 나머지 물량은 계약에 의한 가공공장 판매 등 다른 용도로 판매하고 있다.

Cerafel은 기본 기능 중 하나인 프랑스 국내시장 및 수출시장 분석을 통하여 품목별 수급 및 가격에 대한 시장전망, 구매자와 소비자의 구매 및 소비패턴 전망, 수출시장 전망, 유통환경 전망, 주요 수출시장에서의 브랜드경쟁력, 수급상황, 소비자 수요 트렌드 변화, 브랜드선호도 및 인지도 조사 등에 대한 정보를 생산자 조직에 제공하고 있다.

프랑스 국내시장 및 수출시장에서 공동브랜드와 경쟁브랜드의 일반적인 시장정보를 수집하여 분석할 뿐만 아니라 경쟁업체와 다른 산지에 대한 모니터링을 실시하고, 국내시장 및 수출시장에 대한 정보뿐만 아니라 국내외 시장소비자의 소비취향과 관행, 구매패턴, 소비행태, 음식문화 등에 대한 자료를 수집하여 새로운 상품개발 및 포장규격과 포장방법 등을 개발하고 있다.

이들 정보에 근거하여 품목위원회에서는 전망이 좋은 품목의 재배면적 증가, 전망이 밝지 않은 품목의 재배면적 감소 및 대체작목 선정 등 기본적인 재배면적 변경 등에 관한 계획을 수립하고, 중장기 및 단기적인 전망 결과에 따라 품목위원회에서는 중장기적인 재배품목의 전환과 교체품목 선정, 재배품종 전환, 품목 품종별 생산계획 수립뿐만 아니라 단기적으로 당해연도의 품목 품종별 재배면적 계획도 수립하여 운용하고 있다.

프랑스 내수시장과 수출시장의 비중은 50:50 정도이다. 수출국 소비동향을 조사하는 이유다.

프랑스 국내시장은 대규모 슈퍼마켓 70%, 대규모 도매시장(헝지스 도매시장 중심)이 30%로 이루어져 있다.

Cerafel의 직원 수는 약 20여 명에 불과하며 이 중에서 절반 가까운 사람들이 마케팅을 담당하고 있다.

품질점검은 구매자가 3개의 경매장에서 구매한 브랜드상품이 상품명세서와 다르거나 하자가 있는 경우 48시간 이내 반품이 가능하며, 반품된 브랜드상품에 대해 새로운 상품으로 교환하거나 거래를 백지화할 수 있다.

브르타뉴는 지속적인 공동브랜드 신상품 개발과 브랜드상품의 효율적인 공급물량 및 가격관리를 위해서 지역 채소가공산업과 연계하여 공동브랜드의 파워를 더욱 강화시키고 있다.

특히 BAC(Breton Artichoke Company)는 1971년에 설립된 냉동아티초크 추출액 특허권을 가지고 있는 브르타뉴 지역 냉동식품 기업이다. Cerafel과 제휴하여 공동브랜드의 신상품을 개발하고 있으며, Cerafel은 계약에 의해 브랜드 원료를 공급한다.

최근 Cerafel에서 가장 주력하고 있는 마케팅 전략은 어린이를 대상으로 한 이미지메이킹 광고이다. 어린이를 타깃으로 한 마케팅을 시작한 이유는 주요 출하처인 대형할인매장의 고객들 대다수가 어린이를 동행한 가족단위 쇼핑을 주로 하기 때문이며 잠재적 소비층인 어린이를 겨냥할 필요가 있다는 판단에 따른 것이다. 이 같은 마케팅은 또 채소를 싫어하는 어린이에게 친근한 이미지를 심어줘 소비 저변을 확대시키겠다는 전략도 포함돼 있는 것이다.

어린이를 타깃으로 한 마케팅은 우선 어린이들이 좋아하는 재미있는 이름의 캐릭터를 주요 품목별로 개발, 손쉽게 접할 수 있도록 각 매장이나 홍보부스(booth)에 포스터를 부착하는 것을 비롯하여 어린이들이 먹기 쉽게 만든 '어린이용 상품' 개발도 추진하고 있다.

예를 들어 '채소'라는 뜻의 'Lesgumes'를 'Les Gumes'로 표기, 단어가 비슷하면서 어린이들이 좋아하는 '껌'이라는 단어 'Le guams'를 연상시켜 어린이들이 쉽게 채소와 친해지도록 유도한다는 전략으로 어린이들이 좋아하는 만화 캐릭터와도 연계시켜 시선을 끌고 있다.

또한 브르타뉴 지역 농산물로 손쉽고 맛있게 만들어 먹을 수 있는 요리방법을 소개한 엽서를 제작, 소비자들이 쉽게 활용할 수 있도록 하고 있다.

제7장

지역브랜드 정책

1. 융복합화를 통한 지역활성화

농업은 예로부터 1차산업이라 여겨 왔다. 그런데 농업에 대한 새로운 패러다임으로 6차산업이라는 개념이 등장하였다. 1+2+3 = 6차산업 혹은 1 * 2 * 3 = 6차산업이라는 개념이 그것이다.

일본 유바리 멜론은 브랜드 확장을 위하여 식품 가공업체와 연계하여 과자, 케이크, 차, 과실주스, 과실주, 젤리 등을 지속적으로 개발하여 선물용 상품으로 적극 활용하고 있다.

가공용 멜론은 규격검사에서 규격 외 판정을 받은 상품을 사용함으로써 손실을 최소화하고 이익을 최대한으로 끌어올리는 데 큰 기여를 한다.

농촌지역 주민들이 부가가치가 낮은 농업부문에만 매몰되지 않고 부가가치가 높은 2차, 3차 산업부문을 상호연계해야 지역경제 활성화에 이바지할 수 있다. 따라서 많은 사업들이 융복합 산업화를 지향하고 있으며 현재 진행 중인 사업들을 살펴보면 다음 페이지의 그림과 같다.

그림과 같이 1차, 2차, 3차 산업의 융복합화가 마치 전가의 보도인 양 거의 무조건적으로 추진되고 있는데 1차, 2차, 3차 산업의 기본적인 특징과 원리를 명확히 이해하고 추진해야 성공을 가져올 수 있다.

특히 2차산업은 인간과 기계의 관계로서 전문경영인에 의한 효율성 극대화를 추구하는 산업이므로 1차산업과 3차산업과는 근본이 다르다. 따라서 농민이나 도시민 등이 관여하기 매우 힘들다. 2차산업과 1차+3차 산업을 구분하여 추진할 필요성이 있다. 특히 당장의 2차산업적 기반이 약한 지역에서는 1차산업+3차산업의 융복합화에 집중할 필요가 있다.

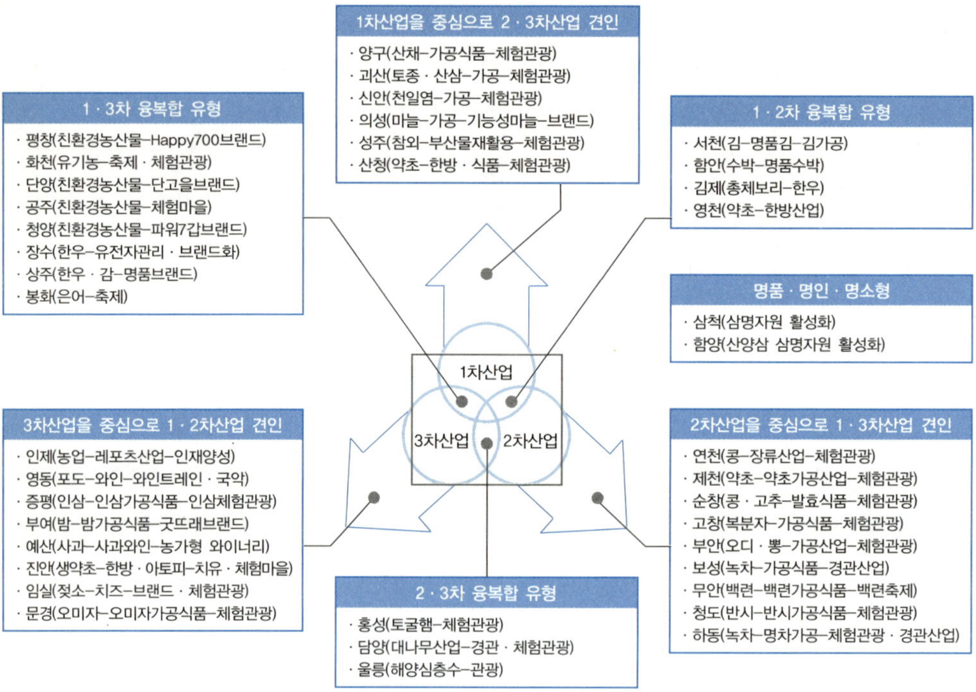

〈다양한 융·복합화 추진을 통해 산업 활성화 유도〉

구 분	내 용	생산관계	핵심원리
1차산업	농특산물 재배	인간 ↔ 자연의 관계	지속가능성
2차산업	농식품가공	인간 ↔ 기계의 관계	효율성
3차산업	농업관광	인간 ↔ 인간의 관계	감성

하지만 궁극적으로는 연결의 경제와 융복합화를 통한 농촌지역의 활성화는 규모의 경제를 통한 새로운 성장동력을 확충하여 농식품분야의 미래를 철저히 준비해 나가야 한다.

농촌이든 도시든 모든 지역공간의 성장은 결국 인구 및 규모의 경제에 달려 있다. 도시가 성장한 것은 농촌 인구가 도시로 이동했기 때문이고 그래서 농촌은 침체된 것이다. 반대로 농촌 지역이 성장하기 위해서는 농촌인구의 유출을 막고 또한 새로운 인구의 유입을 증가시켜야 한다. 그러기 위해서 농촌 지역 자체적으로 농업뿐만 아니라 공업이나 서비스 부문을 활성화시켜 경제성장을 도모하지 않으면 안 된다. 지역경제의 성공은 규모의 경제를 통해 실현해야 하며 이를 위해서는 생산의 물량이 커져야 한다. 농촌의 경우 해당 지역 내에 원료공급자와 대규모의 상품시장을 갖추고 있지 않기 때문에 대규모이 생산을 하려면 광역적 개념을 도입하지 않을 수 없다. 농특산물 가공공장도 생산농가처럼 영세성을 기반으로 해서는 경쟁력을 갖출 수 없다.

1차산업인 농업생산물의 브랜드파워 없이는 2차산업인 농특산물가공에서 국제적 경쟁력을 갖기가 매우 힘들다.

세계적인 농특산물브랜드인 선키스트는 1차 농특산물인 오렌지의 브랜드화 성공에 힘입어 1920년 최초로 오렌지 주스를 출시한 후, 청량음료 및 기타 가공과일 사업 등에 대한 상표사용권 판매로 2차 식품수익사업을 가능케 하고 협동조합의 새로운 자본을 축적하였다. 이처럼 마케팅 파워를 통해 시장점유율을 제고시키는 한편 농가에게 실익을 줄 수 있는 다양한 방안을 지속적으로 모색함으로써 생산농가의 적극적인 참여를 유도하고 있으며 지역경제 활성화에 기여하고 있다.

한국은 국내시장만으로는 농특산물 공급 및 수요시장이 협소하기 때문에 농식품가공산업이 국제경쟁력을 갖기 위해서는 전 세계의 다양한 원재료를 들여다가, 세계 최고수준의 농식품을 생산하여 한중일, 동남아시아는 물론 전 세계에 수출해서 돈을 벌어들여야 한다.

2. 보조금 중심의 기존 지역정책은 이제 한계에 부딪혔다

2010년 지식경제부와 대통령 직속 지역발전위원회, 유엔공업개발기구UNIDO가 공동 주최한 '지역발전 국제포럼 2010'에서 마리오 페치니 OECD 지역개발센터 소장은 기조연설에서 "보조금 중심의 기존 지역정책은 이제 한계에 부닥쳤다"며 "지역의 잠재력을 극대화할 수 있는 인프라 구축이 지역정책의 핵심이 돼야 한다"고 말했다. 보조금은 지역발전을 위한 대증요법이지 근본 대책은 아니므로 지역정책의 패러다임을 180도 전환해야 한다.

그는 또한 "그동안 정부의 지역정책이 '균형 발전'과 같은 양적인 균형을 맞추는 데만 초점을 맞췄다"며 "이제는 질적인 경쟁을 촉발할 수 있는 정책으로 전환돼야 한다"고 지적했다. 그리고 국가 간 경계를 뛰어넘는 지역 전략의 필요성도 역설했다. 페치니 소장은 "미국과 유럽에선 국경을 뛰어넘는 지역협력이 이뤄지고 있다"며 "아시아에서도 한국의 서 · 남해안과 중국의 발해만 일대, 일본의 규슈 지역을 잇는 환황해국가 협력 프로젝트를 검토할 만하다"고 제안했다.

농어업 보조금은 그동안 농어업인들에게 많은 도움이 된 것은 사실이지만, 한편으로는 자원이용의 효율성을 낮추고 정부 의존성을 심화시켜 농어업의 자생력을 약화시킨다는 지적이 있어 왔다.

진정으로 농업의 자생력 강화를 위해서는 선심성 분배농정으로 만연된 농업 포퓰리즘을 청산하고 시장원리에 바탕을 둔 농촌 선진화를 위한 비전과 전략을 세우고 세계로 나아가야 한다. 농업정책도 이제 각종 보조금과 부채상환연기와 이자감면 등의 선심성 분배농정과 이에 따른 농민들의 도덕적 해이를 극복해 나가야 한다.

현재 산지유통조직이나 브랜드경영체를 육성하는 정책자금은 법적 근거에 따라 재원이 다르고 품목별, 담당 부서별로 분산 지원되고 있어 농특산물브랜드를 체계적으로 육성하는 것에 한계를 보이고 있다. 산지유통조직 시설의 건설 및 시설 현대화 사업은 농특회계, FTA 기금, 농안기금 등으로 운영되고, 원료 구매 및 계약 재배 등에 관한 자금은 농안기금으로 운영되고 있어 지원체계가 분산되어 사업 간 연계성이 취약하다.

특정 지역의 동일한 산지유통조직이 다양한 정부 지원사업을 신청하고 수령하여 자기자본보다 정책자금에 의존하는 비율이 높은 도덕적 해이를 낳기도 한다.

퍼주기식 농업농촌정책에 대해서 국민들이 언제까지고 인내하지는 않을 것이다. 농업투자의 효율성을 높이고 농업정책을 개혁하라는 요구가 나오고 있다.

농어업을 둘러싼 환경이 변화됨에 따라 농어업에 대한 지원정책도 변화해야 한다. 장기적 시각에서 농어업의 경쟁력 제고와 지속가능한 농어업을 위해 어떻게 하면 보다 효율적으로 지원할 수 있을지에 대한 지원방식 또는 시스템 구축에 중점을 둘 필요가 있다. 현재 추진하고 있는 농어업 보조금도 개편방안 마련 과정에서 사업의 성과와 목적달성 여부, 효율적 지원방안 여부 등을 고려하여 점차 축소·폐지되어 갈 전망이다. 문제는 품목 간 다양한 이해관계를 조정하면서 어떻게 보조금 삭감을 설득할 것인가 하는 점일 것이다. 농어업경영체에 대한 하드웨어 시설보조금 등과 같이 소모적인 보조금을 보다 생산적이고 농어업인들에게 실질적으로 도움이 되는 방향으로 개편하는 것이 필요하다.

〈과수브랜드 지원제도〉

구 분	전국 공동브랜드	지역 공동브랜드
브랜드품질관리 지원	국고보조 100%	국고보조 40%, 지방비 20%, 자부담 40%
마케팅 운영지원	국고보조 50%, 자부담 50%	국고보조 40%, 지방비 20%, 자부담 40%
브랜드 홍보지원	국고보조 100%	국고보조 40%, 지방비 20%, 자부담 40%

출처 : 농림수산식품부 과수화훼과(2009), 과실브랜드육성지원사업.

〈원예 및 밭작물 브랜드육성 지원사업 재정투입〉 (단위 : 백만 원)

구 분	2007	2008	2009	2010년 이후
원예작물	10,966	48,000	72,910	267,250
밭 작 물	–	–	6,150	34,850

출처 : 한국농촌경제연구원(2010), 농축수산물 브랜드 육성정책 개선방안.

〈축산물브랜드경영체 지원사업 재정투입〉 (단위 : 백만 원)

구 분	2007	2008	2009	2010년 이후
브랜드운영지원	174,000	179,000	125,000	125,000
브랜드판매시설	–	31,800	25,000	25,000

출처 : 한국농촌경제연구원(2010), 농축수산물 브랜드 육성정책 개선방안.

쌀 브랜드, 과수브랜드, 원예 및 밭작물브랜드, 축산물브랜드 등에 대해서는 많은 지원이 이루어지고 있는 것을 알 수 있다. 하지만 현재 수산물브랜드에 대한 지원 및 육성사업은 거의 이루어지지 않고 있어서 타 품목과의 형평성 문제도 제기되고 있다.

농산물 수출 세계 10위권인 뉴질랜드는 1980년대 농업보조금 폐지 등의 혹독한 구조조정을 겪으면서 경쟁력을 갖추게 됐다. 1960~70년대 국제 농특산물 가격 폭락, 오일쇼크 등으로 농업이 고사 직전까지 가자 정부는 위기타개책으로 '농업 보조금'을 뿌리기 시작했지만, 오히려 농가에 독이 됐다. 보조금은 농민들이 소유한 양과 소의 마릿수를 기준으로 지급됐기 때문에 보조금을 더 받기 위해 마구잡이로 양과 소 사육을 늘렸고, 이는 시세하락, 정부수매란 악순환으로 이어졌다.

보조금은 농가의 소득원 중 35%나 차지하였고, 정부 재정은 바닥나기 시작했다. 결국 뉴질랜드는 1984년 정부 보조금을 과감히 폐지하는 등 농정개혁의 칼을 들이댔다. 뉴질랜드 정부가 농업보조금을 철폐하면서 10% 정도의 농가는 실패할 것으로 예상했다. 하지만 농업개혁 5년 후 실패한 농가는 1%에 그쳤고 농업보조금 철폐 이전에는 연 1.5%에 불과했던 생산성이 연 6%로 급상승했다. 단순히 생산량만 늘리던 농민들이 품질을 높이고 소비자 입맛에 맞는 제품을 생산하기 위해 애썼기 때문이다. 정부 도움 없이 생존할 수 없는 농민은 자연도태되고 스스로 자생력을 키운 농민이 살아남게 된 것이다.

농업보조금 철폐 이후 농민들은 고품질의 농산품을 생산하는 데 집중하는 한편 단일화한 브랜드와 유통 채널만이 살길이라 판단하고, 생산농가들이 참여한 조합에서 마케팅자회사(제스프리, 폰테라 등)를 설립해 브랜드 개발과 유통, 해외판로를 찾는 역할을 담당하도록 하였다. 이러한 생산과 유통의 협력관계가 세계적인 경쟁력을 만드는 데 큰 역할을 했다. 뉴질랜드 사례는 개방화 시대를 준비해야 하는 한국농업에게 고품질의 제품을 생산하고, 상호협력적인 마케팅체계를 갖추는 게 중요하다는 점을 시사해 준다.

제스프리, 선키스트, 프랭스 드 브르타뉴 등 세계적인 농산물브랜드들이 생산농가들의 자발적인 위기극복과정에서 경쟁력을 갖추었다는 점을 명심할 필요가 있다.

3. 지방분권은 문명 번성의 길

역사학자 아놀드 토인비는 문명 패망의 두 가지 핵심 원인으로 중앙집권화된 소유권과 변화하는 상황에 대한 부적응을 들고 있다. 따라서 지방분권화는 문명 흥성을 위해서 나아가야 할 방향이다. 그런데 각 지방들 간의 개별적 차이는 존중하되 핵심이념은 공통적으로 일관되어야 전체 최적화에 도달할 수 있다. 즉 텍사스주는 텍사스주이면서 여전히 미국적이다. 이와 같이 연방제의 핵심은 보완성subsidiarity에 있다.

국가이미지와 도시이미지는 상호보완적이다. 프랑스와 파리, 이탈리아와 로마, 혹은 이탈리아와 밀라노를 떼어놓고 볼 수 없다. 신기술의 메카로 불리는 실리콘밸리의 명성은 결국 그곳에 위치한 수천 개 회사들의 프로그램개발과 기술에 기반한 제품의 디자인 능력에 따른 것이며 세계 패션을 리드해 가는 파리나 밀라노의 명성 또한 그곳에서 활약하는 디자이너들의 집단적 업적에 바탕을 두고 있는 것이다.

지방경제의 활성화는 과거 역사의 재현이 아니라 역동성 넘치는 새로운 미래 창조에 초점을 맞추어야 한다. 무조건 첨단 IT산업이나 관광리조트산업을 유치하는 것만이 살길이라는 발상에서 벗어나 먼저 지방의 정체성과 잠재역량을 재발견하여 지방의 가능성에 대한 인식을 제고하는 것이 필요하다. 지역의 정체성 확보를 위해서는 눈앞의 성과만 보지 말고 미래를 위한 장기적인 전략을 마련하는 게 더욱 중요하다. 다른 지역과의 차별화된 독자적인 가치를 창출하지 못한다면 이익은 고사하고 엄청난 비용이 들어가는 애물단지로 변하기 쉽다는 점을 결코 잊어서는 안 된다. 지방은 더 이상 낙후된 지역으로서 지원의 대상이라거나 중심에 딸린 주변부가 아니라 세계화 시대의 국제경쟁의 주체이며 주무대이다. 국제화가 진전될수록 도시 브랜드 마케팅이 점점 치열해지고 있는 것도 이 때문이다. 올림픽이나 각종 문화예술 국제대회도 국가중심이 아니라 도시중심으로 이루어지고 있다.

정부와 지방자치단체가 협력하여 지역전략산업 육성정책을 적극 추진해야 한다. 이때 중요한 것은 선택과 집중을 통해 지역산업의 경쟁력을 강화하는 것이다. 역사, 문화, 환경, 생태 등 무형자원을 브랜드로 만들고 문화상품화해 패키지를 형성하는 유연한 전략이 필요하다.

예를 들어 빛고을 광주는 빛(光)의 도시이며 빛의 도시가 되어야 한다. 세계적인 조명기기 제조업체를 육성하여 빛고을 사람들이 코리아를 밝히고 세계를 밝힌다는 자부심을 갖도록 해야 한다. 빛은 동방에서, 빛의 광주에서 시작된다는 개념에서 광통신으로까지 영역을 확장해 볼 수도 있을 것이다. 이렇게 볼 때, 광주비엔날레보다는 광주 조명기기 전시회가 더욱 어울린다. 그리하여 영세하기 짝이 없는 청계천 조명상가를 끌어들이고 대체해 나가야 한다. 전주는 소리의 본고장을 자부하면서 세계소리축제를 개최하고 있다. 들리는 바에 따르면 해마다 적자를 면치 못하고 있다고 한다. 단지 일회성 행사에 그치게 해서는 안 된다. 대중음악까지도 발을 넓혀 국내 최고의 음반 녹음시설, 장비를 갖추고 전국에 있는 사람들이 이용할 수 있도록 하면 좋을 것이다. 소리 하면 전주가 떠오르는가? 소리와 관련된 문제해결이 필요한 사람에게 전주가 떠오르는가? 그렇지 않다면 문제가 있는 것이다.

이천은 세계도자기축제를 개최한 곳으로 단순히 도자기를 만드는 개념에서 접근할 것이 아니라 불과 흙의 예술혼이라는 기본적 개념에서 출발해야 한다. 그렇게 된다면 첨단재료 소재와 연결고리를 찾을 수 있는 것이다. 직접적으로는 도자기의 전통을 이은 주방용품, 테이블웨어 등을 통하여 제품구색을 갖추어 나가는 것이 필요하다.

이것이 성공하기 위해서는 교육과 지역특화산업이 일관성이 있어야 한다. 특화된 교육사업을 통하여 전국의 유능한 젊은이들을 유인하고 양성하여 지역특화산업을 육성하는 것이 장기적인 전략이 되어야 한다. 특히 한국은 교육열이 높기 때문에 이를 잘 활용하면 지역사회의 미래도 희망을 발견할 수 있다. 한국경제가 세계시장에서 살아남기 위해서는 니치마켓niche market에 집중해야 하듯이, 지역경제도 전국시장에서 살아남기 위해서는 니치마켓에 집중해야 한다.

4. 수출농업으로의 대전환

FTA시대를 맞이하여 한국의 농업, 농촌이 위기를 넘어서 궤멸할지도 모른다며 공포에 떨고 있다. 더욱이 소비자들의 수입농특산물에 대한 거부감도 갈수록 약해져 국내 농업의 위기는 심화되고 있다. 그런데 한국과 같은 농특산물 수입국가만 그런 것이 아니라 농업4.0시대를 맞아 세계 최대의 농특산물 수출국가이자 세계 제일의 농업국가인 미국도 구조적으로 어려움에 직면하는 등 전 세계 농업은 변화의 소용돌이에 휘말리고 있다. 미국은 엄청난 농업지원에도 불구하고 농촌의 생활여건이나 복지수준은 나아지지 않고 있으며, 농촌인구는 3분의 1 수준으로 격감했다. 규모화·기계화 위주의 농업생산성 극대화정책은 다국적기업이나 대규모 농가에만 혜택이 돌아갔다. 막대한 농업보조금은 밀·콩·옥수수 등 몇 개 작물 위주로 지원되고 특정 지역에 편중된다.

마치 한국 농업농촌 이야기를 하는 것처럼 들릴 정도다. 물론 전체 8%에 불과한 대규모 농가가 농업생산의 70% 이상을 차지하게 되면서 영세 가족농이 사라지고 있다는 점은 한국과 크게 다른 점이기는 하다. 하지만 상황이 이렇다는 것은 특정 국가의 문제가 아니라 농업 농촌 전반의 구조적 문제라는 것을 인식해야 한다. 미국 농업연합AFBF 봅 스톨만 회장은 "수십 년간 미국 농업을 지켜주던 튼튼한 다리가 내려앉기 시작했다"면서 "우리가 원하든 원하지 않든지 간에 현재 농업구조는 변하고 있으므로 과거의 정책에 안주해서는 안 된다"고 말했다.

정도나 방향은 조금 다를 수 있지만 변화의 불가피성은 모두가 인정한다. 구조적으로 변화하는 국제적 농업여건을 한국 농민단체가 인식하지 않으면 안 된다. 보조금 삭감과 농특산물 개방화는 누구도 거스를 수 없는 국제적 흐름이다. 흐름을 거부하기보다는 흐름을 잘 타고 활용할 방안을 모색해야 한다. 마치 거대한 파도가 밀려오는데 파도를 거부하는 행위는 파도에 파묻혀 죽게 될 뿐이고, 서핑보드를 이용하여 파도타기를 잘해서 성공을 이끌어내야 한다.

농특산물시장 개방은 구조적으로 취약한 우리 농업에 있어 위기임이 분명하다. 그러나 한국도 농업개방화의 파도 위에 올라타 살길을 찾아야 한다. 다른 측면에서 보면 넓고 큰 농특산물시장이 열리는 기회일 수도 있다.

세상 모든 일이 그렇듯이 동전의 양면이 동시에 존재하므로 부정적인 측면만을 강조하기보다는 긍정적인 측면을 바라보며 잘 활용하고 앞으로 전진해 나가야 한다. 한국의 무역 의존도는 87%나 되며 세계 10위권의 교역국가이므로 FTA는 반드시 시행돼야 한다. 농특산물 부문에서 농업 피해에 대해서는 최소화하도록 노력하면서, FTA를 통한 과실을 빨리 얻는 게 중요하다. 큰 그림으로 보면 농민에게도 이득이다.

예를 들어 한국산 파프리카는 일본 파프리카시장의 70% 이상을 차지할 정도로 세계적인 농특산물로 성장하였으며, 이제는 미국의 파프리카시장도 열려 엄청난 수출기회를 제공하고 있다. 파프리카를 수출하는 김제의 농산무역은 2010년 600만 달러를 수출했고, 2011년에는 1,000만 달러가 목표이다. 농식품부 장관이 방문하였을 때 보통의 다른 농촌현장들처럼 지원을 호소하는 대신에 "장관님, 우리 농업도 희망이 있습니다"라고 말하여 장관의 눈시울을 뜨겁게 할 정도였다.

1차 농특산물뿐만 아니라 2차 농식품의 수출여건도 좋아지고 있다. 건강보조식품하면 사족을 못 쓰는 국민성과 홍삼, 김치, 마늘, 된장 등을 활용하여 '건강식품 = 한국'에 대한 이미지를 더욱 공고히 하여 비만 방지와 다이어트, 건강 증진에는 한국 농식품이 가장 좋다는 국가브랜드 이미지를 구축해 나감으로써 세계시장을 향해 본격적인 수출농업을 펴나갈 시기다.

정부나 지자체가 농어민 단체, 농민과 합심하면 위기를 기회로 바꿀 수 있다. 매번 피해 보전책만 만들 게 아니라, 공세적인 수출농업으로 바꿔나가야 한다. 수출농업으로 패러다임을 바꾸게 되면 브랜드 마케팅 전략이 완전히 바뀌어야 한다. 마케팅의 출발점인 고객이 한국인이 아니라 전 세계 시장이 되기 때문이다. 목표고객을 어떻게 설정하느냐에 따라서 마케팅 전략, 브랜드네이밍 등 모든 것이 좌우된다. 마케팅 측면만 대변혁이 요구되는 것이 아니다. 세계시장을 상대하기 위해서는 농특산물브랜드의 핵심인 지속적인 물량공급을 통한 물량관리Quantity Management가 가능해야만 한다. 그래야 한국에서도 선키스트나 제스프리와 같은 세계적인 농산물브랜드가 창출될 수 있다.

현재 한국 농업은 변화에 둔감한 농민(고령자)이거나 도시생활에 실패한 사람(귀농자) 등 패배자loser가 있는 농어촌으로 비춰지고 있는 것도 사실이다. 앞으로는 인생에서 승리한 사람, 성공하는 농어촌을 만들기 위해서는 수출농업에서 활로를 찾아야 할 것이다. 한국인은 세계인이 놀랄 만한 저력을 가지고 있다. 뉴질랜드 이상의 성공을 가져올 수 있다. 다만 한국 농업의 정책방향을 과거방식대로 고수한다면 밑 빠진 독에 물붓기가 될 것이고 수출농업이라는 180도 대전환을 통한 새로운 방향과 비전제시만 된다면 또 한 번의 기적을 창출하리라 믿어 의심치 않는다.

5. 농특산물브랜드 육성의 기본 방향

중앙정부의 지역단위 지원정책을 전면적으로 개편해야 할 때가 왔다. 지역발전과 관련된 사업들이 엄청난 예산을 투자한 것에 비하여 성과가 미미하여 생산농가와 농촌은 매일 어려움을 호소하고 있을 뿐만 아니라 부처별로 중복되어 예산이 낭비되고 정책의 혼선을 야기하고 있기 때문이다.

특정지역이나 특정조직을 중심으로 정부지원을 여기저기서 거듭하여 다양하게 받게 되면 형평성 차원에서 어긋나게 되고, 자칫 도덕적 해이를 불러올 수도 있다. 특히 일부 경영체 시설 보조금은 소수에 국한되다 보니 규모 있고 내실 있는 사업추진에 도움이 안 된다는 현장 농어업인의 불만이 존재하고 있고, 보조금의 부실, 낭비에 대한 국민들의 비판도 점차 커지고 있다.

한 가지 아이디어를 제시하자면 하드웨어 등 시설기반조성은 A사업에서 지원하고 운영 및 마케팅 홍보 등 경상보조사업 비용은 B사업으로 구분하는 방안도 고려해 봄직하다.

구 분	현재의 문제점	향후 개선방안
추진구조	비체계적	체계적
사업지원	중복지원	사업별 이원화
브랜드화	중층성(브랜드 중복)	일원화
규모화	기초단위	광역화
조직화	하향식(top down)	상향식(bottom up)

지역발전의 핵심주체는 '지방자치단체'라는 점을 분명히 해야 한다. 지자체 스스로 이점을 망각해서는 안 된다. 중앙정부의 처분에만 목매달아서는 안 된다는 점이다. 중앙정부에서 예산을 주면 추진하고, 예산을 주지 않으면 포기해서는 비전을 향해 나아가는 지역발전을 도

모할 수 없다.

지역발전사업들을 검토하여 중복사업을 제거하고 중앙정부와 지방정부의 기능과 역할 그리고 책임과 의무를 분명히 구분해야 한다. 또한 중앙정부의 부처 간에도 기능과 역할을 분명히 구분할 필요가 있다.

Tip 마케팅 성공법칙 10계명

1. 시대흐름이 모든 것을 이긴다

너무 앞서나가도 실패하고, 너무 뒤처져도 실패한다. 반 발짝씩만 앞서야 최고로 성공가능하다. 기업경영이나 정치 등 모든 영역에서 가장 중요한 것은 바로 시대정신(트렌드)의 파악이다. 시대정신이란 당대의 소비자가 기대하는 가치를 말한다. HITE가 난공불락의 OB맥주를 이긴 것도 '친환경'이라는 시대정신에 부합한 '깨끗한 물'을 내세웠기 때문이다.

천시(天時) 또는 천심(天心)과 같은 의미다. 민심(民心)은 곧 천심(天心)이므로 여론 흐름의 방향으로서 시대정신을 읽는 것은 승리를 잡기 위한 첫 단추이다. 전쟁에 임하는 사람에게 늘 강조되는 격언이 있다. '천시(天時)', '지리(地理)', '인화(人和)'다.

『맹자(孟子)』「공손추(公孫丑)」 하(下)편에 "전쟁을 할 때는 계절이나 기후보다 지리적 조건이 좋아야 하고 지리적 조건보다는 인심을 얻고 민심을 화합시키는 것을 으뜸으로 친다(天時不如地利, 地利不如人和)"라는 구절이 있다. 인화(人和)를 강조할 때 주로 쓰는 말이다.

맹자의 말대로 반드시 천시(天時)〈지리(地理)〈인화(人和)일까? 그렇지 않다. 아마도 맹자의 책상머리에서 나온 말일 것이다. 그보다는 오히려 천시(天時)〉지리(地理)〉인화(人和)에 점수를 주고 싶다.

2. 한마디의 브랜드워드(Brand word)가 1,000명의 영업사원을 이긴다

"발 없는 말이 천 리를 간다. 천냥 빚을 말로써 갚는다"라는 생활 속 진리가 있다. 영업사원은 기업과 소비자를 잇는 인적 매개체이지만, 말은 SNS를 통하여 소비자에게서 소비자에게로 퍼져나가는 기하급수적인 네트워크 함수이기 때문에 그 중요성은 이루 말할 수 없다. 브랜드워드란 단순한 키워드가 아니라 나를 나답게 해주는 단 한 단어를 말한다. 경쟁에서 차별화되며, 고객이 기대하는 가치에 부합되면서 나의 정체성을 나타내는 단어다. 분명한 의미와 차별성을 가지고 있으며 진정성에 대해 인정된 말이다.

3. 대중언어가 지식언어를 이긴다

일반소비자에게 통하기 위한 브랜드홍보는 소비자 대중의 이슈를 소비자 언어로 소비자에게 말하는 것이다. 대중적 언어를 쓰는 사람이 엘리트 언어를 쓰는 사람을 이긴다. 지식의 저주에서 벗어나야 한다. 단어의 수준도 마찬가지다. 합리적이고 신중한 언어보다는 쉽고 대중적인 언어가 통한다.

따라서 문체로 보면 구어체가 문어체를 이긴다. 부르기 쉽고 기억할 수 있어야 한다.

4. 단순한 것이 복잡한 것을 이긴다

Simple is strong. 소비자는 골치 아프고 복잡한 것을 싫어한다. 짧고 간결하고 명료한 이야기를 듣기 좋아한다. 전쟁을 복잡하게 생각하면 이길 수 없다. 복잡하게 설명을 해야 겨우 이해할 수 있는 전략은 나쁜 전략이다. 개인은 다양한 생각을 하지만 대중은 단순한 생각을 한다. 10페이지가 넘는 설명서를 제대로 읽을 소비자는 한 명도 없다. 10페이지를 1페이지로 요약하고 다시 한 문장으로 요약하고 다시 한 단어로 요약하라.

만약 단 한 가지만을 약속한다면, 최소한 저것 하나만큼은 실천하겠구나라고 받아들이고 신뢰를 준다. 소비자는 그동안 기업인들의 말에 지쳤고 질렸다. 잘 듣는 사람이 말 잘하는 사람을 이긴다. 그래서 VOC(Voice of customer)

자원을 잘 활용해야 한다. 말이 많으면 지는 거다. 말이 많을수록 소비자는 기업의 말을 믿지 않는다.

5. 강한 것이 옳은 것을 이긴다

강한 사람이 이기는 게 아니라 이긴 사람이 강한 것이다. 무인도에 10여 명의 사람을 던져놓고 최후까지 살아남는 사람에게 엄청난 보상을 주는 리얼 서바이벌 게임을 보라. 강한 사람은 약한 사람들의 연합전선에 의해 초반에 탈락하는 경우가 대부분이다. 브랜드 세상도 이와 같다.

마케팅 정의의 핵심은 교환이다. 이 말은 마케팅 제1장 제1절 마케팅의 정의편에 나와 있다. 소비자에게 가치를 제공해 주어야 지갑을 연다. 마찬가지로 소비자에게 가치를 제공하는 브랜드가 이긴다. 대다수 소비자가 원하는 가치는 옳고 그름의 도덕적 가치보다는 살고 죽음의 경제적 가치다. '이식위천(以食爲天)' 먹는 것으로 하늘을 삼는다는 뜻으로, 사람이 살아가는 데 먹는 것이 가장 중요하다는 말이다. 밥심이 곧 민심이고 천심이다.

무엇이 강한 브랜드인가? 어렵게 생각할 필요가 없다. '밥(가치)'을 가져다주는 브랜드가 강한 브랜드다.

6. 이슈가 이념을 이긴다

후발업자라고 해서 절망할 필요는 없다. 이슈마케팅을 통하여 선발자를 거꾸러뜨릴 수 있기 때문이다. 이제 이념의 시대는 가고 이슈의 시대가 왔다. 소비자들이 요구하는 것도 이념이 아니다. 이슈를 선점하라. 이슈를 선점하는 것은 상대방의 전선에서 싸우는 것이 아니라 내 홈그라운드로 상대방을 끌고 와서 싸우는 것이다. 예를 들어 HITE와 OB맥주의 전쟁에서 시대정신에 부합하는 '깨끗한 물'이라는 이슈를 선점하고 끌어들임으로써 난공불락의 OB맥주를 쓰러뜨렸다.

7. 스토리가 스타일을 이긴다

브랜드전쟁은 한 편의 드라마틱 스토리 전쟁이다. 사람들은 제품의 성능이나 기능보다는 그 제품에 깃든 즐겁고 강렬한 메시지, 감동적인 이야기에 깊이 주목하고 열광한다. 사람들에게 재미와 감동과 새로운 충격을 제공하는 이야기의 주인공을 만나고 싶어 한다.

국민을 감동시키는 '나만의 스토리'를 갖지 못한 후보자는 결국 무대의 뒤편으로 퇴장할 수밖에 없다. 브랜드는 경쟁자가 갖고 있지 않은 것을 찾아내 이야기로 만들고 스토리에 걸맞은 짧고 강력한 메시지(슬로건)를 개발해야 사람들의 마음을 감동시키고 매혹시킨다. 브랜드의 이야기 중에서 가장 효과가 큰 것은 무엇보다 정체성에 관한 이야기다. 특히 자신만의 정체성이 녹아있는 스토리가 중요하다. 스토리는 슬로건과 연계해서 일관성이 있어야 한다. 스토리는 역사이고 내용이고 깊이다. 스타일은 현재이고 형식이고 표면적이다. 스타일의 표면적이 아니라 스토리의 깊이가 브랜드의 크기다.

8. 일관성이 물질을 이긴다

브랜드 전쟁에서 소위 물량, 화력(= 광고비)의 힘은 막강하다. 하지만 아무리 물량공세를 펴더라도 일관성을 이길 수 없다. 홍보물, TV광고, 명함과 홈페이지에 일관되게 한 가지 슬로건을 사용해야 한다. 또한 슬로건(언어적 요소)과 색상, 유니폼, 로고, 캐릭터 등 비언어적 요소 간에 일관성이 있어야 시너지 효과를 발휘한다. 그리고 브랜드 전쟁 내내 반복하고 반복하여 지속적으로 유지 강화되어야 한다.

일관성이 중요한 진짜 이유는 브랜드의 신뢰를 결정하는 최고의 변수는 바로 일관성이기 때문이다.

9. 기억이 사실을 이긴다

"대한민국은 영원히 당신들을 기억하겠습니다." 국민들의 마음속에 기억된다면 죽어도 죽은 것이 아니라 살아 있는 것이다. 기억에서 지워지면 그때는 정말 죽은 것이다. 사람들은 누구나 다른 사람들의 마음속에 살고 싶어 한다. 그러기 위해서는 기억되어야 한다.

KBS의 '개그콘서트'에 나오는 '1등만 기억하는 더러운 세상'이라는 사회비판적 코너가 있었다. 옳고 그름을 떠나서 세상은 1등만 기억한다. 그게 세상 인심이다. 세계 최초로 대서양을 횡단한 비행사는 린드버그다. 2등을 기억하지 못한다고 해서 잘못됐다고 비판해서는 안 된다.

AIDMA(Attention-Interest-Desire-Memory-Action)라는 소비자 구매행동모델은 최종 구매행동(Action) 바로 앞에 기억(Memory)을 배치하였다. 욕망(Desire)이 있어도 기억이 없으면 행동이 일어나지 않는다. 브랜드 선택행동도 마찬가지다. 매장에서 기억이 나야 진짜고 기억나지 않는 것은 무용지물이다.

슬로건의 좋고 나쁨을 판단하는 최종 기준은 '기억용이성'이다. 짧아야 한다, 반복해야 한다, 일관성이 있어야 한다, 재미있어야 한다, 구체적이어야 한다, 스토리와 연계되어야 한다 등등의 원칙들은 모두 다 그래야 기억하기 쉽기 때문에 강조되는 것이다. 짧아도 기억하기 어려우면 소용없는 것이고 길어도 기억하기 쉬우면 좋은 슬로건이다. (예 : 로널드 레이건의 "당신은 4년 전보다 살기가 나아졌는가?")

10. 가슴이 머리를 이긴다

소비자는 감성으로 구매하고 이성으로 합리화한다. 소비자의 판단기준은 '옳다 / 그르다(right / wrong)'와 같은 진리가 아니라 '좋다 / 싫다(good / bad)'이다. 개인의 선택은 때때로 이성적일 수도 있지만 대중의 선택은 언제나 감성적이다. 대부분의 사람들은 자신이 동일시하거나 또는 브랜드가 주는 느낌에 따라 선택을 하게 된다. 애플의 스티브 잡스를 보라. 성공한 브랜드 마케팅은 기업인을 교주로 만들고 소비자를 광신도로 만든다. 대중의 이성이나 합리적 인식보다는 정서나 감성에 호소하는 것이 더 효과적이다. 머리가 아니라 가슴을 울려야 한다.

사례 세계적인 농업대국 네덜란드

네덜란드(Netherlands)는 총면적 4만 1,000㎢의 아주 작은 땅덩어리이고, 그나마도 현지어로 '낮은 땅'이란 뜻처럼 국토의 25%가 해수면보다 낮으며(최고 지점조차도 321미터에 지나지 않는다) 지금도 물을 퍼내지 않으면 안 되는 척박한 자연환경을 갖고 있다.

하지만 이러한 땅에서 네덜란드는 현재 농식품 수출 세계 2위의 세계적인 농업대국이 되었으며 농식품산업이 GNP(국민총생산)의 10%에 달하고 있다.

그 주된 원인은 네덜란드 농민의 비즈니스 마인드, 소비자 중심의 경영마인드가 확립돼 있기 때문이다. 네덜란드는 17세기에 여러 주주들의 투자를 받아서 회사를 설립하는 주식회사 제도를 창안해 내었다. 세계 최초의 주식회사인 연합 동인도회사(VOC)를 설립하여 세계 제일의 무역국으로 발돋움할 정도로 비즈니스 마인드는 DNA에 뿌리박혀 있다. 이 때문에 농업부문의 조인트 벤처(어떤 사업을 공동으로 수행하는 것)를 가장 많이 하는 곳도 네덜란드다.

네덜란드의 경제적 특징은 로테르담, 암스테르담 등의 천혜의 항만과 수송 시설을 배경으로 국제적인 중계무역의 근거지 역할을 수행하고 있으며 역사적·지리적으로 무역 의존도가 높다.

과거부터 상행위가 많은 네덜란드의 특성상 교역 중심의 경영마인드로 농업을 하고 있으며 생산만 해도 무조건 물량을 늘리기에 앞서 소비자에게 얼마에 공급해 얼마만큼을 팔 수 있을 것인가를 우선 따진다. 네덜란드 농민들은 시장을 빼앗기지 않기 위하여 연중 내내 지속적으로 시장주도권을 유지하는 비즈니스 마인드를 견지한다.

네덜란드는 농업의 40%가 시설농업이나 이들이 사용하는 땅의 면적은 전체의 4%에 불과하다. 시설농업에서 에너지비용 등 생산 원가가 높아져 오히려 적자가 나는 겨울철에는 농산물을 생산하는 대신에 수입해서 판매한다.

그리너리 도매시장은 대형유통업체들의 요구에 따라 연중공급체계를 갖추기 위해 자국에서 해당 농산물이 생산되지 않는 시기에는 수입을 통해 상품의 구색을 맞추고 있으며 수입농산물 취급비중은 겨울에는 50%, 여름에는 15% 정도이다.

이처럼 오래전부터 네덜란드 농민들의 비즈니스 마인드가 형성돼 있었기 때문에 농민들이 강력한 조직을 형성하여 주도권을 갖고 대형유통업체와 협상을 하는 것이나 대형 경매장을 운영할 수 있는 배경이 된다.

현재 농민들이 운영하고 있는 조직으로는 그리너리(The Greenery)와 알스미어(Alsmeer) 경매장이 대표적이다.

그리너리 도매시장은 1996년 과일, 채소, 버섯전문농협 9개가 VTN(The Fruit and Vegetable cooperative of The Netherlands)이라는 하나의 협동조합으로 통합되면서 이 VTN의 사업만을 담당하는 자회사로 생겨난 곳이다. 농산물 판매를 목적으로 한 일종의 판매전문회사인 셈이다.

그리너리 도매시장은 농산물 물류의 중심기지 역할을 한다는 점은 같으나 주주는 농민조합원과 조합이라는 점에서 한국 도매시장과 개념이 좀 다른 곳이다. 조합원들이 출하만 하면 유통업체가 원하는 대로 품질, 포장, 배송 등 전 과정을 그리너리에서 책임진다.

이곳의 거래방식은 주로 대형유통업체와 직접 계약을 체결하는 것이다. 각 대형유통업체들과 직접 계약을 통해 거래되는 물량은 전체의 90%에 달하며 나머지 10% 내외의 물량은 경매를 통해 처리된다.

주 거래처인 대형유통업체가 원하는 상품규격과 포장형태 디자인대로 맞춤형 상품을 만들어준다. 이에 따라 같은 농산물이라도 포장방식이나 디자인에 따라 다양한 상품으로 재포장돼 각 매장에 진열되고 있다.

이같이 다양한 상품을 개발해야 하는 만큼 그리너리 도매시장 내 소형포장센터에는 마치 포장기계 전시장을 방불케 할 만큼 여러 종류의 기계들이 들어차 있으며 각 작업장마다 표준화되고 규격화된 최상품의 농산물들이 박스로 포장돼 출고된다.

그리너리 도매시장의 상품은 대부분 '더 그리너리(the greenery)'라는 브랜드를 부착해 출하되지만 고객이 원할 경우 브랜드를 붙이지 않고 출하되기도 한다.

네덜란드 채소 유통이 처음부터 이렇게 체계적인 시스템을 갖췄던 것은 아니다. 농민들은 중간상인들의 폭리에 맞서 1903년부터 경매협동조합을 설립해 운영해 왔으나 생산량에 따라 가격이 들쭉날쭉해지고 유통단계가 복잡해 높은 가격이 형성되는 등 시장 상황은 시시각각 변하지만 개별 농가들이 대응할 수 없어 변동성은 더욱 커졌다. 그래서 농민들은 1996년 네덜란드 경매농협 중 9개를 합병하여 그리너리를 탄생시켰다. 하지만 초반에는 판매나 유통을 해본 적이 없어 우왕좌왕하면서 6년 동안 적자를 기록했다. 그다음 해법은 '전문화'로서 '그리너리BV'라는 유한회사를 설립하여 판매사업을 전담토록 했다. 이후 유통 · 물류 · 배송 · 수출입 전문회사 등을 인수했다. 이를 통해서 유통단계가 기존 5~8단계에서 2~3단계로 줄어들었으며 비로소 안정적인 유통이 가능해졌다.

한편 알스미어 경매장은 화훼생산 농민들이 조합을 결성하여 철저한 전자식 경매를 통해서 공정하고 효율적인 도매유통을 담당하고 있다. 알스미어 경매장 회원 기업은 1,050개사, 농가 수는 2,907곳이고 이곳으로 꽃을 공급하는 농가는 5,286곳에 이른다.

경매방에서는 바이어들이 헤드폰을 쓰고 전산시스템을 통해 경매에 참여하기 때문에 소리가 들리지 않는다. 한국처럼 소리를 지르거나 수신호를 통한 원시적인 경매방식을 벗어났다. 대형 스크린에는 경매시계가 매물 사진·정보 등과 함께 비추어지며, 가격이 간략히 표시된 경매시계가 한 바퀴 돌아가는 동안 원하는 가격에 분침이 깜박일 때 버튼을 누르면 낙찰된다.

독특한 점은 최저가부터 시작하는 경매가 아니라 최고가부터 최저가로 떨어지는 방식이 사용된다는 것이다. 이 시스템 덕에 매물당 경매가 0.2초에서 2초 정도면 끝나고 가격 급등락도 매우 적은 편이다. 경매가 끝난 즉시 해당 트롤리는 자동으로 포장지역에 있는 구매 바이어 쪽으로 운송되기 때문에 꽃은 수확부터 24시간이면 소비자의 품에 안기게 된다.

이곳은 국내유통뿐 아니라 수출시장의 거점역할도 수행하고 있다. 현재 이곳에서 경락된 물품의 90% 정도가 수출되는데 포장작업장에서 포장을 거쳐 수출업체의 하역장이나 발송센터로 운반되고 철도·항공 등의 운송수단을 통하여 해외로 반출된다.

알스미어 경매장은 건물 끝에서 끝까지가 1km에 이를 정도이고 총 면적은 축구장 250개 정도에 해당한다. 마치 하나의 거대한 도시를 연상시킬 정도이며 세계에서 단일경매장 건물로는 가장 크다. 이로써 효율성을 극대화하고 있음을 알 수 있다.

알스미어 화훼경매장

저자약력

김형남

연세대 경영학과를 졸업하고 서울대에서 경영학 석사학위를 받았다. 1998년 국내 최초로 브랜드 가치평가 프로젝트(로케트, 국민은행)를 수행하였고 2001년 산업자원부의 국가 브랜드전략 프로젝트를 통해 대한민국 국가브랜드 슬로건을 '조용한 아침의 나라'에서 '다이내믹 코리아'로 바꾸는 데 공헌하였다. 정부혁신브랜드 개발과 관련하여 환경부 표창장, 법무부 감사장, 행자부 감사장을 받은 바 있다.

현재 주식회사 심퍼니브랜드(www.symfunny.net) 대표이사, 행정안전부 지방브랜드세계화 추진위원, 문화관광부 우수쇼핑점 운영심의위원 등으로 일하고 있으며 대통령직속 국가브랜드자문위원, 서울시 마케팅자문단 자문위원 등을 역임하였다.

저서로는 〈중소기업 브랜드 전략〉(2002), 〈브랜드 빌딩〉(2005), 〈국토이노베이션 시대가 열린다〉(2005), 〈농산물 브랜드의 모든 것〉(2006), 〈전략적 브랜드 관리〉(2010) 등이 있고, 번역서로는 〈브랜드: 비즈니스를 움직이는 힘〉(2003)이 있다.

한광식

김포대학교 e-비즈니스과 교수로 재직하면서 그동안 지역발전사업과 관련하여 많은 자문과 평가를 추진하여 왔다. 또한, 저자는 신지식인 선정(2002), 정보통신부장관 표창(2004), 과학기술부장관 표창(2006), 교육인적자원부장관 표창(2006), 불가리아 소피아대학교 총장상(2004) 등을 수상한 바 있다. 지역의 가치와 경쟁력을 강화하기 위해 설립한 사단법인 한국지역산업진흥학회의 초대 회장을 역임하였으며, 현재 사단법인 지역특화자원사업화연구센터 회장, 대통령직속 지역발전위원회 지역발전사업 평가자문단 위원, 지식경제부 지역특화발전특구 외부전문가 평가위원, 농림수산식품부 향토산업육성사업 평가위원, 지식경제부 지역혁신사업 평가위원 등으로 활동하고 있다.

저서로는 〈향토산업육성사업 현장추진 매뉴얼〉(2009), 〈아이디어 특허로 재테크하기〉(2010), 〈한걸음씩 다가서는 인터넷세상〉(2004), 〈자기경영 및 학습법〉(2012) 등 20여 권이 있다.

농업4.0시대의 지역브랜드 성공전략

2012년 4월 10일 초판 1쇄 인쇄
2012년 4월 15일 초판 1쇄 발행

공저자 김 형 남 · 한 광 식
발행인 寅製 진 욱 상

저자와의 합의하에 인지첩부 생략

발행처 백산출판사
서울시 성북구 정릉3동 653-40
등록 : 1974. 1. 9. 제 1-72호
전화 : 914-1621, 917-6240
FAX : 912-4438
http://www.ibaeksan.kr
editbsp@naver.com

값 14,000원
ISBN 978-89-6183-583-1